전략보다 '지금, 여기'였다

전략보다 '지금, 여기'였다

위기마다 소환돼 5개 기업을 책임진
프로 해결사의 턴어라운드 경영

조정열 지음

**여섯 개의 서로 다른 산업군,
분야는 달라도 원칙은 같았다.**

SAY
KOREA

추천의 글

30여 년 동안 대학에서 학생들을 가르쳐왔지만 요즘처럼 제자들에게 직장 생활과 삶의 방향에 대해 쉽게 말해주기 어려운 시기는 없었던 것 같다. 성실하게 준비해 사회로 나갔음에도 예상치 못한 벽 앞에서 흔들리는 모습을 볼 때면 교육자로서 안타까운 마음이 앞선다. 그런 의미에서 오랜 시간 현장을 살아온 40년 지기 친구가 써 내려간 이 책은 반갑고도 든든한 조언처럼 다가온다.

이 책은 직장에서의 성공을 단순한 성과나 처세로 설명하지 않는다. 대신 조직 안에서 누구나 겪게 되는 고민과 선택의 순간들을 차분한 시선으로 짚어낸다. 저자는 자신의 경험을 바탕으로 변화가 일상이 된 환경 속에서도 스스로의 기준을 지키며 일하는 방법을 구체적인 사례와 함께 풀어낸다. 현실적이면서도 따뜻한 조언들이 자연스럽게 읽힌다.

사회에 첫발을 내딛는 젊은이들에게 이 책은 조급함을 내려놓고 자신의 속도로 성장해도 괜찮다는 메시지를 전한다. 이미 조직 안에서 방향을 고민하고 있는 이들에게는 잠시 멈춰 서서 자신을 돌아볼 수 있는 기회를 준다.

오랜 시간 제자들을 사회로 내보낸 교육자의 눈으로 보아도, 이 책은 곁에 두고 다시 펼쳐볼 만한 믿음직한 안내서다.

김성현
성균관대학교 경제학과 교수

내 이럴 줄 알았지. 대표님이 은퇴한다는 말 진심이라고 믿지 않았다. 평생 사회생활 스트레스를 받는다면서도 그 바쁜 일정 쪼개서 좋아하는 전시를 보고, 가족들과 여행을 다니고, 소중한 사람들과 인연을 이어가면서 누구보다 일과 인생을 함께 즐기는 대표님이어서 이렇게 또 재미나고 보람된 인생 2막을 사부작거리며 준비하고 있을 줄 짐작은 했었다.

조정열의 글 속에는 말과 생각과 행동이 늘 일관된 그 시절의 그녀가 있다. 오랜 시간 그녀를 알아온 나는 그녀의 글을 읽으면 약간 오래된 듯 색바랜 배경과 함께 그녀가 즐겁게 고군분투하던 그 시절 그 장면이 필름처럼 떠오른다.

몸으로 부딪치며 배우는 걸 좋아했고, 그래서 그렇게 다른 업계를 옮겨 다니면서도 빠르게 정착했고, 그 과정에서 배우느라 힘들어 죽겠다면서도 실은 누구보다 신명나게 즐기고, 조직의 문제점을 만드는 사람들의 역학 관계를 빠르게 파악하고, 어려운 관계 안에 뛰어들어가 최적의 배치로 사람을 움직이고, 까다로운 고객들을 직접 만나고 대하며 그들의 마음을 변화시키고, 그 과정 속에서 좋은 사람들을 놓치지 않고 친교를 맺는다. 어떤 업이든 마음을 다하고 늘 배워나가는 리더라는 점이 그녀의 놀랍고 색다른 커리어 여정을 설명해준다.

더 놀라운 건 늘 최선을 다하는 이 과정에서조차 스스로 한 점 후회 없이 했는지 돌아보고 또 돌아보며 내딛는 모든 걸음을 소중하게 기록하고 반추했다는 것. 그래서 이렇게 또 인생 후배들에게 저 멀리 있는 리더가 아닌 이웃집 리더로서 소중한 깨달음을 내어준다는 사실이다.

김지윤
줄릭 커머셜 사업부 마케팅 디렉터

읽다 보면 내 이야기 같아 괜히 얼굴이 화끈거리다 나만의 고뇌가 아니었음을 깨닫는 순간 깊은 위안이 찾아온다. 얼핏 보면 꼰대 같은 직장 선배이자 인생 선배의 이야기가 이렇게 설득력이 있는 건 놀라울 만큼의 솔직함과 진정성 때문이 아닐까?

평범한 직장인에서 시작해 업종과 소유 구조를 갈아타며 이름만 들으면 모두가 아는 기업과 브랜드의 여성 대표직을 수행하기까지 처절하게 도전하고, 좌절하고, 증명해나간 시간에서 오는 인생의 교훈이 챕터마다 절절하다.

지루하고 재미없는 서사는 모두 건너뛰고 하이라이트로 직진하려는 요즘 세상에, 새로운 영감을 갈구하는 젊은 직장인들에게 필요한 도전과 성장의 이야기로 일독을 추천한다. 저자를 인생 첫 상사로 만난 나는 참으로 행운아였음을 다시 한번 깨닫는다.

김현민
힐티코리아㈜ 대표이사

추천의 글

MSD에서 조정열 대표님을 보스로 모시며 인연을 맺었다. 이후 F&B, 예술, IT, 제약, 소비재에 이르기까지 다양한 분야에서 활약하시는 모습을 가까이에서 지켜보며 한 전문 경영인이 어떻게 커리어를 확장하고 축적하는지를 직접 목격했다.

나는 바이오 벤처를 창업해 전 직원의 60%가 여성인 회사를 운영하고 있다. 우리 구성원들에게 선배 커리어 우먼의 실제 경험을 전하고 싶다는 생각에 조정열 대표님을 강사로 모신 적도 있었다.

이 책은 저자가 잘 알지 못하는 내용을 참고 자료나 이론을 공부해서 짜깁기한 책이 아니다. 오롯이 자신의 경험만을 바탕으로 현장을 뛰어다니듯 생생하게 풀어낸 기록이다. 달리듯 쏟아내는 서술 속에는 수많은 시행착오와 선택의 순간들, 그리고 커리어가 지닌 진짜 무게가 고스란히 담겨 있다.

저자는 자신의 커리어를 미화하지도, 정답처럼 정리하지도 않는다. 대신 몸으로 부딪히며 쌓아온 경험을 솔직하고도 힘 있게 기록했다. 그래서 이 책은 이론서가 아니라 실제로 커리어의 갈림길에 서 있는 이들에게 건네는 살아 있는 기록이 되었다.

이 책이 우리나라 여성들뿐 아니라, 우리 모두에게 매우 현실적이고 큰 도움이 될 것을 확신한다.

배지수
지놈앤컴퍼니 대표이사

나는 이 상사 앞에서 잘 보이기 위해 애쓰지 않아도 되었다. 성과를 과장하거나 말로 포장하지 않아도 나의 가치를 먼저 알아봐 주었고, 회사의 인재로 성장할 수 있도록 한 걸음 뒤에서 이끌어 준 리더였기 때문이다. 그녀는 묵묵히 일하다 보면 저평가 받기 쉬웠던 나를 포함해 언제나 사람의 태도와 가능성을 먼저 보았다.

그녀의 리더십은 늘 말이 아니라 행동에서 드러났다. 고객이 중요하다는 말을 반복하기보다 판단과 선택의 순간마다 직접 실천으로 그 메시지를 보여주었다. 그 일관된 기준은 조직을 신뢰로 움직이게 했고 사람을 성장하게 만들었다.

이 책에는 말이 아닌 실천으로 리더십을 증명해온 한 사람의 시간이 담겨 있다. 함께 일했던 사람으로서 깊은 감사의 마음으로 이 책을 추천한다.

오소윤
오가논 말레이시아 대표이사

내가 아는 한 조정열 작가는 미술계와 경영에 관한 최고의 전문가다. 갤러리에 근무하는 동안에도 많은 작가들로부터 깊은 신뢰를 받았던 것으로 기억한다. 그는 미술계에만 머물지 않고 산업 현장을 오가며 쌓은 경험으로 예술과 비즈니스 양쪽의 언어를 모두 이해하는 드문 통찰을 지녔다.

조정열 작가의 글은 예술의 본질적 가치와 경제적 현실 사이의 긴장을 회피하지 않는다. 그 복잡한 생태계를 정면으로 마주하며 왜 여전히 이곳을 사랑할 수밖에 없는지를 진정성 있게 풀어낸다. 독자는 구조적 어려움뿐 아니라 창조적 가능성과 인간적 연대, 그리고 자기 확신의 힘을 함께 발견하게 될 것이다.

아트 업계 종사자에게는 성찰의 거울이, 이 분야를 처음 접하는 이들에게는 이해의 가이드가 될 이 책을 권한다.

이나연
전 제주도립미술관장

차례

1장
맨몸으로 부딪히며 배운 생존의 기술

2장
앞뒤를 재지 않고, 돌아보지도 않고

3장
생각할 것 없이 일단 하고 본다

4장
일이라는 것은 결국 사람이 한다

5장
흔들리는 배 위에서 키를 잡는 법

6장
정상에서 내려올 때 비로소 보이는 것들

마케팅 10년, 영업 10년
그리고 대표 10년

마케팅 10년:
우연이 만든 필연, 하늘이 주신 기회

○

　나를 수식하는 대표적인 말은 '마케팅 전문 CEO'다. 첫 10년은 글로벌 소비재 회사에서 마케팅을 했고, 이후 10년은 임원으로 영업과 마케팅을 총괄하며 매출을 책임졌으며, 최근 10년은 여러 산업에서 대표를 했다. 이 30여 년은 대략 10년 단위로 나뉘지만 처음부터 거창한 계획이 있었던 것은 아니다.

　아무리 생각해도 마켓 리서치 회사에서 커리어를 시작해 마케팅의 세계를 알게 된 것은 행운이었다. 이후 '마케팅 사관학교'라고 불렸던 두 곳의 글로벌 회사를 거치며 브랜드 매니저가 된 것은 하늘이 주신 기회였다.

　대학원을 졸업하면서 공부는 내 길이 아님을 깨닫고 취업을 시도했지만 지원한 대부분의 회사에서 떨어졌다. 미국 최고 로펌의 설립자도 로스쿨 졸업 직후 이력서를 250개 회사에 냈지만 단 한 곳에서만 답이 와 그곳에 입사했다는 이야기를 대학원 때 들었다. 250개까지는 아니었지만 나도 만만치 않게 떨어졌다. 여자인데다 석사 졸업자라 나이도 많았고, 당시만 해도 아버지의 직업까지 적어야 했던 보수적인 국내 대기업의 서류 전형은 뚫기 힘든 벽이었다. 결국 천신만고 끝에 들어간 곳이 마켓 리서치 회사였다.

첫 이직 때는 대기업에 취업이 안 됐기 때문에 차별과 선입견이 덜한 글로벌 회사를 선택했는데, 지금 생각하면 신의 한 수였다. 국내 회사에는 마케팅이라는 직무 자체가 희미했던 당시에 글로벌 회사에 들어간 덕분에 소비자를 이해하고, 브랜딩을 하고, 가격을 정하는 마케팅의 정석을 배울 수 있었다.

누구나 소망하던 바가 풀리지 않아 좌절할 때가 있다. 그러나 어쩔 수 없이 선택한 길이, 긴 인생을 돌아보면 미리 설계된 것처럼 더 좋은 곳으로 이끌어주기도 한다. 내게는 마케팅이 그랬다.

영업 10년:
사서 고생하기 위해 선택한 '을'의 시간
○

10년 동안 소비재 마케터로 부장까지 오르고 나니 언젠가 임원이 되고 대표가 되는 꿈을 꾸게 되었다. 그런데 주변을 둘러보니 마케팅 임원이 대표가 되는 경우는 드물었다. 회사를 이끄는 대표들은 대부분 영업이나 재무 출신이었다. 돈을 쓰는 마케팅을 넘어 돈을 벌어오는 영업과 손익을 알아야 진정한 경영자가 될 수 있음을 깨달았다. 그래서 영업을 제대로 배우기 위해 이직을 결심했다. 기왕 할 거라면 가장 힘들고 어렵다는 제약 회사 영업으로 도전하기로 했다.

마케팅을 하며 '갑'으로 10년을 살다가, 제약 영업 특성상 의사 고객을 상대하는 '을'이 되려니 그야말로 죽을 맛이었다. 의사도 약사도 아니었던 나는 제품 지식이 부족했기 때문에 처방 영향력이 큰 '키 닥터(key doctor)'를 만나기 전에는 밤새 공부해야 했다. 그리고 100명이 넘는 영업 조직을 관리하면서 깨달았다. 매출은 내 능력이 아니라 함께 일하는 사람들이 만들어낸다는 것을 말이다. 조직을 관리하고 공정하게 평가하는 것이 곧 성과로 직결됨을 몸으로 익힌 10년이었다.

대표 10년:
없는 집 머슴으로 살았던 정글 라이프
○

글로벌 제약 회사에서 나름 승승장구했지만 한국인으로서 오를 수 있는 지위에는 한계가 보였다. 본사의 시스템을 그대로 실행만 하면 되는 곳이 아니라 로컬 시장의 현장 감각이 절실히 필요한 곳으로 가야만 꿈꾸던 대표가 될 수 있다고 판단했다. 그렇게 지난 20년 동안 좋은 회사에서 잘 배웠던 안정적인 꽃길을 버리고 스스로 고생길을 향해 걸어 들어갔다.

신임 대표를 내부에서 승진시키지 않고 다른 업계나 회사에서 발탁하는 이유는 대부분 두 가지로 정리할 수 있다. 하나는 기존에 존재하던 업계의 관성을 초월해 다른 시각과 시도가 필요할 때, 다른 하나는 회사가 위기에 처해 변화가 필요할 때이다.

그 후 10년은 예술, IT, 제약, 소비재 등 전혀 연관성 없는 산업을 넘나들며 쉽지 않은 상황인데 변화도 필요했던 곳들에서 대표로 일했다. 모든 리소스가 풍부했던 글로벌 회사를 떠나 하나부터 열까지 스스로 만들어야 하는 국내 오너 회사와 스타트업에서의 삶은 정글 그 자체였다. 남들이 보기에는 화려한 대표 경력일 수 있겠지만, 실상은 '없는 집 머슴'처럼 치열하게 문제를 해결하며 하루하루를 버텨낸 시간이었다.

학교에서보다 더 많은 것을 배운 회사

○

돌이켜보면 가장 누리고 있었을 때마다, 이만하면 괜찮다 싶었을 때마다 다음 발걸음에 대해 고민에 고민을 거듭했고, 그 결과 늘 위험한 선택을 했다. 그래서 항상 준비되어 있으려고 노력했다. 지금 생각하면 용기가 가상하기만 하다. 다시 해보라고 하면 절대 못 할 경력 전환 스토리다. 과연 지난 결정들은 옳았을까? 돌아보면 반반이다. 결과는 좋았을지 모르겠지만, 결과에 이르는 과정에서는 후회도 적잖이 했으니까.

이렇게 30년을 널뛰듯 다니며 내가 얻은 것은 무엇일까? 나는 학교보다 회사에서 배운 것이 훨씬 많다고 단언한다. 지금 내가 가진 기술, 지식, 사람을 대하는 태도는 대부분 회사를 다니며 습득한 것이다.

영어는 단 한 마디도 못 하던 내가 글로벌 회사에서 생존하며 비즈니스 영어를 익혔고, 마케팅과 브랜딩의 실전을 배웠다. 협상 교육을 통해 답이 아니라 질문으로 상대방에게 공을 넘기는 법을. 위기 관리 교육을 통해서는 미디어 대처법을 배웠다. MBTI가 널리 알려지지 않았던 시절부터 조직 관리를 위해 MBTI를 활용해 사람을 이해하는 법을 훈련했고, 최신 퍼포먼스 마케팅과 데이터 마케팅은 스타트업에서 몸으로 부딪치며 배웠다.

어떤 이들은 "월급 받은 만큼만 일하면 된다."라고 말한다. '노동력을 제공하고 대가를 받는 계약 관계' 그 이상도 이하도 아니라고 생각하는 것이다. 하지만 내 생각은 다르다. 회사라는 곳은 내게 월급을 주면서 가르치는 곳이다. 역량을 키우기 위해 시간을 쪼개 학원에 다니면서 돈을 내고 배우지 않아도 되었다. 오히려 돈을 받으면서 실전 경험을 쌓고 내 역량도 키울 수 있었으니 이보다 더 남는 장사가 어디 있는가.

회사에서 배운 지식과 기술은 고스란히 나의 자산이 되었다. 그

것이 쌓여 나는 더 큰 책임을 맡을 수 있었고 회사는 나의 가치를 높여주기 위해 또 다른 기회를 주었다. 나와 회사는 일방적인 고용 관계가 아니라 서로 성장하고 돕는 운명 공동체였다. 내가 잘돼야 회사가 잘되고, 회사가 잘돼야 나도 잘된다고 믿었다.

이 책은 아무런 배경 없이 맨몸으로 회사라는 정글에 뛰어들어 30년 동안 치열하게 일하고 지독하게 배우며 단단해진 한 직장인의 기록이다. 때로는 똥인지 된장인지 먹어봐야 알았기에 후회하기도 했지만 그 모든 과정이 나를 성장시킨 거대한 수업이었다.

지금도 각자의 자리에서 고군분투하는 이들에게 말해주고 싶다. 일을 위해 희생한다고 생각하지 말고 일을 통해 배우라고. 최선을 다해 내 것으로 만들면 그 배움이 언젠가 당신의 인생에 새로운 문을 열어줄 것이라고 믿는다.

1장

———————————————— *

맨몸으로
부딪히며
배운
생존의 기술

내가
일하는
이유

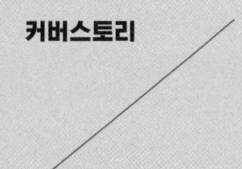

　　　　　　나는 빨리 그리고 많이 돈을 벌기 위해 일했다. 누군가 내게 일하는 이유를 물을 때마다 이렇게 솔직하고 직설적으로 답했다. 물론 다른 멋진 답이 여럿 있을 수 있다. 사회에 기여하고 받은 것을 갚기 위해, 명예로운 삶을 위해, 내가 믿는 가치를 위해, 자랑스러운 부모가 되기 위해 등. 모두 맞는 말이다.

　내 답변의 바탕에는 결국 '돈을 벌어야 한다'는 전제가 깔려 있다. 내가 제공한 노동에 대한 정당한 대가가 돈이다. 돈 버는 것 자체를 나쁘다고 할 수 없다. 돈 자체를 궁극적 목적으로 삼고, 돈에 매이고 묶여 노예가 되고, 만족할 줄 모르고, 나보다 돈이 더 많은 사람이 부자이고 나는 절대 부자가 아니라고 생각하는 결핍이 나쁘다고 생각한다.

　내게는 경제적으로 누군가에게 기대지 않을 수 있는 독

립이 매우 중요했다. 지금도 내게 경제적 자립은 중요한 가치다. 누구의 도움이 있어야 살 수 있고, 내게 도움을 주는 그 누군가의 눈치를 살피며 사는 삶은 반드시 피하고 싶다.

돈이 있으면 휴가 때 해외로 나갈 수 있고, 좋아하는 운동 레슨을 받을 수도 있다. 또한 덕질도 마음껏 할 수 있고, 최신 트렌드를 따를 여력도 생긴다. 그뿐인가. 부모님과 친구들에게 밥을 살 수도 있고, 도움이 필요한 사람들에게는 가끔 도움을 줄 수도 있다. 이렇게 돈이 있으면 내가 하고 싶은 것들을 할 수 있다. 그래서 나는 돈을 벌지 못하는 일은 일로 생각하지 않았다.

이런 생각의 배경에는 뼛속까지 월급쟁이였던 내 습성이 있다. 매년 성과에 따라 연봉 협상을 하고 재계약을 하는 월급쟁이에게는 연봉이 곧 나의 가치를 뜻하기도 했기에 돈을 못 번다는 것은 내가 더 이상 가치가 없다는 의미와 같았다. 연봉이 미니멀하게 올랐다면 회사는 내 가치를 미니멀하게 본다고 생각했다. 이것은 사회생활에서 진리다. 그러니 멋진 말로 치장을 하더라도 돈 못 버는 일은 내게 일이 아니라 재능 기부나 사회 기여였지 일이 아니었다.

어느 정도 목돈을 모아 투자라는 것이 가능하기 전까지는 노동이 유일한 수입원이었기에 열심히, 많이 일하면 대가도 커졌다. 그래서 나는 열심히 일해 빨리 돈을 벌고 싶었다. 그렇다 보니 '어느 회사에 가더라도 열심히 일할 거라면 어렵고 힘들지만 대가나 보상이 확실한 곳에 들어가 고생을 하더라도 돈을 빨리 벌고 엑싯(exit)을 해야지.'라는 생각을 늘 하게 되었다. 빨리 돈을 번 후에는 내 시간을 스스로 통제해 원하는 삶을 살고 싶었다. 그렇게 인생을 즐기며 여유로운 삶을 살 것만 남았다고 생각했다.

하지만 나는 지난 30년 동안 직장 생활을 통해 돈을 많이, 빨리 벌지 못했다. 젊은 시절 대출을 받아 샀던 집의 가격이 그동안 올라 그나마 재산이 늘었지만 월급을 모으는 것으로는 턱도 없었다. 인생 중 지출이 가장 많은 시기였으니 버는 만큼 써야 할 곳이 많았고, 결과가 눈에 보이지는 않았지만 그 많은 지출은 의미가 있었다.

세월이 지나 조금 성숙해져 돌아보니 돈을 벌지 못하는 활동도 소중하다는 것을 깨닫는다. 그리고 돈을 빨리 많이 벌어놓은 후 일을 놓고서 자유롭게 하고 싶은 것만 하며 사는 삶이 정말 좋을까 싶기도 하다.

이제 나는 인생이란 가치가 있어야 한다고 생각하게 됐다. 나의 가치는 내가 창출하는 무언가가 사람과 사회와 주변에 도움을 주는 것으로 증명된다고 생각한다. 가치를 창출하면서 돈도 벌면 좋겠지만 돈을 못 번다고 해도 가치가 없는 것이 아니다. 아무리 풍요롭고 자유로우면서 부족함이 없다 해도 내가 창출하는 가치가 없다면 속이 텅 빈 듯 허해진다. 아무리 마셔도 목이 타는 듯한 결핍이 느껴진다.

나는 사람이라면 누구나 그렇게 태어난다고 생각한다. 자신의 가치를 창출해 사회에 기여함으로써 자신이 채워지는 것이 인간의 본래 습성이라고 생각한다. 설령 돈을 못 벌더라도 일을 통해 사회와 연결된다. 사람을 알게 되고 세상이 어떻게 변화하는지 알게 되고 그 속에서 나를 알게 된다고 생각한다.

지금 내게 왜 일을 하는지 묻는다면 나의 가치를 창출하고 사회와 연결되어 있기 위해 일한다고 답할 것이다. 살아 있음을 느끼고 어떤 식으로도 기여하기 위해 일한다. 우리는 항상 돈을 벌 수는 없다. 돈을 못 버는 시기도 있다. 그럴 때라도 항상 사회와 연결되어 있어야 하고, 내가 가치를 창출할 수 있는 어떤 일이라도 해야 한다고 생각한다. 그러면 항상 그 다음이 있었다. 내게는 그랬다.

구체적으로
꿈꾸고
자주 말했다

현모양처가 될 것 같았던 순둥이

○

젊은 친구들에게 멘토링을 할 때마다 구체적으로 꿈꾸고, 그것을 입 밖으로 소리 내어 말하라고 강조한다. 젊은 시절부터 단박에 자신의 천직이 무엇인지 알아차린다는 것은 쉽지 않다. 나 역시 처음부터 거창한 청사진이 있었던 건 아니다. 하지만 나는 늘 현실과 상관없이, 때로는 터무니없을 정도로 구체적으로 상상하고 꿈을 꿨다.

학창 시절 친구들이 나에게 "너는 딱 현모양처가 될 줄 알았는데."라고 말할 정도로 나는 평범하고 얌전한 학생이었다. 반듯하고 모범적이며, 부모님의 통금 시간을 칼같이 지키는 과보호 속의 '범생이'. 그래서 일할 것 같지는 않았다고 한 거다. 아무도 내가 치열한 비즈니스 현장에서 살아남을 것이라 예상하지 못했다.

하지만 내면에는 늘 반항심이 있었다. 자유롭지 않고 풍족하지도 못한 채 누군가에게 의존해야 하는 현실이 싫었다. 삶을 살아내면서, 사회에서 사람들과 부대껴 지내다 보니 내가 무엇을 원하고 어떻게 살고 싶은지 조금씩 분명해졌다.

그래서 나의 첫 번째 꿈은 직업이 아니라 stand alone, 즉 '나 혼자 바로 서기'였다. 정신적으로, 육체적으로, 그리고 무엇보다 경제적으로 완벽하게 독립하는 것. 내 힘으로 돈을 벌어 저축하고, 좋아하는 일을 하고, 사고 싶은 것을 사는 삶. 누구에게도 민폐를 끼치지 않고 내 두 다리로 세상에 서는 것이 간절했다.

이 간절함은 구체적인 직업의 꿈으로 이어졌다. 마켓 리서치 일을 할 때는 화려한 마케터가 되는 상상을 했고, 평사원일 때는 임원이 되는 꿈을, 임원이 되어서는 대표가 되는 꿈을 꿨다. 토종 국내파로 영어 한마디 못하면서도 언젠가 해외 본사에서 일하며 글로벌하게 사는 모습을 끊임없이 머릿속에 그렸다.

백화점에서의 기회와 30초의 용기

○

글로벌 소비재 회사에서 마케터로 자리를 잡았던 시절, 나는 늘 화장품을 담당하고 싶었다. 당시 회사의 제품군에는 클렌저 외에 화장품 카테고리가 없었고 그마저도 다른 마케터가 담당하고 있었다. 그러던 중 굴지의 프랑스 뷰티 회사가 럭셔리가 아닌 매스 화장품을 국내에 출시하기 위해 준비를 시작했다는 소식을 들었다. 잡지도 찾아보고, 지인을 통해 물어보며 기회를 엿보고 있었지만 마땅한 방법이 없어 어떻게 접근해야 할지 감을 잡지 못하고 있었다.

그러던 어느 주말, 집 근처 백화점에 그야말로 동네 마실 복장으로 구경을 나갔다가 믿을 수 없는 장면을 목격했다. 잡지 인터뷰 세션에서 사진으로만 보았던 그 프랑스 화장품 회사의 CEO가 백화점에 있는 것이 아닌가. 순간 머릿속에 오만가지 생각이 스쳐 지나가며 동네에 장 보러 나온 듯한 초라한 행색을 내려다봤다.

무릎 나온 회색 트레이닝 바지에 굴러다닐 것처럼 뚱뚱하고 빨간 슬레진저(요즘도 이 브랜드를 알까) 오리털 점퍼, 감지 않은 머리는 질끈 묶었고, 도수 높은 뿔테 안경을 쓰고 있었다. 명색이 뷰티 회사 CEO를 만나는데 이 차림으로는 도저히 어필할 수 없겠다 싶었다.

하지만 본능적으로 알았다. 이 기회는 다시 오지 않는다는 것을. 나는 눈을 딱 감고 그에게 뚜벅뚜벅 걸어갔다. 당황한 기색이 역력한 그에게 명함을 건네며 속사포처럼 말을 쏟아냈다. 나는 글로벌 소비재 회사에서 마케터로 일하고 있다, 당신네 브랜드가 한국에 온다는 소식을 들었다, 나는 이 브랜드에 관심이 있고 내가 적임자라고 생각한다 등등.

일요일 오전, 백화점 한복판에서 벌어진 이 기이한 모습에 사람들의 시선이 꽂혔다. 할 말을 다 하고 돌아서는데 등줄기에서 식

은땀이 흐르며 부끄러움이 밀려왔다. 집에 와서는 내 머리를 쥐어
박으며 후회를 했다. 미쳤지, 아무리 그래도 화장품 회사 CEO인
데 그 꼴로 어쩌자고 그랬을까.

　　바로 다음 날인 월요일, 놀랍게도 그 회사에서 전화가 왔고 일
주일 뒤 채용이 확정되었다. 꿈에 그리던 화장품 마케터가 된 순
간이자 두 번째 이직의 기억이다. 만약 내가 늘 화장품 마케터를
꿈꾸지 않았다면 저 사람이 CEO라는 것을 알아보지도 못했을 것
이고, 쪽팔림을 무릅쓰고 달려갈 용기도 내지 못했을 것이다.

말하는 대로, 꿈꾸는 대로
○

　　　　　　그 이후로도 나의 상상은 계속되었다. 10년 동안
마케팅을 하다 보니 이쯤에서 영역을 넓혀 영업을 해야만 임원이
될 수 있겠다 싶었다. 그러던 중 생각지도 않던 곳, 무척 망설여지
는 곳에서 기회가 열렸다. 바로 제약 회사였다.

　　당시만 해도 남성 중심이던 영업 관행을 바꾸고자 한 글로벌 제
약 회사에서 비즈니스 헤드 자리를 제안한 것이다. 100여 명 정도
의 영업 조직으로 P&L(profit & loss) 관리 책임이 있으며 연 매출
300억 정도의 큰 사업을 책임지는 자리였다.

　　제약은 꿈에도 생각하지 않았고 그쪽은 일자무식이라 제대로
알고 있던 회사 이름이 하나도 없던 산업이었다. 무엇보다 제약

은 '영업의 3D'라고 불리며 힘들고 어렵다는 선입견이 강했던 터라 두렵고 망설여졌다. 3개월 정도 고민한 끝에 '영업을 하려면 제대로 해야지. 영업 잘한다는 얘기 한번 들어봐야지.'라는 생각으로 이직을 결심했다.

그렇게 '전 세계에서 가장 존경받는 회사' 목록에 해마다 포함되는 최고의 회사에 들어가게 됐다. 그 후부터는 어디를 가든 '영업맨'이라고 나를 소개했다. 아무것도 모른 채 자리를 옮긴 후로 30년 커리어 중 가장 많이 배우고 성장한 시간을 보냈다. 그 회사는 지금도 가장 그리움이 남는 곳이다.

이 회사에서 3년 정도 일했을 때, 늘 꿈꾸던 해외 파견 근무의 기회가 왔다. 파리, 런던, 뉴욕, 뉴저지에 위치한 본사 사무실에서 일하는 것을 늘 꿈꾸었지만 그 기회는 아무에게나 오는 것이 아니었다. 이제는 영어도 만만해졌고 업무도 충분히 파악한 데다 성과도 꽤 내고 있었던 나는 미국 뉴저지의 파견 근무의 기회가 오자마자 뒤를 돌아볼 것 없이 곧장 떠났다. 그렇게 본사로 발령을 받아 가족과 함께 떠났을 때 나는 비로소 오랜 꿈이었던 글로벌 라이프가 실현되었음을 느꼈다.

물론 현실은 상상과 달랐다. 본사 직원들은 출장으로 만났을 때와 180도 다른 모습을 보여 역시 놀러 가는 외국과 생활을 하는 외국은 다르다는 것을 실감했다. 그리고 거의 매일 아시아 시간에 맞춰 밤 10시부터 새벽 2시까지 컨퍼런스 콜을 해야 했다. 게다가 이럴 거면 미국까지 왜 왔나 싶게 2개월마다 아시아 15개국을 돌며 1년의 절반을 출장지에서 보냈다.

하지만 눈 내리는 날 이웃집 할아버지가 우리집 앞에 쌓인 눈을 치워주고, 주말에는 맨해튼에서 브런치를 먹었던 그 생활은 내 인생에서 가장 반짝이는 순간으로 남았다.

다시 꾸는 새로운 꿈

○

신문에 나오는 사람이 되고 싶다는 유치한 꿈조차 이루어졌다. '제약 회사 최초의 여성 임원', '타 업계 출신 혁신 CEO' 등으로 신문에 소개될 때마다 나는 생각했다. '이게 정말 우연일까?'

나는 일이 잘 안 풀리거나 미래가 불안할 때마다 내가 살고 싶은 삶, 내가 되고 싶은 모습을 입 밖으로 소리 내어 말했다. 그러고 보니 나는 혼잣말을 참 많이 했던 것 같다. 그렇게 말하면서 공명을 만들어내면 온 우주가 듣고 나를 도와줄 것만 같았다. 생각은 행동을 부르고, 행동은 기회를 잡게 한다.

이제 나는 새로운 꿈을 꾼다. 은퇴 후에는 '혼자서도 잘 노는 사람'이 되는 것이다. 30여 년 동안 가열차게 직장 생활을 하면서 분 단위로 시간을 쪼개 살았다. 회사는 회사대로, 집은 집대로 항상 할 일이 차고 넘쳐서 시간을 아끼며 살았다. 다음에는 무엇을 할지 생각할 필요가 없었다. 내 주변은 늘 일과 사람으로 바글바글

했기에 생산성을 높일 수 있는 시간 관리가 필수적이었다.

쉬어본 적 없고 쉴 준비가 안 된 상태였기에 여유가 생기면 어찌할 바를 몰랐다. 특히 사람들에 둘러 싸여 살다가 혼자만의 시간이 주어지면 어떻게든 그 시간을 채우려 노력하고는 했다. 일과 사람으로 시간이 채워지는 것에 익숙해 그렇지 않으면 생산적이지 않다고 느껴졌다.

그렇게 늘 사람과 일에 둘러싸여 살았지만 이제는 스스로 충만해지는 법을 배우고 싶다. 나는 이제야 조금 알 것 같다. 혼자서 잘 노는 사람이 진짜 멋있고 강한 사람이라는 것을 말이다. 점점히 스스로 충만해지고 일과 사람이 아닌 나만의 것으로 나를 채울 수 있는 사람이 되고 싶다.

영어, 그냥 외웠다
그러다 들렸고
말이 트였다

파란만장 영어 정복기
○

첫 회사에 들어갈 때만 해도 나는 영어를 단 한 마디도 못 했다. 영어는 대한민국 정규 교육 과정에서 경험한 시험 위주의 교육이 전부였다. 그러다 첫 회사 2년 차 때 항상 꿈꾸던 글로벌 회사의 마켓 리서처로 이직할 때 문제가 시작됐다.

그 회사에서 보스가 될 사람은 미국인이었고 외국계 회사인 만큼 영문 이력서와 영어 면접을 준비해야만 했다. 이력서는 그냥저냥 준비할 수 있었지만 문제는 면접이었다. 면접 날짜가 잡히자 그때부터 영문 이력서를 통째로 외우기 시작했다. 거기에 더해 면접에서 나를 어필할 말도 영어로 써서 달달 외웠다.

면접을 보던 날, 내 앞에 앉은 외국인 면접관이 무슨 질문을 했는지 전혀 상관하지 않고 외운 말들을 그냥 쏟아냈다. 내 할 말만 쏟아냈던 것은 사실 하나도 알아들을 수 없었기 때문이다. 그렇지만 창피하지 않았다. 그저 준비한 말을 무사히 다 했다는 것을 위안으로 삼았다.

이후 회사에서는 연락이 없었고 당연히 떨어졌다고 생각했다. 그렇게 6개월이 지났을 무렵, 드디어 나는 그 회사에 채용되었다. 이것이 내 파란만장한 영어 이야기의 시작점이다.

입사하고 보니 같이 일할 한국인 마케터들은 죄다 유학파였다. 리더들은 벨기에, 네덜란드, 영국 등에서 온 사람들로 일상 언어가 영어였고 회의도 당연히 영어로 진행됐다. 그런 환경에 제대로 주눅이 들어 입을 열 수 없었다. 무엇보다도 말을 알아듣지 못하다 보니 대체 무슨 일이 일어나고 있는지조차 알 길이 없어 일 자체를 할 수 없었다. 사람들은 내가 말을 안 하니 기여할 수 있는 게 없는 무능력자처럼 보였을 것이다. 그런 창피함이 가장 견딜 수 없었다. 막무가내로 지원한 나도, 그런 나를 뽑아준 보스도 참 용감했다.

회사를 관두는 것이 맞겠다는 생각이 들었을 때 고생고생하며 들어왔으니 뭐라도 해보고 나가자 싶었다. 그때 이후 궁여지책으로 회의가 끝나면 동석했던 사장님 비서에게 쪼르르 다가가 오늘 회의 내용이 무엇이었는지 묻기 시작했다. 그분은 그런 내가 딱했는지 친절히 알려주었다. 일단은 회의 때마다 입을 떼지 못한 채 열심히 듣기만 했고 회의가 끝나면 사장님 비서를 통해 업무를 파악했다. 그렇게 맨땅에 헤딩하며 하루하루를 보냈다.

1년이라는 시간이 지나자 조금씩 귀가 트이기 시작했다. 업무를 제대로 이해하게 되면서 더 잘 들렸다. 그 즈음 회사는 무슨 용기였는지 모르겠지만 1년 동안 입 닫고 살던 내게 사장님과 합작 법인의 회장님 앞에서 프레젠테이션을 하도록 지시했다. 자료를 준비하고 각 장마다 해야 할 말을 깨알같이 적어 면접 때처럼 달달 외웠다. 유창하고 유능하게 보이려면 완벽하게 외워야 했다.

다행히 프레젠테이션은 무사히 끝났다. 잘했는지는 모르겠지만, 참석한 그 누구도 외워서 했다는 것을 몰랐으니 그것만으로도 성공이었다. 지독하게 연습한 터라 보기에는 유창했기 때문이다. 그날은 영어에 있어 퀀텀 점프가 시작된 날이 되었다.

영어로 밥 먹고 살게 되다

○

그 후 몇몇 글로벌 회사를 20년 다니며 영어는 일상이 되었고 업무를 파악할수록 소통은 수월해졌다. 영어 때문에 학원을 다녀본 적 없으니 내 영어는 모두 회사에서 일하면서 배운 것이다.

사실 내가 구사하는 영어는 일하면서 익힌, 제한된 단어를 조합하는 식이다. 그렇게 완성한 문장을 빠르게 말하고는 했는데 언뜻 들으면 유창하게 느껴졌을 것이다. 그 덕분에 어디에서도 영어를 못한다는 이야기는 들어본 적이 없다. 무수히 많은 출장을 다녔고

2년 정도 미국에 파견을 나가 살기까지 했으니 내 헝그리 영어는 그런대로 통한 것 같다. 글로벌 회사에서 회의와 출장, 리더들과 대화하며 익힌 영어는 그 후로 업무에서 큰 도움이 되었다.

생각해보면 글로벌 회사를 떠난 후 토종 한국 회사에서도 영어가 필요한 순간은 꽤 많았다. 영어를 쓸 일이 없을 거라고 생각한 예술 산업에서도 외국의 작가, 뮤지엄 큐레이터 및 비평가들과 미팅을 할 때 영어는 쏠쏠하게 기여했다. 무엇보다 아트 페어에서 내 고객 중 70%를 차지했던 외국인 컬렉터에게 작품을 판매할 때 큰 역할을 했다. 스타트업에서 일할 때는 일상 업무에 영어를 쓸 일이 없었지만 해외 투자자에게 IR을 할 때 회사를 설명하고 질문에 답변할 때는 큰 도움이 되었다.

영어는 일자무식이던 내가 영어로 밥 먹고 살 수 있었던 것은 영어라는 난공불락의 벽을 마주했을 때 무식하게 외우고, 창피함을 견디고, 더듬거릴지언정 말하려 했던 용기 덕분이었다. 일단 시작하니 어떻게든 되기 시작했고 그러다 조금씩 들리면서 말이 트였다. 점점 더 많이, 빨리 말할 수 있게 되면서 두려움도 극복할수 있었다. 가끔 말하다 꼬이기도 하고, 문법도 틀리고, 같은 단어만 반복할 때도 있다. 그럴 때면 처음 시작했을 때보다는 일취월장했다고, 이만하면 괜찮은 거라고 스스로 위로한다.

시간이 지나 40대가 되었을 때 일본어도 배우고 싶어 1년 정도 시도했지만 이만하면 됐다 싶어 관두었다. 영어 하나 하는 게 어딘가 싶다. 이것만으로도 감사하다.

요즘 세상에 영어는 기본이 되었다. 순수 국내파 청년들도 영어가 유창하다. 현지인 수준의 발음을 구사하는 사람도 많다. 그렇다 보니 영어를 한다는 것이 남들과 다른 경쟁력이 되지는 않는 시대인 것 같다. 어렸을 때부터 영어 환경에 노출되어 자연스럽게 말하게 된 부러운 세대이다. 다르게 생각하면 무한 경쟁의 시대에 성장했기에 영어 외에 또 다른 자신만의 경쟁력을 찾아야만 하는, 모든 것을 다 잘해야 하는 세대라는 생각에 안쓰럽기도 하다.

평소 다니던 피트니스 클럽에서 첫 번째 글로벌 회사의 미국인 보스를 우연히 보게 되었다. 긴 시간이 지나 나를 알아보지 못한 그분은 아마도 한국에 정착하신 듯했다. 가끔 그분을 볼 때마다 고민을 한다. 아는 척을 하면서 그때 과감히 뽑아주신 덕분에 이후 30년 커리어가 시작될 수 있었다고, 감사하다고 말해볼까 하면서. 인사를 하게 되면 꼭 한번 묻고 싶다. 그때 내가 영어를 못한다는 것을 아셨냐고.

널뛰듯
업계를 옮겨 다니며
느낀 것

시간당 1,000원 서비스부터
30억 대작을 팔아보며

○

지금까지 누구나 일상에서 사용하는 공산품도 팔아보고 세상에 단 하나뿐인 유니크 피스(unique piece)도 팔아봤다. 불특정 다수를 타깃으로 하는 소비재는 시장 트렌드에 매우 민감하게 반응하기에 거의 매일 머리를 쥐어짜면서 매스 마케팅, 광고, 홍보, 프로모션, 가격 경쟁 등을 고민했다. 그에 비해 미술품은 트렌드보다 작가의 세계를 이해하고 고객의 마음을 읽으며 섬세하게 밀당하는 것이 훨씬 더 중요했다. 또한 세상에 단 하나 존재하는 작품을 판다는 자부심도 중요했다.

그렇게 지금까지 했던 모든 일과 팔아본 제품 그리고 만났던 고객은 다 재미있었다. 일하면서 힘에 부칠 때도 있었지만 늘 재미

있게 일했다. 어디에서 무슨 일을 하든 제품을 고객에게 판다는 것은 같았기에 누군가가 어땠는지 물으면 본질은 다 비슷했고 모두 재미있었다고 답하고는 했다. 그래서 양극단을 모두 경험하며 널뛰듯 자리를 옮겨 다녔어도 금세 적응할 수 있었다.

테크 스타트업에서 일할 때는 수익 측면에서 차량 유휴율을 낮추는 것이 늘 숙제였다. 글로벌 프랜차이즈 회사에서는 점심 식사와 저녁 식사 사이 시간도 최대한 쉬지 않고 돌아가게 만드는 것이 관건이었다. 갤러리에서는 전시가 없어 준비한 공간을 비워두는 것이 기회 손실이었다.

이렇게 시간과 공간이 쉬지 않고 돌아가도록 하려는 마케팅 덕분에 고객은 1,000원으로 한 시간 동안 차를 빌릴 수 있게 된다. 합리적인 비용으로 근사한 갤러리를 대여할 수도 있고, 오후 3시에 맛있는 디저트를 1,000원에 즐길 수도 있다. 단가가 1,000원인 제품은 아무리 열심히 팔아도 큰돈이 되지 않지만, 노는 시간과 공간 활용 측면에서는 추가 매출을 올릴 수 있는 기회다.

이런 제품들을 팔다가 1년에 30명 정도의 소수 핵심 고객군을 대상으로 어쩌다 한번 작품을 판매했던 예술 산업에서의 경험은 색달랐다. 거래 건수는 무척 적었지만, 작품이 워낙 고가여서 매출은 큰 회사 못지않았다. 그렇게 작품 하나에 몇십 억을 호가하는 것을 팔다가 다시 소비재로 돌아와 비교할 수 없이 낮은 단가의 제품을 팔려고 하니 '언제 저 티끌을 모아 매출 목표를 채우나.' 싶은 생각에 한숨이 나오기도 했다.

아날로그와 디지털의 양 극단에서

○

　　　　　아날로그와 디지털 측면에서도 경험했던 일의 성격은 무척 달랐다. 테크 스타트업에서는 '어떻게 하면 서로 대면하지 않을 수 있을까?'라는 주제가 핵심이었다. 이 회사에서는 사람의 개입 없이도 모든 문제를 해결할 수 있을 것이라고, 언젠가 모든 탈것은 자율 주행을 할 것이라고 가정했다.

　나는 운전 중 가벼운 접촉 사고라도 나면 가슴이 콩닥콩닥하면서 곧장 보험사에 전화부터 한다. 이렇듯 자동차 사고 처리는 조급해진 마음을 안고 조금이라도 더 빨리 신고하는 것이 순리다. 그렇지만 이 회사에서는 사고가 나도 앱에서 실시간 채팅으로 신고하기를 원했다. 상담원과 콜센터를 마련하는 것보다 앱의 사고 신고 접수 시스템의 강화를 선택했다. 아날로그에 익숙한 내가 보기에는 새로운 세상이었다.

　반면 AI가 대세로 떠오른 요즘이지만 그럼에도 예술은 다를 것이라고 생각한다. 무엇보다 미술품은 화면 속 이미지로 보는 것과 실제로 보는 것이 매우 다르다. 실물을 눈으로 직접 봐야 한다. 그럴 때 비로소 마띠에르(matière), 즉 작품 표면의 질감, 붓질, 색의 변화, 터치 등을 오롯이 느낄 수 있다.

　너무도 아름다운 자연 앞에서 감탄하며 넋을 놓다가 이 감동을 오래 간직하고자 사진으로 찍어도 현장에서 느낀 것의 채 10%도 재현되지 않는 것과 같다. 대자연은 그냥 기록용으로 몇 상 찍고 한참 바라보며 부지런히 눈으로 담아 조금이라도 더 또렷하게 기억에 남기는 편이 낫다. 미술품도 마찬가지다.

미술품을 감상할 때 작가의 의도와 배경 스토리를 아는 것과 모르는 것도 큰 차이를 가져온다. 이것은 매우 개인적이고 내면화된 과정이어서 그 누구도 대신해줄 수 없는 과정이다.

무엇보다 단 하나의 유니크 피스로 존재하는 미술품에는 대체 불가능한 힘이 있다. 작품을 내 공간에 걸어놓고 감상할 때 매우 개인적이고 은밀한 감동을 느끼게 된다. 이 때문에 엄청난 돈을 지불하면서까지 작품을 구입하는구나 싶다.

몇 년 전에는 미술품 NFT 붐이 일기도 했다. 온라인 가상 세계에서 미술품을 구매해 감상하고 투자 목적으로 팔기도 한다지만 개인적으로는 영 마음이 내키지 않는다. 자고로 미술품은 내 공간에 걸어놓고 보고 또 보며 온몸으로 느껴야 한다고 생각하는 것을 보면 나는 구세대가 맞긴 하다.

대중에게 널리 알려진 저명한 작가 몇 분을 제외하면 미술품은 정보의 소스가 무척 제한적이어서 정보를 얻기 위해서는 사람에 의존할 수밖에 없다는 점도 아날로그적이다. 요즘 검색으로 확인되지 않는 것이 어디 있는가. 그럼에도 작가에 대한 정보는 미술품을 소개하는 갤러리나 딜러를 거치기에 주관적 견해가 포함된 정보일 수밖에 없다. 이렇게 아트 업계에는 객관적으로 검증할 수 있는 데이터가 많지 않고 사람을 통한 이야기에 의존하게 되니 이보다 더 아날로그적일 수는 없다.

AI가 사람을 대신하며 세상을 요동치게 한다지만, 예술 산업은 기계가 아닌 사람이 일을 해야 하니 이 업계의 일자리는 오래도록 유지될 듯하다. 아무리 세상이 디지털 중심으로 바뀌더라도 예술 산업은 다른 산업보다 확연하게 시간이 더 걸릴 것 같다. 이럴 줄 알았으면 예술 산업에서 오래오래 일할 걸 그랬다.

회사 정보가 열려 있고 누구나 아는 브랜드를 다루기에 대중을 상대로 어필해야 하는 오픈된 산업과 그들만의 리그여서 내부로 들어가 보기 전에는 누가 무슨 일을 어떻게 하면서 돌아가는지 알 수 없는 배타적인 산업을 모두 거친 것도 값진 경험이다. 이렇게 다른 산업마다 서로 전혀 다른 논리로 굴러간다는 것을 경험으로 깨달았다.

교만함을 일깨워준 소중한 경험들
○

이렇게 30여 년 동안 여러 산업과 회사를 거치며 두 가지는 확실히 배웠다. 제품과 고객을 다루는 일은 비슷하다는 것 그리고 어디에나 인재는 있다는 것이다.

커리어 초반에는 주로 글로벌 회사의 체계적 지원 속에 성장한 인재들과 일했다. 훗날 대표가 되면서 로컬 회사, 규모가 작은 회사, 업력이 짧은 회사, 예술을 업으로 삼는 회사 등에서 일할 기회가 생겼을 때 놀랐던 점이 있었다. 인재 개발이나 교육 시스템이 없다시피 하다는 것에 놀랐고, 내가 기본이라고 생각했던 것을 잘하지 못하는 직원을 보게 될 때 또 놀랐다.

하지만 이것은 나의 교만한 판단이었다. 각 업과 조직의 문법에 맞는 인재들은 어디든지 존재했다. 엑셀을 잘하지 못해도, 영어로 PT를 잘하지 못해도 회사가 필요로 하는 최고의 자질과 능력을 가진 인재들이었다. 만약 한 업계에서만 머물러 있었다면 절대 알지 못했을 깨달음이었다. 다른 세상을 못 보고, 있는 동네가 아는 것의 전부일 뻔했다.

나만의
호됐던
펑고 훈련

나 여기 없어요

○

　　　학교 다닐 때도 손을 들고 질문을 한 적이 없었다. 자진해서 발표한 적도 없고 어쩌다 선생님께 지목당해 말해야 할 때도 기어드는 목소리로 겨우 뜨문뜨문 말할 정도였다. 그 시절에는 요즘처럼 발표를 장려하는 문화가 아니기도 했다. 학생들은 선생님의 일방적인 가르침을 그대로 받아들이는 시대여서 학생이 자기 목소리를 내면 때로는 도발하고 반항한다고까지 보던 때다. 그래서 당당하게 자신의 의견을 말하는 요즘 세대가 부럽고 좋아 보인다.

　　그런 내가 회사에, 그것도 자기 표현이 기본인 글로벌 회사에 들어가 일한다는 것은 여간 곤혹스러운 일일 수밖에 없었다. 회의 때는 외국인 직원들이 질문하는 것을 보면서 '뭐 저렇게 다들 아

는 걸 질문해? 저게 질문인가, 아는 체하는 거지.'라고 생각하면서
나댄다고 판단하기도 했다. 그들은 어렸을 때부터 많은 사람이 있
는 데서 자신을 드러내며 존재감을 확인하는 세상에 살아 그런 것
이 익숙했다.

그렇지 않은 아시아인, 특히 한국인은 능력과 열심에 비해 잘
드러나지 않아 억울할 때가 있었다. 나도 처음 한두 해는 하던 대
로, 살던 대로 조용히 있었다. 내용을 다 이해했고 질문도 딱히 필
요하지 않았다. 중요한 것은 아무 말도 하지 않아야 회의를 빨리
끝낼 수 있다고 생각했다. 한국 사회에서는 질문을 해서 회의가
길어지게 만들고 결국 퇴근도 늦추는 사람을 구박하지 않는가.

그러다 문득 내 존재감이 없다는 생각이 들었다. 말을 안 하면
사람들은 내가 아는지 모르는지 알 수 없을 테고, 질문을 가장한
아는 척마저도 하지 않으니 '쟤는 잘 모르는가보다.'라고 생각하는
눈치였다. 한국인끼리 있을 때는 이심전심으로 통하기라도 하겠
지만 외국인 리더와의 관계에서 입을 다무는 것은 '나는 아무것도
모름'을 나타내는 치명적 신호가 될 수 있겠다는 생각이 들었다.

결국 생각을 바꾸었다. 그동안은 미팅이나 워크숍을 하면 잘 보
이지 않으니 숨기 적합해 뒷줄에 앉고는 했다. 적당히 듣는 체하
고 때로는 졸기도 하면 두세 시간도 금세 지나가고는 했지만, 소
심하고 소극적인 모습을 극복하기 위해 일단 일부러 맨 앞에 앉기
시작했다. 그렇게 하니 발표자가 나와 눈을 맞추었고 가끔 질문도
던지게 되면서 스스로 각성하게 되었다. 자연스레 집중해 듣게 되

었고 긴장을 놓을 수 없었다. 발표자가 내게 질문할 확률도 높아지기 때문에 항상 대답할 준비도 되어 있어야만 했다.

자꾸 뒤에 숨고 싶은 본성을 거스르고 억지로 시작한 이 습관은 32년 직장 생활 내내 지속했다. 나를 적극적으로 표현하기 위해 선택한 강압적인 방법이었다.

나 여기 있어요
◡

또 한 가지는 뭐라도 말하려 했다. 딱히 질문할 거리가 없더라도 들은 내용을 짧게 요약해 말한 후 소소한 질문이라도 덧붙였다. 잘 이해했다는 증명도 되고 질문을 기대하는 발표자를 안도하게 만드는 효과도 있었다. 표현에 능한 외국인처럼 잘난 체까지는 아니어도 이것만큼은 꼭 하려고 노력하다 보니 점차 습관으로 자리를 잡았다.

글로벌 제약 회사의 뉴저지 본사로 파견 근무를 갔을 때 일이다. 내 보스는 호주에 있었고 같이 일하는 사람들은 아시아 15개국에 흩어져 있어 실무는 아시아 시간에 맞춰 주로 밤 시간에 컨퍼런스 콜로 처리했다. 그렇다 보니 낮에는 엄청나게 큰 건물에서 아는 사람 하나 없이 지내야 했다.

본사의 분위기는 무척 조용했고 내 사무실은 독립된 방으로 되어 있어 문 닫고 들어가면 죽었는지 살았는지도 모를 판이었다.

본사 직원들은 출퇴근 시간이 각자 달라 다른 직원을 한 명도 만나지 못한 적도 있었다. 나는 그 거대 조직에서 존재감 1도 없는, 있는지 없는지도 모르는 아시아계 디렉터였다.

이렇게 일하다 매달 한두 번 정도 CEO 주관 타운홀 미팅이 열리면 그동안 어디에 있었을까 싶은 많은 사람들이 한자리에 모였다. 자율 참석이다 보니 파견 근무 초반에는 돌아볼 것 없이 집으로 향했지만 언젠가부터는 참석해야 한다는 생각이 들었다. 그리고 늘 하던 대로 맨 앞줄에 앉아 CEO와 눈을 맞추며 스피치를 들었다. 어떤 질문을 어떻게 할까를 머리 굴려 고민하면서. 드디어 질문 시간이 왔을 때 공들여 준비한 요약과 짧은 질문을 했다. 사실 영어로 유창하게 질문을 하기 위해서는 스피치를 듣는 내내 준비해야만 했다. 그렇게 나름 유창하게 질문하고 답변을 들은 날이면 나 자신이 참 대견하고 만족스러워 "오늘도 살아남으려 애썼다." 하고 말해주면서 스스로 토닥였다.

그동안 본 것은 훈련된 조정열입니다
○

30년 동안 MBTI 테스트를 해보면 늘 'E'가 나왔다. 남들은 발표도 곧잘 하고 질문도 끊임없이 하는 데다 목소리도 제법 우렁찬 나를 외향적인 사람이라고 보곤 한다. 뭐 하나 말하려 해도 용기를 내야 했고, 잘 말하기 위해 머릿속으로 계속 연습했던 것은 절대 모를 것이다. 지극히 소심한 성향을 극복하기 위해 억지로 맨 앞줄에 앉고 뭐라도 말하려고 했던 것들이 'E'로 보이는 나를 만들었다.

한 야구 예능에서 84세 노장 김성근 감독이 시합 때 실수한 선수를 남겨 일어나지 못할 때까지 평고 훈련을 고되게 시키는 것을 보았다. 김 감독은 그 선수가 분명 집에 돌아가도 실수를 되새기며 자책하고 괴로워할 것이라며 혹독한 훈련으로 원인을 깨닫고 성장하는 것이 훨씬 마음 편할 것이라고 했다.

나는 이 말에 깊이 공감한다. 원래 내 모습내로 밀 한마디 안 하고 존재감 없이 있다가 집에 돌아오는 날이면 그렇게 괴로울 수 없었다. 그 괴로움을 느끼고 싶지 않아 앞줄에 앉아 뭐라도 얘기했다. 그래야 밤잠을 이룰 수 있었다. 그렇게 매일 나만의 평고 훈련을 해왔다.

내가 사랑하는
사각사각
종이 수첩

듣는 척하다 진심이 되다

○

　　미팅에 참석한 사람들과 눈을 맞추며 수첩에 적는 모습은 하나라도 놓치지 않겠다는 적극성과 진지하게 참여하고 있다는 자세를 느끼게 하기 충분하다. 또한 논의 내용을 곱씹고 실행하겠다는 의지의 표현이 되기에도 충분하다. 주니어 시절 내게 메모는 열심히 듣고 적극적으로 참여하고 있다는 것을 보여주기 위한 제스처였다.

　나는 A4 절반 정도 크기에 줄이 그어져 스프링으로 묶인 수첩을 가장 선호한다. 메모용 필기구는 반드시 샤프여야 한다. 수첩과 샤프는 고무줄로 묶어 어디든 가지고 다녔다. 컴퓨터로, 핸드폰으로도 메모할 수 있었지만 아날로그 감성의 수첩이 좋았다. 아무 때나 쓱 꺼내 쓸 수 있는 즉시성이 좋았고, 샤프로 꾹꾹 눌러쓰는 손맛도 좋았다. 회사나 담당 업무가 바뀌는 중요한 순간마다 의식처럼 새 수첩을 마련해 첫 메모를 쓸 때의 그 사각사각한 종이 질감도 좋았다.

수첩은 적당한 분량으로 세션을 나누고는 했는데 첫 세션은 항상 'Things to do'였다. 일주일 단위로 매일 할 일을 업데이트하고 완료한 것은 줄을 그어 지운다. 이후 세션은 부서나 기능별로 할당해 중요한 내용을 기록했다. 나는 그런 수첩을 보물단지처럼 모든 회의에 가지고 다녔다. 회의를 마치고 자리에 돌아오면 메모의 의미를 곱씹고 해야 할 사항을 'Things to do'에 적었다. 메모는 스스로에게 하는 메시지이자 직원과 회사에 지시할 과제가 되었다.

맥락 없이 문득문득 떠오르는 아이디어나 생각을 메모해두면 반드시 언젠가는 딱 필요한 순간에 생각나곤 했다. 메모를 이미지로 기억하기 때문에 '수첩 중간쯤 ○○○ 제목의 내용 중에 오른쪽 위 귀퉁이에 있었지!' 같은 식으로 떠올릴 수 있었다.

특히 숫자는 자신감을 보여주기에 좋은 소재다. 원래 숫자를 잘 기억하는 편이라 중요한 숫자는 외워두면 유용했다. 웬만한 숫자 정보를 메모로 남겨두면 상대방 주장을 반박하거나 나의 주장에 힘을 실어야 할 때 강력한 무기가 된다. 정량적인 숫자는 사실로서의 힘을 보여줄 수 있어 논쟁에서는 그 누구도 저항하기 어렵기 때문이다. "저 사람은 사소한 숫자도 다 기억해."라고 감탄하며 내 말에 신뢰감이 더해지는 모습을 보면 남몰래 으쓱해지는 것은 덤이었다.

기억을 이기는 기록의 힘

○

내 메모에는 나만의 암호 같은 것이 있다. 일과 상관없는 그날의 날씨, 메모했던 그 순간의 기분과 느낌, 소소한 일상의 생각들을 암호같이 구석구석 나만 알아보도록 단어나 간단한 문장으로 적어두었다. 뭐든지 기록하는 것을 좋아하는 나는 일하다가 짬짬히 일기처럼 그렇게 적어두었다. 그래서 이 메모들은 항상 더욱더 살아 숨쉴 수 있었다.

1년 정도 지나면 이런 수첩이 두세 개씩 나오는데 그동안 버리지 않고 모두 모았더니 양이 꽤 된다. 지난 수십 년 동안 모아둔 수첩은 일과 관련한 역사 기록으로 남게 되어서 좋다. 거기엔 내가 일해온 방식이 그대로 담겨 있다. 수첩의 내용을 보면 그 당시 어떤 일이 있었는지 지금도 생생하게 떠오른다.

기억을 이기는 기록의 위대함은 설명이 필요 없다. 당시는 다 기억할 수 있을 것 같았어도 돌아서면 잊는 것이 사람이다. 소소한 일상 업무를 기록했던 습관은 여러모로 도움이 되었다. 메모 덕분에 실무자 때는 아무리 작고 사소한 일도 빠뜨리지 않고 꼼꼼히 다 해치울 수 있었고, 임원과 대표가 됐을 때는 촘촘하게 지시하고 끝까지 팔로업할 수 있었다.

나와 함께 일한 직원들은 내가 부탁한 일을 하지 않을 수 없었다. 언제까지 완료 예정인지 반드시 확인했고 먼저 결과물을 공유하지 않으면 어김없이 물었기 때문이다. 실무자 때도, 임원이 되었을 때도 나와 일을 할 때는 적당히 깔고 뭉개면서 시간을 보낸다는 것은 생각할 수 없다.

난 지금도 매일 일기를 쓴다. 하루의 사건을 시계열적으로 주르륵 나열하기도 하지만 대부분은 하루의 생각과 느낌을 간단하게 몇 줄로 요약해 쓴다. 시간이 지나 다시 읽어보면 어떤 일이 있었는지 생각이 나면서 시간을 초월해 당시의 나를 객관적으로 바라보게 된다. 기록의 힘은 거기에 있다. 가여웠던 나, 힘들었던 나, 씩씩하고 의욕이 넘쳤던 나, 조그마한 희망에도 신났던 나까지. 쓰인 글과 해왔던 일늘 속에서 수많은 내가 보인나.

전날 술이
떡이 돼도
출근은 제시간에

술이 나를 먹지 않도록 하라

○

회사 생활을 하다 보면 나만의 규칙들이 생긴다. 그중 하나가 술에 관한 것이다. 코로나 팬데믹 이후에는 많이 없어졌지만, 소위 '나 때'는 회식이 진짜 많았다 .

사실 나는 MBTI로 보자면 외향(E) 5.5에 내향(I) 4.5 정도가 섞여 있는 사람이다. 그래서인지 회식은 가기 전에는 끔찍하게 싫다가도 막상 참석하면 즐거웠다. 술로 천하통일, 대동단결을 지향하는 사회 분위기상 회식 자리는 자연스럽게 밥보다 술이 중심이 됐다. 참석자들은 패기 있게 술잔을 부딪치며 우리가 하나가 되었다고 믿었고 내일의 성과도 잘 나올 거라 기대하고는 했다.

한창 영업 현장에 있을 때는 회식이 줄을 이었다. 특히 제약 회사에서 일할 때 전국 지방 사무실을 한 바퀴 도는 시즌이 되면 그야말로 매일이 회식이었다. 그 시절 내가 스스로 세운 철칙 중 하나는 '술을 아무리 많이 마셔도 다음 날 출근은 반드시 정시를 지킨다.'가 있었다. 이것은 조직과 나 자신에게 주는 중요한 메시지였다.

회식은 회사 생활의 연장이긴 하지만 엄밀히 따지면 업무 자체는 아니다. 회식이 다음 날 업무에 지장을 준다면 프로라고 할 수 없다. 게다가 매니저라는 사람이 술 냄새를 풍기며 늦게 출근을 한다면 직원들이 똑같이 행동해도 지적할 명분이 사라진다.

나는 아무리 머리가 깨질 것 같고 정신이 혼미해도 회식 나음 날이면 평소보다 더 일찍, 더 말끔한 모습으로 자리에 앉아 있으려 애썼다. 물론 여의치 않은 날도 있었지만 적어도 업무에 지장을 줄 정도로 마시지 않는다는 지론만은 지키려 했다. 다행히 요즘은 억지로 술을 권하지 않는 유연한 문화가 자리를 잡은 것 같아 다행이다.

내일 후회하지 않을 말만 하라

○

나의 또 다른 회식의 규칙은 말과 행동을 절제하는 것이다. 술자리에서 흥이 올라 힘차게 파이팅을 외치며 흥겨운 분위기가 만들어지더라도 머릿속 한구석에는 '해서는 안 될 말'을 거르는 필터가 작동해야 한다.

간혹 회식 자리에 참석해보면 기어코 선을 넘는 말을 하는 사람이 꼭 있다. 그리고 다음 날이면 "원래 안 그러는 사람인데 스트레스가 많았는지 술김에 그러더만." 하며 너그럽게 용서하고는 한다. 우리나라처럼 술에 관대한 나라가 또 있을까 싶다. 하지만 내 생각은 다르다. 술이 사람을 변하게 하는 게 아니다. 어쩌면 술은 그 사람의 본심을 보여주는 필터가 아닐까.

제약 회사에 다니던 어느 날, 영업팀 회식 자리에서 경험한 일이다. 시끌벅적한 분위기 속에서 전국을 관할하는 한 영업 매니저가 갓 승진한 여성 지역 매니저에게 하는 말이 내 귀에 꽂혔다.

"여자는 큰 대학 병원을 맡으면 안 돼."

나는 정신이 없는 와중에도 그들의 대화에 신경을 곤두세웠다. 들으려고 노력하니 더 또렷하게 들렸다. 아마 그는 마음속에 담아두었던 편견을 술김에, 긴장이 풀려 쏟아냈을 것이다. 그리고 그 소란통에 상급자인 내가 들었을 거라고는 미처 생각지 못했을 것이다.

그날부터 그는 나의 '관심 대상 1호'가 되었다. 나는 그의 일거수일투족을 주의 깊게 관찰했고 그의 사고방식이 업무에 어떤 영향을 미치는지 확인했다. 결국 얼마 지나지 않아 그와 일대일 면담을 해야 할 상황이 되었고 합당한 조치를 취했다.

지난 30년을 돌아보면 내게 거창한 성공 비결 같은 건 없었다. 다만 술에 취해도 출근 시간은 철저히 지키고, 분위기에 취해도 할 말과 안 할 말을 가리는 것. 이렇게 오버하지 않고 착실하게 절

　　　　　　　　　　　　1장 / 맨몸으로 부딪히며 배운 생존의 기술

제하려 노력하는 태도로 나만의 원칙을 지키며 30년을 일했다. 그
야말로 '매직 시크릿'은 없었다.

화려한 성과는 운이 따르면 낼 수 있다. 하지만 태도는 의지 없
이 불가능하다. 나와 함께 일했던 사람들이 나를 기억할 때 원칙
을 묵묵히 지키며 일했던 사람으로 기억해준다면 좋겠다.

내 경쟁력,
빨리 배우기와
아는 것처럼 보이기

원래 이 업계 사람인 척

○

그동안 여러 분야를 널뛰듯 넘나들었지만 곧잘 적응해 원래 이 업계 사람이었다는 듯 행동할 수 있었다. 처음에야 잘 몰랐더라도 오래 지나지 않아 한마디라도 덧붙이며 끼어들고는 했다. 그렇게 할 수 있었던 것은 무엇 때문이었을까 생각해 봤다. 내가 특별한 경쟁력을 가지고 있어서 분야를 넘나들며 옮겨 다닐 수 있었던 건 절대 아니다. 일단 용기로 시작할 수는 있었는데 그다음 스텝은 용기만으로는 부족했다. 나중에 돌아보니 이것이 내 강점이고 경쟁력이었구나 싶은 것들은 바로 '빨리 배우기'와 '아는 것처럼 보이기'였다.

나는 무엇을 하든 러닝 커브가 가파른 편이다. 360도 피드백을 받아보거나 리더십 테스트를 해보면 늘 빠른 습득 능력이 장점으로 나왔다. 소비재에서 제약으로, F&B에서 예술로, 그리고 다시 IT로 산업을 전환할 때마다 이전에 쌓았던 업계 전문 지식은 전혀 도움이 되지 않았다. 늘 처음부터 새로 배워야 했는데 초반 6개월 정도는 잘 몰라도 용서가 됐기에 그 기간 안에 어떻게 하든 습득해야만 했다.

단기간에 빨리 배울 수 있는 가장 좋은 방법은 질문이었다. 모르면 일단 물어봤다. 창피하다 생각하지 않고 물었다. 그렇게 늘 알 만한 사람을 곰곰이 생각한 후 망설이지 않고 곧장 찾아갔다.

제약 회사 근무 시절 미국 파견 근무를 했을 때, 곧 출시될 당뇨 신약과 관련한 중요한 회의가 있었다. 이 약을 이해하려면 먼저 질병을 공부해야 했다. 문제는 그 전까지 당뇨 관련 제품은 해보지 않았던 터라 질병 자체가 생소했다. 게다가 신약이다 보니 약물 기전도 완전히 다르고 전문 용어로 채워진 자료도 온통 영어여서 아무리 읽어도 이해하기 힘들어 3시간 넘게 끙끙대고 있었다. 누군가 한국어로 설명을 해준다면 훨씬 낫겠다는 생각에 당장 한국의 허가 담당자에게 전화를 걸어 30분 동안 집중 과외를 받았다. 그 순간 한참을 끙끙대며 느꼈던 체증이 단박에 해소되는 것을 느꼈다.

미술품 경매 회사 대표로 처음 예술 산업에 입문했을 때 컬렉터에게 작품을 판매하는 것은 대상만 다를 뿐이지 결국 영업이어서 그동안의 경험을 적용하는 것이 가능했다. 하지만 작가와 작품은 달랐다. 세상에 수많은 작가가 존재하지만 2차 시장에서 거래가 이루어지는 작가는 200명 정도이다. 게다가 같은 작가여도 시간에 따라 다른 작품을 탄생시키다 보니 작가의 시대별 작품도 잘 파악해야 했다.

무엇보다 가장 어려웠던 것은 작품의 가격이었다. 세상에 단 하나만 존재하는 작품의 가격은 공산품이나 부동산처럼 객관적 시장 가치의 기준이 없다. 작가, 소속 갤러리, 작품 소장 이력, 작가의 전시 이력, 미술사적 의미 등 객관화할 수 없는 지표들이 복합적으로 작용한다. 그나마 경매에서 거래되는 작품은 이전 낙찰 가격이 기준이 된다. 경매 회사는 작품 소유자가 위탁하고 싶을 만한 좋은 가격을 제안해야 하고, 동시에 응찰자가 매력적으로 느낄 가격으로 경매에 선보여야 한다.

이 모든 것은 어떻게 보면 비합리적으로 보일 수도 있지만, 수많은 요소가 서로 맞물려 산정되는 고도의 합리적인 과정이기도 하다. 이 복잡다단한 과정에 객관적으로 이해할 만한 자료도 없다 보니 무수히 많은 사람들에게 물어볼 수밖에 없었다.

모르면 모른다고 하는 게 낫더라
○

예술 산업의 중요한 사회적 역할에는 새로운 작가의 발굴이 포함된다. 내가 몸담았던 갤러리는 우리나라를 대표하는 곳이었기에 연세가 많았던 대가를 포함해 훌륭한 소속 작가가 많았다. 그럼에도 지속 가능한 미래를 위해서는 끊임없이 작가를 발굴해야 했다. 하지만 발굴 기준은 절대 만만치 않았다.

일단 미술사적으로 의미가 있어야 한다는 것을 시작으로 국제적 명성을 얻기 충분하며, 큐레이터와 비평가가 주목할 수준이어야 한다. 또한 현시점의 미술 흐름에도 맞아야 하고, 미래성과 작가성이 기대되면서, 작품이 팔릴 만한 작가를 발굴한다는 것은 현실적으로 쉽지 않은 일이었다.

늘 작가들을 많이 만나고 평소 관심 있는 작가의 전시는 꼬박꼬박 찾아다니면서 그룹전을 통해 젊은 작가를 소개하는 큐레이션도 해봤다. 그렇지만 미술사를 전공한 미술 토박이도 성공 확률이 낮은 작가 발굴을 비전문가인 내가 하기는 쉽지 않았다. 미술계 관계자들이 내게 어느 작가를 주목하고 있는지 많이들 물어왔지만 참 대답하기 어려웠다.

하루는 평소 존경하던 비평가 겸 큐레이터와 식사를 하면서 앞으로 미술계 흐름은 어떠할지, 주목하고 계신 작가가 있는지 물었다. 그는 큰 갤러리가 숨은 작가를 발굴해 널리 알리면 좋겠다며 대여섯 분을 언급했다. 미팅 직후 그들을 스터디한 후 직접 방문해 두 분을 소속 작가로 발굴할 수 있었다.

이들은 그 어떤 갤러리에서도 찾지 않았던 숨겨진 노(老) 작가로 70대가 될 때까지 한평생 작품 활동만 하시던 중 우리 갤러리와 만나게 되었다. 이후 전시를 열었고 아트 페어를 통해 소개되면서 지금은 대한민국을 대표하는 작가의 반열에 올라 갤러리의 주요 소속 작가가 되었다.

　내가 지금도 존경하고 좋아하는, 늘 내게 큐레이터를 해보라 말씀하시던 작가님께도 같은 질문을 했었다. 그분은 당시 아무도 주목하지 않았던 30대 작가를 10명쯤 알려주셨다. 그분의 지극히 개인적인 의견이었지만 안목과 취향을 믿었기 때문에 그들을 공부하고 따라다녔다.

　어쭙잖게 시치미 떼고 아는 척을 하는 것보다 모른다고 인정하고 물어보는 것이 훨씬 건강하다. 직위가 높다 보니 체면을 생각해서, 모른다는 것을 알리고 싶지 않아서 묻지 않으면 결국 나만 손해다. 잠깐의 창피한 감정을 극복하는 것이 계속 모르고 있는 것보다는 낫다. 의외로 사람들은 모르는 것을 인정하고 순수하게 질문하는 사람에게 친절하고 관대히 알려준다.

귀를 열고 다니면 뭔가는 얻었다

○

　　질문하기만큼 도움이 되었던 것은 사람들 사이에 떠도는 여러 말들을 열심히 주워듣는 것이었다. 독립된 사무실에 혼자 있는 것보다는 밖으로 나와 귀를 크게 열고 사람들이 소통하고 의논하는 이야기를 듣다 보면 공적인 회의에서 얻을 수 있는 것보다 훨씬 양질의, 그리고 더 많은 정보를 얻고는 했다. 그래서 나는 오픈된 환경의 사무실을 더 좋아한다.

스타트업에서는 대표임에도 독립된 사무실이 없었다 보니 옆자리에서 들으면서, 앞자리와 소통하며 알음알음 정말 많이 배웠다. 책상에 앉아 자료만 백날 읽고, 업무 인수인계로 파악하는 것보다 훨씬 빠르고 효율적이라고 느꼈다.

슬랙에 개설된 온갖 방에도 다 들어가봤다. 개발자들이 서로 공유하고 검증하는 개발 언어 같은 것들은 사실 무슨 말인지 알아들을 수 없었지만 무작정 들었다. 무슨 말인지 모르고 들었던 이야기가 언제 어느 맥락에서 필요하게 될지 모르는 일이었다.

서당 개 3년이면 풍월을 읊는다는 건 근서 없는 말이 아니었다. 주변에서 하는 이야기에 귀를 열고 듣다 보니 신기하게 조금씩 알게 됐다. 우연히 들었던 동료들의 이야기가 회의 주제와 연결되어 무릎을 칠 때도 있었다. 그전까지 몰랐던 UI/UX, 비즈니스 개발 등의 영역은 귀를 열고 관심을 기울인 덕분에 배울 수 있었다.

실은, 아는 것처럼 보였던 것인데
○

조금은 말하기 창피한, 나의 또 다른 결정적 경쟁력은 '아는 것처럼 보이기'다. 진입 장벽이 높은 산업일수록, 그래서 인력 변동이 크지 않은 산업일수록 전문 지식의 수준이 높고 또 깊은 사람들이 많았다.

제약, 예술, IT는 전문가들이 모인 분야였기에 그들과 일하려면 함께 대화하고 논의하면서 전략을 만들고 실행 계획을 세울 수 있는 수준까지 올라서야만 했다. 또한 습득한 지식을 잘 표현하는 것도 중요했다. 물론 최선을 다해 열심히 공부했지만 이 모든 것을 해내기에 주어진 시간은 늘 부족했다. 결국 모든 지식을 완벽하게 습득하는 것보다 빠르게 배운 지식과 정보를 경험과 퍼즐 맞추기처럼 잘 짜맞춰 내 것으로 소화하는 것에 집중했다.

임원이나 대표로 포지션이 올라갈수록 여러 경로로 정보에 대한 접근이 수월해지고 또 적잖이 축적하게 된다. 그렇게 모인 것 중에서 그야말로 써먹을 만한 정보는 기억했다가 적절한 순간에 내 경험을 녹여내 나만의 것으로 만들었다.

제약 회사에서 비즈니스유닛 헤드로 근무할 당시에는 신약 출시 때마다 모든 영업 직원을 대상으로 제품을 고객에게 설명하기 위한 디테일 캠페인을 실시했다. 제약 회사 영업 직원은 학술적 수준이 매우 높은 종합병원 교수를 고객으로 상대한다. 그렇다 보니 시간이 없는 고객에게 짧고 굵게 신약을 소개하고 어필할 때 언제 어떻게 튀어나올지 모르는 질문에 적절히 대응하려면 전문 지식을 갖추는 것이 필수였다. 그런 영업 직원들에게 적절한 피드백과 코칭을 하려면 전문가 못지않은 전문 지식이 필요했는데 이런 자리에서 나의 경쟁력을 십분 활용할 수 있었다.

핵심인 약에 대한 정보와 소통법에 더해 효율적으로 공감하고 약속을 끌어낼 클로징 방법이 매우 중요했다. 만약 고객이 날카로운 질문을 던지거나 반박한다면 심중의 의도와 정확한 뜻을 확인할 수 있는 질문으로 대응하도록 코칭했다. 그러면서 시간을 벌고 정확한 답을 할 수 있는 확률을 높이는 것이다. 이 코칭은 그동안의 영업 현장 경험을 바탕으로 한 매우 현실적인 코멘트였다. 약물에 대한 충분한 지식이 부족하더라도 이런 식의 전술로 새로운 가치를 더한 나만의 지식을 전할 수 있었다.

훗날 함께 했던 동료나 직원들이 내게 당연히 다 알고 있는 줄 알았다고 말하는 것을 보면 당시 많은 사람들은 내가 전문가만큼 많이 안다고 생각해준 것 같다. 고마운 일이다.

나는 아는 것이 많지 않았다. 그렇기에 존경하고 믿는 분들에게 질문했고, 사람들이 하는 얘기를 열심히 주워듣고 조합해 실행에 옮겼다. 모든 것을 다 아는 건 불가능했다. 때로는 알 수 없다는 것을 인정하고 새로 알게 된 것과 경험을 잘 엮어 나만의 것을 만들었고, 아는 것처럼 보였기에 여러 업계를 경험할 수 있었다. 내가 한 것이 아니었다. 나를 도와준 많은 사람들 덕분에 가능했다.

하기 싫은
일부터
먼저 했다

맛없는 것부터 먹던 아이,
일도 그렇게 했다

○

형제가 셋이었던 나는 맛없는 것부터 먼저 먹고 제일 맛있는 것은 아껴뒀다가 제일 나중에 먹었다. 그러다 빼앗길 수도 있다는 건 알았지만 그렇다고 맛있는 것을 홀라당 먼저 먹을 수는 없었다. 맛난 건 마지막에 즐기면서 먹기 위해 맛없는 것을 먼저 해치우자는 생각이었다.

나는 일도 이렇게 했다. 하기 싫고 쳐다보기 싫은 일부터 먼저 했다.

일을 하다 보면 급하면서 중요한 일이 생긴다. 내가 끝내지 않으면 다음 단계나 다른 사람에게 못 넘어가는 일, 나의 결정을 기다리고 있는 일, 촌각을 다투는 위기 상황 등이 그런 일이다. 원래 뭐든 해치우는 걸 좋아하고 'Things to do' 목록을 하나씩 지우는 것에 쾌감을 느끼는 나는 보통 잠을 청하기 전에 다음 날 해야 할 급한 일에는 무엇이 있을지 생각하곤 했다. 회사가 어려운 시기를 지나고 있었을 때는 고민을 하다 보면 각성이 되고 그러다 보면 잠이 깨 깊이 자본 적이 별로 없었다.

내년도 매출 목표를 정하거나, 마케팅 전략을 수립하거나, 신약을 허가받거나, 임상을 킥오프하거나, 엑싯 전략을 짜서 이사회에 보고하는 것처럼 중요한 일은 후딱 해치우는 데 별다른 문제가 없다. 회사의 모든 조직이 중요성을 공유하고 있기 때문에 역량을 모아 집중해 같이 일할 수 있었다. 일이 어렵고 해결이 안 되는 경우가 있을지라도 결국은 진행되기 마련이다.

피하고 싶은 일일수록 정면 돌파가 답
○

하기 싫은 일에는 몇 가지가 있는데 그중에서도 '급하고 중요하면서 하기 싫은 일'에 주목해야 한다. 이런 유형의 일은 위기 상황에 놓인 회사에 특히 많다.

매일 정리했던 30~50개의 Things to do 중에서도 오랫동안 지우지 못하고 남은 것 중에는 하기 싫은 일이 더 많았다. 이런 일은 문제 파악부터 쉽지 않다 보니 해결책을 제시하기도 힘들었다. 또한 관련된 여러 이해관계자와 소통하고 설득하는 과정도 필요해 고생길이 훤하고 마음 상할 일은 자꾸 쳐다봐도 하기가 싫다. 그래서 급하고 중요한 일부터 하다 보면 계속 뒷전으로 밀리기 마련이지만 하기 싫은 일부터 하려고 노력했다. 마주하기 싫고 미루고 싶었기에 오히려 일단 시작했다. 시작하면 어떻게 하던 굴러감을 믿으면서.

매출과 수익 구조가 어려운 회사에 가면 비용 구조를 슬림화하는 작업을 먼저 해야 했다. 톱 라인을 끌어올리고 구조를 개선해 회사를 턴어라운드시키는 노력을 지속하면서 수익을 개선하기 위해서는 비용 절감을 당장 시작해야 했다.

그중 가장 어려운 파트가 고정비 절감이었다. 조직 구조를 전반적으로 점검해 숨만 쉬어도 나가는 기본 비용을 산출하고, 그 외의 비용은 모두 잉여 비용으로 간주해 빠른 시일 내에 없애거나 줄여야만 했다.

인력과 관련한 고정비를 줄이려면 어쩔 수 없이 조직을 통폐합해 중복 업무를 통합하고 인원을 재배치해야 한다. 게다가 결원이 발생해도 충원하지 않는 결정을 해야만 한다. 이런 선택은 조직의 사기를 떨어트리고 직원들에게 큰 영향을 주기 때문에 진심을 다해 소통하고 최선의 노력을 다하는 성의를 보여야 한다. 한두 번의 미팅으로는 해결되지 않기에 여러 번 만나 설득하고 통보해야하니 상호 간에 참 힘든 과정일 수밖에 없다.

이런 일은 Things to do 목록 중에서도 가장 하기 싫은 것에 속했다. 그럼에도 회사가 턴어라운드하기 위해서는 반드시, 빨리 해야 하는 중요한 일이었기에 하루를 시작하면 이것부터 했다. 회피하지 않고 빨리 끝내기 위해 외면하지 않았다.

매도 먼저 맞는 게 낫다

○

사람과 관련된 일이 다 그렇지만 좋지 않은 주제로 소통해야 하면 참 힘들다. 그래도 당사자에게 이른바 '서프라이즈'가 되지 않아야 하니 그 즉시, 수시로 하려 했다. 그리고 어렵지만 진솔하게, 그러면서 담담하게 소통하려 애썼다.

승진 누락이나 부서 통폐합으로 일이나 자리가 없어지는 상황, 아직 회사 시스템이 받쳐주지 않아 일은 넘쳐나는데 충원을 할 수 없는 상황, 오래된 조직을 혁신하기 위해 조직을 통째로 흔들어 위아래를 바꾸는 상황, 예산을 무지막지하게 삭감하는 상황 등에서는 소통이 매우 중요하다. 그리고 이 소통은 내 몫이었다. 이것을 해야 하는 전날은 잠이 오지 않았고 가슴이 답답했다. 그래도 꼭 해야 하는 일이었기에 그것부터 했다.

만남을 거부하는 고객을 상대하는 것 또한 하기 싫은 일이었다. 영업 부서가 오랜 시간 공들이고 노력해 어렵사리 미팅 자리를 마련해도 내키지 않는 고객은 한없이 가라앉는 분위기 속에 뭐 하러 왔냐는 차가운 반응을 보인다. 그런 고객에게 공손하고 절도 있으면서 간결하게 말하면서 설득해야 한다.

미팅이 일주일 정도 앞으로 다가오면 생각만 해도 스트레스를 받았다. 미팅 당일에는 가는 길 내내 한숨이 나오고는 했다. 그렇지만 신제품 출시 전 가장 먼저 해야만 하는 과제였고 이 난관을 뚫어야 다음 단계를 계획할 수 있었기에 결코 미룰 수 없었다. 막상 미팅에 참석하면 걱정과 달리 하고자 하는 말들이 술술 나왔다. 고객도 대부분의 경우 진심을 다해 소통하면 생각보다 반응이 나쁘지 않았다.

결과가 어찌 되든 어려운 일을 해냈다는 안도감과 뿌듯함을 느끼는 것이 계속 미루고 질질 끌면서 마음에 찜찜하게 남는 것보다 100배는 낫다고 생각했다. 나는 그렇게 믿었다. 맛있는 음식을 아껴두듯, 하기 싫은 일을 먼저 해치우고 마음에서 지워버린 뒤 담담히 결과를 기다리는 편이 더 좋은 결과를 만든다고 말이다.

때로는 시간이 해결해주더라
○

지난날을 돌아보니 문득 이런 생각이 든다. 마음이 다치고 안절부절못하면서 그토록 하기 싫었던 일들을 억지로 먼저 해치웠던 것만이 맞는 방법이었나 싶다. 그때는 그 일들을 오늘 당장 끝내지 않으면 큰일이 날 것만 같아서 리스트에서 빨리 지워버려야 직성이 풀렸다.

하지만 세월이 지나고 나니 알 것 같다. 어떤 일은 내가 기를 쓰고 덤비지 않아도 시간이 지나면 저절로 해결되기도 한다. 때로는 문제 자체가 사라지기도 했고 죽고 못 살 것 같던 그 문제가 더 이상 중요하지 않은 일이 되기도 했다.

순리대로 놔두는 것도 하나의 해결 방법이라는 것을 그때의 나는 잘 몰랐다. 적어도 내 마음까지 그렇게 몰아붙일 필요는 없지 않았을까 생각해본다.

2장

_____ *

앞뒤를
재지 않고,
돌아보지도
않고

똥인지 된장인지
알려면
먹어봐지

커버스토리

30여 년 동안 연관성 없는 여러 업계를 널 뛰듯 거쳤다. 그 시간을 솔직하게 풀어내자면 이렇다.

앞 20년은 유명한 글로벌 회사에서 좋은 교육과 경험을 쌓으면서 리더십과 스펙도 갖춘 '부잣집 딸내미'로 살았다. 반면 이어진 10년은 허허벌판에서 이리 치이고 저리 치이면서 뭐라도 만들어내려 기를 썼다. 악착같이 돈을 벌어야 하지만 절대 돈을 써서는 안 되는 '없는 집 머슴' 같았다.

지금 돌아보면 처음 20년은 치열하게 노력하면서 살긴 했어도 자신감에 차서 '이렇게까지 노력하는데 안 될 게 뭐 있겠어!' 하는 건방진 마인드를 갖고 일하지 않았나 싶다. 이후 10년 동안에도 마찬가지로 치열하게 노력했지만 '세상에는 안 되는 것도 많구나, 노력한다고 다 되는 것은 아니구나.' 하는 것을 알게 된, 그나마 사람이 된 시간이었다.

대충 봐도 중구난방 널뛰듯 서로 다른 예닐곱 개의 산업을 거치며 일하는 동안 시간당 1,000원짜리 서비스를 팔아보기도 하고, 30억에 달하는 대작도 거래해봤다. 가장 아날로그적인 미술 작품처럼 만질 수 있는 것도 있었고, 시장을 개척해야 했던 디지털 서비스처럼 만질 수 없는 무형의 것도 있었다.

형태도 미국과 유럽 등 글로벌 회사, 오너 회사, 상장 회사, 유니콘을 꿈꾸는 스타트업, 사모펀드가 투자해 엑싯을 고려한 회사 등 다양했다. 결정적으로 가는 곳마다 참 많은 '시어머니'와 '시누이'를 모시며 살았다.

일관성이라고는 찾아볼 수 없는 커리어 패스다. 일부러 의도해도 이렇게까지 하기는 쉽지 않겠다 싶다. 첫 회사부터 따지면 모두 열 곳이다. 좋게 말해 다양한 경험이지, 나쁘게 말하면 한 분야의 전문가라고 말하기 힘들게 중구난방이다.

이렇게 된 데는 두 가지 이유가 있었다. 거쳐온 회사들의 어려웠던 사정과 나의 개인적인 성향 때문이다.

임원이나 대표를 내부 승진이 아닌 외부에서 영입하는 경우는 몇 가지가 있다. 일단 수익이나 매출이 좋지 않아 변화가 필요한 시점이거나, 이전과 다른 비즈니스 모델이 필요할 때 그리고 해당 산업 밖의 인물을 통해 신선한 시각이 필요할 때다. 어쩌면 가장 중요한 이유로는 무지막지한 구조조정이 필요해 칼을 휘둘러야 하지만 내부 인력으로는 할 수 없을 때 외부 인사 영입이라는 선택을 한다.

한마디로 종합하면, '위기 상황'에서 '검증된 사람'을 신뢰할 수 있는 이들을 통해 알음알음 채용한다. 포지션이 높아질수록, 대표직이라면 더욱 그렇다.

사실 더 결정적인 이유는 똥인지 된장인지 꼭 먹어봐야 아는 나의 성향 때문이었다. 어려운 상황에 놓인 회사에서 같이 해보겠냐는 제안이 올 때마다 밤잠을 설치며 고민했고 비밀을 지켜줄 멘토에게 조언을 구하기도 했다. 그러면 십중팔구 '지금 자리도 나쁘지 않다', '분명 거기 가면 고생할 것이 확실하다', '아는 게 없으니 맨땅에 헤딩하며 배워야 할 거다' 등 좋은 선택이 아니라는 조언을 들었다. 더 고민해도 같은 결론을 맴도는 상황이었지만 나는 늘 이렇게 생각하고 말았다.

'안 해보고 알 수 없잖아. 어차피 어디서나 열심히 일할 거니 더 큰 보람이 있을 것 같아. 안 해보면 후회하지 않을까? 그렇다면 후회할 일을 만들지 말아야지.'

멘토들은 미칠 노릇이었을 것이다. 그럴 거면 왜 물어봤냐는 말이 턱 밑까지 차오르지 않았을까. 안 먹고도 알기 위해 깊이 고민하고 주변의 지혜도 구했지만 결국 난 먹어보는 것을 선택했다. 똥인지 된장인지.

솔직하게 말하자면 그런 선택을 하고서 늘 후회했다. 합류를 결정한 회사들은 대부분 처음 접하는 산업이었고, 어려운 사정에 놓여 있던 데다, 모르는 사람들과 일해야 했기에 나를 증명하면서 빠르게 배워야만 했다. 매일 머리를 쥐어뜯고 왜 이 선택을 했을까 생각하며 후회와 자학을 했다.

때로는 전 회사에 연락해 내 후임자는 뽑았는지, 조직 개편은 어떻게 되었는지 등을 물으며 돌아갈 가능성이 있는지 타진하기도 했다. 그럴 때마다 99.9%의 확률로 나 없이도 잘 돌아가고 있다는 비보를 접했다. 결국 내가 할 수 있는 것이라고는 미련을 버리고 내가 한 선택을 최선으로 만들기 위해 할 수 있는 모든 것을 다하는 것뿐이었다.

예술 산업에 6년 가까이 몸담았다가 테크 스타트업의 대표로 출근한 첫날, 인사 담당자는 미리 신청한 기종의 랩톱 컴퓨터를 주었다. 신선한 즐거움도 잠깐, 나를 당황하게 만든 것은 예상치 못한 곳에 있었다. 대표의 사무실이 따로 없다는 것은 이미 알고 있었지만, 이런저런 업무용 프로그램을 직접 설치하라고 하는 것이 아닌가. 못 한다고 얘기하자니 창피해 혼자 2시간을 끙끙대다 더는 안 되겠다 싶었다. 내게는 1도 관심이 없어 보이던 옆자리 개발자에게 도움을 청할 수밖에 없었다. 그렇게 오후 2시쯤이 되어서야 모든 프로그램의 설치를 끝냈다. 그 순간 나 자신이 어찌나 대견했는지 모른다.

난관은 더 있었다. 명색이 IT 회사의 대표라면서 개발 언어는 근처에도 가본 적이 없었다. 조금이라도 알아야겠다 싶어 개발자 50명이 모인 슬랙 대화방에 초대해달라고 요청했다. 되든 안 되든 매일 들어가 개발에 대한 그들의 토론과 의견을 관찰하다 보니 그럭저럭 무슨 이야기를 하는지는 알아듣게 되었다. 사업 분야가 낯설기는 마찬가지였다. 아이디어를 놓고 사업개발팀과 개발자들이 불꽃을 튀기며 미팅할 때는 기싸움에서 밀리지 않는 법도 배워갔다.

그렇게 매일매일 '오늘은 또 무얼 배우게 될까?' 기대하는 날들이 이어졌다. 창피하다 생각하지 않고 모르면 모른다고 용기 있게 말하면서 계급장 떼고 누구든 찾아가 물었다. 신기하게도 6개월 정도 지날 무렵에는 많은 것을 배운 나를 발견할 수 있었다. 지금 생각하면 여자이면서 다른 업계에서 온 나를 리더로 선택한 고용주나 이사회 의장, 오너는 참 용감하고 편견이 없던 훌륭한 분들이었다.

헤드헌터들은 내 경력을 보면서 "한 산업에 대한 전문성은 없으시네요."라든가 "이런 경력으로는 업계에서 잔뼈가 굵으신 분과 비교했을 때 경쟁력을 가질 수 없어요."라고 말하고는 했다. 그렇지만 달리 보면 바로 이 다양성이 기회를 가져다주었다. 특정 산업에서만 직장을 구할 수밖에 없는 사람과 비교하면 내게는 선택의 폭이 훨씬 넓었고 다른 시각과 시도가 필요한 회사의 선택을 받을 수도 있었다.

늘 후회했고 험난했지만 그럼에도 재미있었다. 길지 않은 인생, 기회가 오면 일단 뛰어들었기에 재미있게 살 수 있었다. 선택이 틀렸다고 확인된 순간에도 일단 노력했다. 노력하고도 안 된다면 아닌 거라고 생각했다.

그동안 먹어본 결과 된장이 많았지만 똥도 있었다. 그 똥을 안 먹었더라면 경력을 더 꽃 피울 수 있었고 안정적으로도 살 수 있었겠지만 후회하지는 않는다. 많이 배웠고 성장했으니 감사한다. 그래도 가끔은 욕을 한다. 똥을 선택했던 나를 향해서.

그래,
나
배신자다

속 긁던 헤드헌터의 말들

○

　　열 곳의 회사를 거치는 동안 헤드헌터를 통해 이직한 것은 한두 번에 불과했다. 내 스펙이 화려하지 않다 보니 헤드헌터를 통해 구직하려는 시도 자체를 그다지 해보지 않았다.

　사실 더 근본적인 이유는 그들이 내게 했던 말들 때문이다. 헤드헌터를 만나면 분통 터지는 말을 꼭 듣곤 했다. 그들은 너무 자주 옮겼다, 한 분야에 전문성이 없어 보인다 등의 말을 이구동성으로 했다. 그런 말을 들으면 내가 별로인 사람인 것만 같아 주눅이 들었다. 자리를 찾아주지도 않으면서 비판적으로만 바라보는 태도가 영 마음이 들지 않았고 기운만 빠져 다시 만나고 싶지 않았다.

　지금껏 세 곳을 제외하면 평균 2-3년마다 한 번씩 회사를 옮겼다. 어느 회사에 몸담든 옮겨갈 회사를 미리 구하지 않았고, 떠날 때가 되었어도 절대로 대충 일하지 않았던 터라 헤드헌터들의 말은 들을 때마다 억울했다. 굳이 변명하자면 눈앞에 새로운 기회가 오면 뒤도 안 돌아보고 일단 달려들었다 보니 결과적으로 이직이 잦아진 것이다.

무모했기에 용감했고, 논리를 엄청 따지는 사람이면서도 이직에 있어서는 한번 해보고 싶다는 감정에 충실했다. 이 회사, 저 회사 사이에서 간을 보면서 연봉을 부풀리거나, 승진을 위해 이직하지도 않았다. 실제로 예술 산업에 진입했을 때는 연봉이 대폭 삭감됐고, 스타트업에서도 다른 산업과 비교했을 때 연봉이 낮았다. 하지만 다른 리워드가 있었고 또한 보이지 않는 다른 요소가 더 중요했다.

오랫동안 우리 사회는 '잦은 이직 = 회사에 대한 충성심 없음' 으로 간주했다. 한 회사에서 진득하게 다니면서 회사에 충성을 보여야 믿을 만한 좋은 인재라고 여겼다. 회사를 옮기는 사람을 '메뚜기'라고 부르면서 신의가 없어 믿을 수 없는 사람이라고 판단했다. 이 문화는 아직도 남아서 "이직은 곧 배신!"이라는 말도 안 되게 전근대적인 표현으로 드러나기도 한다. 아이러니하게 오래 자리를 지킨 사람이어도 능력이 부족하면 꼴 보기 싫어하면서 좋을 대로, 자의적으로 사용한다. 이직과 충성심은 하등의 관계가 없다.

프로 이직러들이여, 자랑스러워하라

○

　　　　　　　한 산업계, 한 회사에 오래 있으면 전문성을 갖추었다고 볼 수 있겠지만 빠른 변화가 상수인 현대 사회에서는 치명적 약점이 되기도 한다. 이직 경험이 많은 사람은 새로운 곳에 빨리 적응하고, 자신만의 핵심 역량을 어느 분야에나 적용할 줄 알며, 카멜레온처럼 주어진 환경에 자신을 맞추는 능력이 좋아질 수밖에 없다. 이렇게 좋은 점이 있는데도 굳이 기를 죽이며 전문성이 없다고 해야 할까.

　나는 글로벌 제약 회사에서 8년 동안 일하면서 미국 본사 파견을 포함해 많은 업무를 경험한 제약 산업 전문가가 되었다고 자부한다. 그런데 이후 여러 산업군을 거쳤더니 제약 관련 전문성이 없다며 제약 산업의 인재 풀에 속해 거론되고 회사의 선택을 받기 어렵다는 평가를 받은 적이 있다. 하지만 글로벌 제약 회사를 나오고 9년이라는 시간이 지난 후 나는 다시 제약 회사에 들어갔다. 그것도 대표로. 당시에 나는 기존의 채용 통념을 깨는 방식으로 선택됐다. 제약 산업에만 머물지 않아서, 다른 산업군들을 경험해서, 새로운 시각을 갖고 다른 시도를 할 수 있을 것이라는 평가를 받았기에 뽑혔다.

　이제 이직은 선택이 아니라 필수인 시대다. 요즘은 이직의 니즈를 숨기지 않고 자연스럽고 세련되게 노출한다. 이직을 위해 개방적으로 알아보며, 더 나은 경력과 연봉 그리고 자기 발전을 위해 이직한다. 물론 여전히 이직하는 직원을 보며 "들어온 지 얼마나 됐다고, 회사가 투자한 것이 얼마인데. 지난 회사에서도 짧게 있었더니 역시 우리 회사에도 그러네. 뽑지 말았어야 했어."라고 말하는 꼰대는 존재할 것이다. 회사와 자신을 분리하지 못하는 사람이라면 이런 생각을 할 수도 있다.

하지만 예전과 가장 크게 달라진 건 대놓고 말하지는 못한다는 점이다. 혹 그런 생각을 누군가에게 말하거나 SNS에 올리기라도 했다가는 소문이 금세 퍼질 것이고, 똑똑한 청년들은 아무도 들어오려 하지 않을 것이며, 그 꼰대는 사회적으로 조용히 매장을 당할 것이다. 회사가 직원에게 '베푼다'는 생각을 가진 회사는 이런 시각을 가질 수 있다. 이 정도만 해도 내가 회사를 다니던 시절과 비교하면 많이 좋아졌다 싶다.

다닐 때는 치열하게, 떠날 때는 미련 없이

○

근무했던 스타트업의 개발 부서에서는 퇴사하는 동료가 마지막 퇴근을 할 때 그의 짐을 엘리베이터 앞까지 옮겨주고, 50여 명 이상의 모든 부서 직원의 박수와 환호 속에 떠나보냈다. 박수를 치던 사람들 중에는 자신이 퇴사할 때를 상상한 이도 있었을 것이다. 나는 이 의식이 그렇게 신선하고 좋아 보일 수 없었다. 지금까지 함께 일해서 감사했고, 더 나은 미래를 선택한 것을 축하하면서 기쁘게 보내준다니. 참 멋졌다. 이들은 언젠가 다른 곳에서 다시 만날 수도 있는 일이다.

어떤 선배 세대보다 똑똑한 요즘 청년들은 원하는 것이 명확하고 이직을 위한 기준도 단순화해 빠르고 깔끔하게 결정할 줄 안다. 사실 나는 그걸 잘하지 못했다. 이직하고 싶다는 감정으로 회사를 옮긴 적이 더 많았다. 하지만 요즘 젊은이들은 이직을 당연하게 여기고 현명하게 회사를 옮긴다. 이제는 회사들도 직원들의 이직 가능성을 숙명처럼 여기고 인정한다.

요즘 시대에 좋은 회사란 열린 마음으로 이직을 바라보고, 직원이 회사를 떠나더라도 마치 '동문'처럼 여기며 자랑스럽게 생각해주는 곳이다. 서로 돕고 응원하며 커리어를 키워갈 수 있도록 지원을 아끼지 않는 곳. 비록 많지는 않더라도 그런 멋진 회사들은 분명 존재한다.

잦은 이직이 대체 왜 나쁜가? 잦은 이직에 대한 삐딱한 선입견은 여전히 존재한다. 하지만 그런 시각을 가진 회사의 미래는… 글쎄, 잘 모르겠다. 나는 소위 '프로 이직러'였지만 몸담았던 모든 곳에 충성했다. 나는 늘 영원히 떠나지 않을 것처럼 치열하게 회사를 다녔다. 다만 새로운 기회가 왔을 때 아쉽고 안타깝지만, 새 세상을 향해 손을 내밀었을 뿐이다. 그렇게 여러 산업군과 회사를 옮겨 다니며 일한 덕분에 어떤 환경에서도 살아남을 수 있는 적응력이라는 강력한 무기가 생겼다. 한 우물만 파지 않았기에 여러 우물을 연결해 새로운 물길을 트는 방법을 터득했다.

그러니 전문성이 없다거나 끈기가 없다는 평가에 너무 주눅 들지 마라. 이직은 배신이 아니라 내 그릇을 넓히는 가장 역동적인 방법이다. 영원히 다닐 것처럼 몰입해 일하고, 떠날 때는 돌아보지 말고 새로운 기회에 도전하면 된다. 그럴 때 대체 불가능한 프로가 되어갈 것이다.

어쩌다 보니 넘게 된 높은 담벼락

O

소비재 회사에서 시작해 10년 가까이 마케팅 전
문가로 일한 뒤 임원이 된 후 옮겨 다녔던 회사들은 하나같이 진
입 장벽이 높은 곳들이었다. 제약, F&B, 예술, IT 플랫폼 산업까지.
사실 의도해서 이직하려 노력했다면 더 어려웠을 커리어 패스다.

이 회사들은 모두 특수한 니즈가 있었기에 그들 기준에서 비주
류였던 나를 뽑은 것이지, 본래 이 산업군들은 타 분야에서 인재
를 잘 구하지 않는다. 그도 그럴 것이 해당 산업에서 일을 시작해
하나씩 배우지 않으면 알 수 없는 특수한 경험과 지식이 필수적
이기 때문이다. 산업 내에서의 교류와 채용은 매우 활발하지만 담
너머의 사람은 쉽게 들어갈 수 없는, 그야말로 높은 성벽이 둘러
싼 곳들이었다.

어쩌다 보니 기회가 닿아 그 높은 담을 넘긴 했는데 막상 들어가 보니 이건 단순히 제품만 달라지는 게 아니었다. 업계를 움직이는 '게임의 룰' 자체가 완전히 달랐다. 제품은 사전에 공부라도 할 수 있다지만 게임의 룰은 그 안에 들어가 깨져봐야지만 알 수 있었다.

누구나 한마디씩 거드는 국민 산업

O

내 고향이라 할 수 있는 소비재 산업은 우리가 일상에서 흔히 접하는 제품을 판다. 최종 소비자의 선택을 받기 위해 그야말로 다양한 방법을 동원해 소비자가 구매하도록 유혹하는 일을 한다. 마케팅이라는 것은 결국 '소비자 꼬시기'이다. 이 기술은 모든 비즈니스에 필요해서 언제나 내 경쟁력의 출발점이 되었다.

사실 소비재는 '귀에 걸면 귀걸이, 코에 걸면 코걸이' 같은 산업이다. 누구나 소비자이다 보니 전문가가 아니어도 아는 척하며 한마디씩 거들고 훈수를 두기에 딱 좋다. 광고가 어떻고, 가격 할인 정책이 어떻고 하며 조직 안팎에서 수많은 비전문가들이 숟가락을 얹고는 했다. 이사회 멤버나 높은 분들이 앞뒤 맥락도 없이 "이번에는 이런 제품을 내보면 어때요?", "이번에 집행한 광고는 이런 점이 좀 그렇던데요."라며 의견을 피력할 때면 나는 겉으로는 온화한 미소를 지으면서 속으로는 목탁을 두드리고 도를 닦았다. 그들에게는 그냥 지나가는 말이었을지 모르겠지만 높은 사람이 낸 의견이기에 무시하기도 어려워 말도 안 되는 걸 팔로우업해야 할 때면 짜증이 솟구쳤다. 제발 비전문가는 전문가의 의견을 먼저 경청해 주었으면 한다.

아는 게 있어야 면장질도 할 텐데

О

반면 제약 회사는 완전 딴 세상이었다. 여기는 최소한 이공계 전공자, 혹은 약사 면허 소지자나 전문의 자격증 소지자가 아니면 명함도 못 내미는 곳이다. 그만큼 타 업계에서 다른 일을 하다 합류해서는 좀처럼 잘해내기 어려운 전문 분야다.

처음 제약 회사에 입사했을 때는 사회생활이 10년은 넘었던 터라 일 좀 해봤다고 자부했지만, 도통 무슨 일을 하는지 알 수 없는 부서들을 보며 멘붕이 왔다. 의사와 약사들이 즐비한 medical(메디컬)을 포함해 regulatory(허가/등록), external affair(대관), clinical research(임상) 등 이름만 봐서는 대체 뭐 하는 곳인지, 어떤 생리로 돌아가는 부서인지, 어떻게 대하고 소통해야 잘하는 것일지 전혀 감을 잡을 수 없었다.

겁 없이 제약 산업에 들어오긴 했는데 무식해서 용감하다고, 나는 이전 회사에서 하던 대로 공격적으로 비즈니스를 밀어붙였다.

처음 맡은 제품은 D2C가 가능한 전문 의약품이었다. 몇몇 주요 고객, 학회와 함께 신문에 소비자 캠페인 광고를 했는데 그게 사달이 났다. 의사인 메디컬 부서장이 강하게 문제를 제기하고 나선 것이다. 나는 절차를 밟고 승인도 받아서 집행했는데 뭐가 문제냐며 항변했지만, 결국 나의 판정패였다.

비즈니스 부서는 항상 메디컬 부서와 긴장과 견제 관계에 있다는 것을 전혀 몰랐기 때문이다. 들어간 지 3개월도 안 돼 불도저처럼 일을 벌이다가 제대로 물을 먹은 셈이다. 미리 소통하고 프로모션의 톤을 좀 더 소프트하게 조절했다면 잘 넘어갔을 일을 산업의 생리를 몰라 겪었던 혹독한 신고식이었다.

당시 다른 임원들은 '구렁이 100단'의 베테랑들이었으니 씩씩거리는 나를 보며 속으로 얼마나 혀를 찼을까. 하지만 누구 하나 그렇게 하면 안 된다고 귀띔해 주는 이가 없었다. 굴러온 돌이 어떻게 되나 지켜보자는 심사는 아니었을까.

어떤 조직이든 밖에서 굴러들어 온 돌은 항상 신고식을 하기 마련이지만 워낙 타 분야 사람이 들어오지 않는 업계여서 자주 있는 일은 아니었다. 질병을 이해해야 하고 환자와 제품, 약품 기전에 대한 전문 지식이 필요했다. 게다가 세상에 약은 또 왜 이리 많은지. 그중에서 경쟁 제품도 파악하고 있어야 했다. 전문 분야가 세밀하게 나뉜 의사와 학회를 상대한 경험, 그들과의 네트워크도 필요한 곳이 제약 회사다. 이러니 외부에서 들어온 임원이라면 더 어려울 수밖에 없다. 아는 게 있어야 '면장질'도 할 텐데 말이다.

우아한 레스토랑 뒤에서
벌어지는 전쟁

O

소비재와 비슷할 것 같았던 F&B 산업은 들여다보니 조목조목 달랐다. 이곳은 가맹점주라는 강력한 이해관계자가 있어서 매출이 조금만 주춤해도 그분들의 목소리가 커지고 배가 산으로 갈 수 있다.

내가 F&B 산업에 들어갔을 때는 천지개벽 수준의 변화가 진행되고 있었다. 지금은 이해하기 어렵겠지만 당시만 해도 피자는 레스토랑에서 온 가족이 칼과 포크를 사용해 우아하게 먹는 음식이었다. 그런데 시장에 새로운 플레이어가 들어와 전화로 주문을 받기 시작했고, 배달 서비스를 제공했으며, 부담 없는 수준의 저가 정책을 내세우며 게임의 룰을 근본부터 뒤흔들었다.

그때만 해도 배달로 즐길 수 있는 대중 메뉴는 중화요리뿐이었는데 피자가 추가되면서 배달 시장이 기하급수적으로 커지면서 F&B 산업이 재편됐다. 짜장면 한 그릇도 배달하는 우리나라에서는 외국처럼 팁을 받을 수 있는 것도 아니었다. 지금은 환경이 달라졌지만 당시에 배달 수수료는 생각할 수도 없었다.

높은 임대료와 인건비를 들여 직영 레스토랑을 운영하던 우리 회사는 매장 임대료부터 인건비, 부자재 등 높은 비용 구조를 가지고 있어 날벼락을 맞았다. 시스템도 갖춰지지 않은 상태에서 허겁지겁 배달 서비스를 도입하다 보니 제품 가격이 내려가서 숨만 쉬어도 나가는 묵직한 고정비를 감당하기 어려웠다.

당시 마케터로서 뼈저리게 배운 건 시장의 흐름과 소비자의 변화는 거역할 수 없다는 것이다. 마케팅한답시고 이 거대한 파도를 무시하면 그게 바로 망하는 지름길이다.

을의 힘이 더 센 그들만의 기이한 리그

○

예술 산업의 진입 장벽은 가히 에베레스트급이었다. 예술을 사랑해 유학까지 다녀온 전문가가 즐비한 곳에 작가 이름 하나 모르는 비전공자인 내가 대표로 갔으니 오죽했을까.

이곳은 주관성과 불투명성이 지배하는 곳이었다. 작품 가격은 공산품처럼 원가 대비 얼마로 정해지는 게 아니라 작가의 명성, 미술사적 의미 등 보이지 않는 가치가 복합적으로 작용해 결정되므로 그 과정은 결코 투명할 수 없었다.

예술 산업에 처음 발을 들였을 때는 작품에 대해 그야말로 일자무식이었다. 이 작품과 저 작품이 대체 뭐가 다른 건지, 왜 더 좋은 평가를 받는 것인지 도통 알 수 없었다. 그중에서도 고객, 즉 컬렉터 측면은 이해하기 쉽지 않았다.

소비재 산업에서는 불특정 다수의 소비자를 대상으로, 제약 산업에서는 소비재만큼 많지는 않았어도 모수가 충분한 의사를 대상으로 마케팅과 영업을 해왔는데 예술 산업은 이 업계에 있으면 고객이 누구인지 다 알 만큼 극소수였다. 이렇게 좁은 모수를 가지고도 시장이 존재할 수 있을까 싶을 정도였다. 이렇게 좁디좁은 고객 풀을 대상으로 하는 시장은 이전과는 전혀 다른 게임의 룰로 굴러갔다.

게다가 예술 산업은 파는 사람이 사는 사람을 선택할 수 있는 희한한 곳이었다. 유명하고 검증된 작가의 수작은 컬렉터가 원한다고 해서 손에 쥘 수 없다. 이런 작품은 뮤지엄이나 갤러리의 우수 고객에게 먼저 제안이 들어간다.

거래 관계가 충분하지 않거나, 컬렉팅 이력이 짧거나, 단순 투자를 목적으로 단기간에 매매하는 등 거래 이력이 좋지 않은 컬렉터가 수작을 구입하는 것은 거의 불가능하다. 때로는 갤러리에서 컬렉터에게 소장 작품 목록을 요구할 정도다. 갑과 을이 완전히 뒤바뀐 세계다.

가장 힘들었던 것은 정보의 폐쇄성이었다. 어느 고객이 어떤 작품을 샀는지 영업 담당자들은 절대 공유하지 않았다. 고객의 정보가 곧 그들의 권력이었기 때문이다. 고객이 누군지도 모르는데 매출 목표를 관리하자니 처음 6개월은 내가 여기서 기여할 수 있는 게 없다는 무력감에 시달렸다. 일반적인 회사에서 하는 것처럼 시스템을 만들고 싶어도 도저히 견적이 안 나오는, 그야말로 '그들만의 리그'였다.

굴비 엮는 듯한 이너 서클과 살벌한 속도

○

나는 오프라인 업계에서 경영으로는 나름 잔뼈가 굵은 사람이었기 때문에 IT 플랫폼 산업에 진입할 수 있었던 것 같다. 조직을 운영하고 협업할 줄 알았기 때문에 O2O 비즈니스 모델에서 절반 정도를 차지한 오프라인 업무는 그리 어렵지 않았다. 다만 나머지 반이 문제였다. 온라인을 직접 해보는 것은 처음이었기 때문이다. 게다가 직전 6년 동안의 커리어가 지극히 아날로그적인 예술 산업이었기에 익숙할 리가 없었다.

IT 플랫폼 산업에서 가장 놀랐던 것은 '이너 서클' 문화였다. 평소 알고 지내는 업계, 학교, 전공 인연과 인맥으로 주로 채용이 이루어지고, 공식적인 모집 공고도 드물다 보니 외부에서는 진입하기가 쉽지 않을 수밖에 없었다. 한마디로 이 업계 안에서 인재가 양성되고 또 교환되었다. 또한 조직의 수장이 이직하면 그 조직에 몸담았던 구성원 전체가 굴비 엮듯 다 같이 따라 움직였다. 특히 개발 부서가 그랬다.

게다가 모든 것이 빨랐다. 여기는 치밀한 계획보다 빠른 실행이 우선이었다. 실패가 용인되었고 포기도 엄청나게 빨랐다. 매년 직원의 20~25%가 바뀌는데도 아무도 놀라지 않았다. 이전에 근무한 글로벌 소비재 회사였다면 조직의 위기라고 호들갑을 떨었을 이직률이 여기에서는 일상이었다. 또한 매출보다 투자 유치가 생명줄이라 나는 매일 현금 흐름 리포트를 보며 돈이 마르지는 않을지 걱정을 해야 했다. 매출이 안 나와서가 아니라 투자를 못 받아서 회사가 망할 수 있다는 공포는 또 다른 차원의 스트레스였다.

진입 장벽 안의 안락함
vs 넘나드는 전문성

○

이렇게 산업군이 바뀔 때마다 제품도 낯설고, 아는 사람도 없고, 물도 놀랐던 나는 이중, 삼중으로 헤맸다. 그럴 때마다 살아남을 수 있는 방법은 하나였다. 과거의 영광과 습관을 모두 버리고 나의 무지함을 쿨하게 인정하는 것 그리고 스펀지처럼 닥치는 대로 배우는 것이다. 그렇게 새로운 업계 사람으로 바로 전환한 것은 다시 생각해도 참 잘한 일이다.

가진 것이 별로 없었기에, 잃을 것도 많지 않았기에 어렵지는 않았다. 그렇게 항상 새로운 업이 궁금했던, 호기심 가득했던 캐릭터가 나였다. 일단 내가 선택한 만큼 어떡하든 결국 좋은 선택으로 만들어야 한다는 굳은 의지도 있어서 유연할 수 있었다.

진입 장벽이 높은 산업은 들어가기는 어려워도 일단 들어가서 적응하고 나면 강력한 안전망이 생겼다. 남들이 못 들어오니 내 가치가 올라가고 대체 불가능한 인재가 되는 이점이 있다. 물론 그 안에만 갇히면 다른 산업으로 못 나간다는 단점도 있지만 말이다. 다행히 나는 이 여러 정글들을 잘도 넘나들었다. 그게 가능했던 건 아이러니하게도 특정 산업 지식이 아니라 산업을 넘나들어 쓰이는 전문성 덕분이었다.

평생의 꼬리표인 마케팅, 반드시 목표를 달성해내는 비즈니스 리더, 회사를 턴어라운드시키는 전문 경영인 등이 나를 설명하는 전문성이다. 이것들은 소비재든, 제약이든, 예술이든, IT 플랫폼이든 어디서나 통하는 본질이었다. 제품은 달라도 비즈니스의 핵심은 결국 사람 마음을 얻고 성과를 내는 것이니 말이다.

치열하게 산전수전을 다 겪으며 파란만장한 30여 년을 보냈다. 이제 와 돌아보니 그 고생스러웠던 경험들이 하나도 버릴 게 없었다. 낯선 정글에 떨어져도 게임의 룰을 금세 파악하고 적응하는 생존 본능이야말로 내가 얻은 진짜 전문성이 아닐까 싶다.

무시한다고
포기할 사람
같습니까

저기요, 제가 대표인데요

O

　　새로운 업에 들어갈 때마다 늘 호기심 반, 두려움 반의 감정을 느꼈다. 겉으로 보기에는 배짱 두둑한 것 같아도 새 가슴인 나는 풀어놓을 보따리는 없고, 새로운 보따리를 채우기 전인 시작할 때가 제일 두려웠다. 특히 대표일 때는 높은 포지션으로 갔으니 티 나게 무시당하지는 않았지만, 대부분 '네가 뭘 어떻게 하나 한번 보자.' 같은 시선으로 관찰하는 느낌을 받고는 했다. 그중에서도 예술 산업은 단연 원톱이었다. 대놓고 '네가 뭘 알아?' 하는 식이었다.

　　가장 먼저 내가 제일 잘한다고 생각한 영업 조직의 리더 역할을 할 수가 없었다. 한마디로 조직을 휘어잡지 못했다. 정보가 투명하지 않았던 이유가 결정적이었다. 미술품 영업에 잔뼈가 굵은 영업 직원들은 자기만의 고객 풀이 있었는데 그걸 전면에 노출하지 않았다. 손에 꽉 쥐고 전담 마크하고는 했다. 다른 영업 직원에게 빼앗길 수도 있어서 고객에 대한 정보 노출은 극히 제한적이었다. 이들은 고객이 보유하고 있는 작품 리스트, 관심사, 개인적 정보까지 어느 정도 알 정도로 고객과 가깝게 지냈다. 게다가 컬렉터들은 작품을 대개 집에 보관하다 보니 영업 직원은 고객의 집에 방문하는 경우도 잦았다. 이렇게 작품 판매 과정에서는 영업 직원의 개입 수준이 매우 높았다.

시장 전체적으로 고객 수가 무척 적고 한 고객이 구매하는 구매 바스켓이 큰 데다 오랜 기간 신뢰가 쌓여야 하는 영업이기에 한 고객을 두고 영업 직원 사이에서 갈등이 벌어지기도 했다. 대부분의 고객은 미리 연락을 하고 방문하지만 간혹 담당 직원이 부재했을 때 다른 영업 직원이 응대해 작품을 구매하거나 구매 직전까지 가게 되면 그건 거의 전쟁 수준으로 일이 커지고는 했다.

당시에는 고객과 일주일에 몇 번 소통했는지, 어떤 대화가 오갔고 어떤 기회가 발생했는지 문서화된 정보가 남겨지지 않았다. 영업 정보가 투명하게 공개되어 있지 않으니 내가 대표이지만 영업 활동에 대해 모니터링과 코칭을 하는 것은 물론이고 전시나 경매가 열리면 어떤 고객에게 어떻게 제안하고 영업 활동을 해야 하는지 가이드를 주는 것이 사실상 불가능했다. 제약 회사에서 했던 것처럼 시스템적 접근이 안 됐다.

사적 관계에 의존하는 영업 방식, 불투명하고 문서화되지 않은 고객 정보로 인해 회사는 영업 직원 개인의 역량에 크게 의존할 수밖에 없었다. 주요 고객을 관리하는 경력 20~30년 영업 직원의 매출 기여도는 상당한 수준이었다. 상황이 이러하니 이들이 이직을 하게 되면 고객도 같이 움직이게 되어 주요 고객을 관리하고 있는 영업 직원은 회사 시스템 밖에 있다고 해도 과언이 아니었다. 그만큼 영업 직원은 대체 비용이 무척 높았다. 그러니 회사의 지침이나 지시가 먹힐 리 없었다. 몇몇 핵심 영업 직원은 마치 개인 사업자처럼 행동했고 회사의 룰은 있으나 마나여서 통제할 수 있는 방법도 마땅치 않았다.

사람에 의존하지 않고 투명한 정보에 기반해 돌아가는 영업 시스템을 계획했던 나는 당황했다. 머지않아 당장은 무리해서 바꿀 수 없음을 깨달았다. 게다가 오너가 아닌 대표, 특히 예술에 대한 지식이 일천한 대표의 끗발은 먹히지 않았다. 이러한 상황에서 얼마나 대놓고 무시했을지 충분히 상상할 수 있을 것이다. 하지만 다행히도 모든 영업 직원이 그런 것은 아니었다.

새하얀 백지 같았던 시절

○

작가와 전시를 기획하는 일은 고도의 전략이 필요한 입체 퍼즐과도 같다. 갤러리는 보통 향후 2~3년의 전시 계획을 미리 확정한다. 이 달력을 채우는 일은 단순히 빈 기간을 없애는 차원이 아니다. 소속 작가와 외부 작가, 국내와 해외, 거장과 신진 작가 사이의 황금 비율을 찾아내는 치열한 수싸움이다.

　고려해야 할 변수는 한두 가지가 아니다. 회화 일색의 전시가 되지 않도록 해 동시대 미술의 흐름을 놓치지 않아야 하고, 우리 작가만 고집하지 않고 해외 작가를 소개해 국제적 감각을 유지해야 한다. 무엇보다 중요한 건 상업성과 예술성 사이의 줄타기다. 당장의 수익을 위한 팔리는 전시가 아니어도 미술사적 가치를 조명하며 의미를 중심에 둔 팔지 못할 전시도 선보여야 갤러리의 격과 미래가 보장된다.

　이 완벽한 균형을 위해 백조처럼 물밑에서 쉴 새 없이 발짓을 한다. 소속 작가와 끊임없이 소통하며 작품 세계를 확장하도록 독려하는 것은 기본이고 미술사의 새로운 흐름을 공부하며 다음 세대를 이끌 작가를 발굴하러 다닌다. 이것이 갤러리의 근간이자 핵심이고 미래 그 자체다. 좋은 작가가 존재해야 비로소 컬렉터도 존재할 수 있기 때문이다.

　갤러리의 생리를 전혀 모르고 이 산업에 들어온 내가 이러한 과제를 해결할 수는 없었다. 매주 월요일 오후 열리는 기획 회의에서는 오직 작가와 전시 이야기만 했다. 각자 담당 작가가 있는 기획팀은 내가 없는 셈 치고 회의를 진행했다. 사실 나는 기획실에서 하는 말이 다 맞겠거니 하며 멍청하게 앉아 작가들의 이야기를 들을 수 있는 이 시간이 그렇게 재미있을 수 없었다.

　외부에서 예술 산업에 들어오면 작가와 일하는 것을 가장 힘들어한다. 아무래도 작가들은 자신의 작품에 있어서 자부심과 주관을 가지고 있기 때문에 소통이 쉽지 않기 때문이다. 그래서 작가 파트의 업무가 힘들어 딜러로 전향한 이들도 많이 보았다. 다행히 작가를 만나 작품과 여러 주제를 두고 이야기하는 것은 어렵지 않았다. 물론 스튜디오 문을 노크하기 전 여러 번 심호흡해야 했던 작가님도 계셨지만 내게는 전반적으로 즐거운 경험이었다.

나만의 작품을 만들어가다
○

영업팀과 기획팀으로부터, 그리고 고객과 작가로부터도 없는 사람 취급을 받았지만 하나씩 나만의 방법으로 극복해갔다. 핵심 역할인 경영이야 해왔던 일이니 곧잘 했고, 숫자는 조금씩 만들어갔다.

시간이 지나면서 각 영업 직원의 주요 고객을 거의 파악했고 얼굴도 익히게 되면서 프리뷰나 전시장에 갈 때마다 열심히 인사를 했다. 예술 산업이 가진 게임의 룰을 알게 되면서 고객에게 도움을 줄 수 있게 됐다.

시간이 지나면서 영업팀이 더 이상 나를 무시할 수 없게 된 결정적인 이유가 생겼다. 그건 바로 내가 생각보다 작품을 아주 잘 팔았기 때문이다. 해외 판로를 개척하면서 아트 페어에서 국제적 컬렉터를 알게 되었다. 무엇보다 작가를 프로모션하면서 뮤지엄 고객을 적극 개발했다. 점점 매출 기여도가 높아지고 나만의 고객, 특히 해외와 뮤지엄 고객이 생기면서 자연스럽게 인정을 받을 수 있었다.

내가 잘 팔 수 있었던 것은 팔면 좋지만 못 팔아도 할 수 없다는 마음 때문이었던 것 같다. 그 무엇으로 대체할 수 없는 작가만의 혼이 담긴, 세상에 하나뿐인 작품의 구매를 결정하는 것은 오직 컬렉터의 의사인 만큼 거래가 성사되지 않아도 할 수 없다고 생각했다. 작가와 작품에 대해 충분히 설명하면서도 아무리 좋은 작품도 서로 인연이 되어야 하니 선택하지 않아도 된다고 안내했다. 팔기 위해 푸시하지 않았지만 이상하게도 컬렉터는 구매했다.

반면 뮤지엄 고객을 상대할 때는 작가에게 '뮤지엄 소장'이라는 이력을 더해주고자 최선을 다했다. 뮤지엄에 판매하는 것은 이윤을 위해서가 아니었다. 매우 어렵고 시간도 오래 걸렸다. 그럼에도 애를 쓴 것은 소속 작가의 작품을 뮤지엄에 소장시키는 것은 가장 중요하고 보람 있는 일이었기 때문이다. 그 때문이었을까, 적잖이 성공을 거둘 수 있었다.

실력으로, 성과로 증명하면 된다

○

작가님들을 인간적으로 좋아했고 영업적 감각과 솔직한 소통 역량 덕분에 소속 작가님들과 좋은 유대 관계를 맺어갔다. 해외 시장도 적극적으로 개척하면서 해외 작가도 많이 알게 됐다. 다만 갤러리의 미래를 위한 새로운 작가의 발굴이라는 숙제가 내 앞에 놓여 있었다.

미술사를 공부한 것도 아니고 작가 네트워크도 없다 보니 작가 정보를 얻을 수 있는 주요 통로는 기획팀과 소속 작가님들, 외부 전시 정도에 불과했으니 어떤 작가를 발굴해야 할지 도통 알 수 없었다. 갤러리의 규모가 큰 덕분에 소속되기를 원하는 작가 풀은 많았고 알음알음 소개도 많이 받았지만 객관성이 부족한 추천이라는 점이 한계였다.

그러던 어느 날, 진심으로 존경하고 높이 평가하는 해외 활동 비평가 선생님께 미술사의 다음 흐름은 어떨 것 같은지 물었다. 그 선생님은 단색화의 흐름이 진정되고 있던 당시, 다음에 등장할 흐름을 지목하면서 네댓 명의 작가를 언급했는데 그중 두 분은 처음 들어본 이름이었다. 이후 그 작가들을 한동안 잊고 지냈다.

미국의 한 뮤지엄 디렉터가 한국에 방문한다며 새로운 작가를 소개해달라고 하자 전에 비평가 선생님으로부터 소개를 받았던 무명 작가가 생각났다. 연락처를 수소문해 무작정 전화를 했고 우리는 작가가 있는 지방까지 함께 내려갔다. 70대의 노 작가는 KTX를 타고 오는 우리를 기다리고 계셨고 그렇게 인연이 시작되었다. 이후 이 작가는 우리나라 최고 대가의 반열에 올라 가장 높은 수준의 작품 거래가를 기록하게 되었다.

잘 모를 때면 신뢰할 수 있고 사심 없이 조언을 해줄 수 있는 전문가에게 물어 그 의견을 따르는 것이 내가 선택한 새로운 작가 발굴 방법이었다. 모르면 물어봐야 한다는 것은 진리다.

미술계와 갤러리 인사들이 하나같이 이 작가님의 시작은 나였다고 말할 때마다 정말 뿌듯하다. 그렇게 숨겨진 작가를 발굴해 소개했고, 미술사에 길이 남을 작가가 될 길을 열어드렸고, 또한 갤러리의 매출과 미래에도 기여했다.

문턱이 높은 예술 산업에서 대놓고 무시당했지만 생각지 못한 방법으로 극복해 결국 끝은 꽤 괜찮았다. 그래서인지 그때 무시당했던 것이 지금은 잘 기억나지 않는다. 결과적으로 내게는 더 잘해야겠다고 다짐하게 만든 좋은 자극이었다 싶다.

파란만장
좌충우돌
미국 파견기

자신만만했던 출발

○

　　글로벌 제약 회사를 다니면서 미국으로 파견 근무를 가게 되었을 때 나는 무서울 게 없었다. 잘해낼 줄 알았다. 무수히 많은 해외 출장을 다녔고 웬만한 돌발 상황에도 영어로 재빠르게 대응할 수 있었기 때문이다.

　제약 회사 생활도 4년이 넘어가면서 사내 문화와 정치에도 어느 정도 익숙해진 데다 본사 직원들과도 안면을 많이 터서 친구까지 될 수 있겠다 싶었다. 아시아 전략 디렉터 포지션이었기에 그동안 출장으로 만나 익숙했던 아시아권 국가의 임원, 대표들과 일하는 것도 마음이 놓였다.

　파견 근무는 전광석화처럼 진행되었고 비자도 빠르게 나오면서 불과 한 달 반 만에 뉴저지를 향해 가족과 함께 출발했다. 출장 때

눈여겨보았던 뉴욕 맨해튼 건너편 뉴저지 동쪽의 예쁜 동네에 집을 구하면서 처음으로 아파트가 아닌 마당과 나무가 있는 집에서 살게 되었다. 여러모로 설레는 출발이었다.

태어난 나라가 아닌 곳에 살면서 일한다는 게 그 많던 출장과 뭐가 다를까 싶었다. 하지만 미국 도착 후 얼마 되지 않아 금세 깨달았다. 출장으로 잠깐 일하는 것과 살면서 일하는 것은 달라도 너무도 다르다는 것을 말이다.

본사 입장에서 한국 지사의 임원은 '잘 대해야 할 대상'이었다. 본사의 업무는 각 나라를 지원하고 리소스를 공급하는 일이기 때문에 '본사의 지원 덕분에 좋은 결과를 낼 수 있었다.'는 피드백이 그들에겐 매우 중요하다. 한국은 매출 기여도가 상당한 주요 국가였기에 본사에서도 한국을 자주 방문했다.

하지만 본사에서 근무하게 되면서 나의 효용 가치는 사라졌다. 분명 그들과 함께 일하는데 아무도 내게 관심이 없었다. 피상적인 인사 외에는 말을 걸지 않았다. 미국에서의 업무가 서로 독립적이기는 했지만 이제 나는 영업 대상이 아니라 경쟁자가 되었으니 친절할 필요가 없다고 생각한 것이었을까.

그렇게 나는 투명 인간이 되었다. 한국이었다면 업무적으로 관련이 없더라도 예의상 말을 걸고 아는 척도 해주는 게 인지상정인데 문화적 충격을 받았다. 다양성을 추구한다고 하지만 백인이 절대다수인 본사에서는 파견 나온 동양인은 철저히 관심 밖이었다.

외계 행성에 불시착한 지구인

○

이런 상황에서 본사 문화에 녹아들기 위해서는 안 하던 노력을 해야 했지만 그들의 말을 도무지 알아들을 수 없었다. 업무적 소통이야 어려울 것이 전혀 없었다. 문제는 사적인 대화였다.

미국 사람들은 신기하게도 스포츠와 관련한 대화를 참 많이 한다. 진짜 미국 문화를 처음 접한 입장에서는 어제의 미식축구 경기 스코어나 선수 이름을 알 턱이 없었다. 하무는 무슨 닐짜를 얘기하고 어떤 물건을 내놓네 하는데 뭔 소린가 싶었다. 한참을 듣고 나서야 동네 바자회 얘기라는 걸 알아차리기도 했다. 그리고 정치 이야기는… 젠장, 하나도 알아들을 수 없었다.

직원들은 오후 4시 퇴근 시간이 되면 자녀들의 야구 경기를 보러 간다며 칼퇴근을 했고, 자녀들이 친구네 집에서 자고 오는 슬립 오버(sleep over)를 준비한다며 이야기를 나누기도 했다. 내겐 많은 것들이 수십 광년 떨어진 외계 행성 이야기처럼 들려 도저히 끼어들 수 없었다.

출근하며 커피를 사 내 사무실에 들어오면 정적이 흘렀다. 내가 먼저 미팅을 요청하지 않으면 다른 미국 동료들이 그러했듯 점심 식사는 내 책상에서 샌드위치를 먹는 것으로 대신했다. 한국에서는 혼밥도 잘했고 일부러 점심 시간에는 산책도 하며 재충전을 하곤 했지만 자발적 선택일 때만 의미가 있다는 것을 그제야 깨달왔다. 이전까지 늘 동료들과 지지고 볶고 복닥거리며 지냈는데 쥐 죽은 듯 고요한 환경에서 홀로 일하는 것은 생각보다 훨씬 힘들었다. 한국에서는 단 한 번도 느끼지 못한 고립감이었다.

본사에는 나보다 6개월 먼저 파견을 온 한국인 동료가 한 명 있었다. 우리는 아침마다 캔틴(canteen)에서 만나 짧은 넋두리를 나누는 게 루틴이 되었다. 지금 생각하면 참 웃기다. 멀쩡한 두 여자가 스스로 선택해 이역만리 미국에 와놓고는 서로에게 "좋은 날이 올 거야."라며 토닥거리는 것으로 하루를 시작했다니. 남들이 부러워했던 미국 본사 파견은 참 외로웠고 언제쯤 탈출할 수 있을까 싶었다.

삶에 필요한 기본 인프라를 이해하는 것도 만만치 않았다. 한국의 공공 의료보험에 익숙해져 있다가 미국의 사보험 제도를 이해하려니 꼬박 1시간 동안 집중 과외를 받아야 할 정도였다. 본인 부담금은 질병마다 따로 있었고, 치과의 경우 되는 것보다 안 되는 게 훨씬 많았다. 제도가 워낙 복잡해 감기 정도로 병원에 가는 건 포기했다. 사내에 약을 처방받을 수 있는 약국이 있다는 건 미국을 떠날 때까지도 모른 채 지냈다.

사회 보장 번호를 받는 과정은 코미디 그 자체였다. 관공서를 세 번 찾아가서야 겨우 받았다. 처음엔 주소만 보고 찾아갔는데 차들이 쌩쌩 달리는 국도변에 간판도 없이 다 쓰러져가는 건물이 관공서라고 해 믿을 수 없었다. 그마저도 도착이 늦어 실패. 두 번째는 업무 마감이 오후 4시라는 것을 확인하고 15분쯤 일찍 도착했더니 문이 굳게 닫혀 있었다. 방문자가 없다 싶으면 일찍 문을 닫고 퇴근하는 게 그들에겐 이상한 일이 아니었다. 한국의 관공서를 생각하면 기가 막힌 일이었다. 결국 세 번째 방문할 때는 절대로 직원들이 일찍 퇴근할 수 없는 이른 오후에 일찌감치 방문해서야 천신만고 끝에 번호를 받을 수 있었다.

나는 당근이 무섭다
○

　　　파견 근무를 경험하며 미국에서 좀 살아봤다고 자만했다가 자칫 죽을 뻔했던 웃지 못할 사건도 있었다.

　파견을 마치고 한국으로 돌아온 후 뉴욕 출장을 갔을 때였다. 일요일 오후, 맨해튼의 햇살을 즐기며 귀한 클림트 전시를 감상하고 나오는데 즉석 당근 주스 가게 앞에 사람들이 줄을 선 것을 보았다. '뉴욕에선 이런 걸 마셔줘야지.' 하는 생각으로 당근 6개를 통째로 갈아 만든 주스를 단숨에 들이켰다. 정말 달콤했다.

　그리고 1~2분 정도 지났을까. 얼굴은 점점 터질 것처럼 빵빵해졌고 눈은 부어올라 앞이 보이지 않았다. 무엇보다 목구멍이 좁아지는 게 느껴지며 숨을 쉴 수 없었다. 급성 알레르기였다. 그 길로 무작정 택시를 잡아타고 약국에 도착해 얼굴을 보여주면서 약을 달라고 소리쳤다. 호빵 같았던 얼굴을 본 흑인 약사가 약을 주었고 나는 바닥에 널부러졌다. 그때는 잠시 후 벌어질 일을 예상하지 못했다.

약사는 약을 줌과 동시에 구급차도 불렀던 모양이다. 미국은 다 느려터진 곳인데 구급차만큼은 정말 빨리 온다는 것을 그때 처음 알았다. 미국에서 파견 근무를 하면서 비보험으로 구급차를 타고 병원에 가면 수백, 수천만 원은 우습게 든다는 무서운 사실을 잘 알고 있었기에 약 먹어서 괜찮다고, 병원에 안 가도 된다고 말하며 1시간이나 온 힘을 다해 버티고 또 버텼다. 결국 죽거나 문제가 생겨도 문제를 제기하지 않는다는 각서를 쓰고 나서야 구급차에서 내릴 수 있었다.

나중에 미국 동료들에게 이 에피소드를 무용담처럼 들려줬더니 미친 사람 보듯 쳐다봤다. 출장 중에 발생한 의료비는 모두 회사가 부담한다면서. 당시 다니던 회사는 미국에서도 의료보험이 좋기로 소문난 곳이었지만 출장까지 보장된다는 것은 미처 몰랐다. 어설프게 아는 게 병이라고, 미국을 좀 안다고 나름 수를 썼다가 죽을 뻔했던 경험이다.

미국 파견 근무 때는 있는 듯, 없는 듯 투명 인간처럼 살면서 일은 번듯하게 꽤 잘했지만 익숙치 않은 인프라에 적응하며 생각보다 많이 헤맸다. 아이러니하게도 지기 싫어서, 살아남으려고 악착같이 쫓아갔기 때문이었는지 나에 대한 평가는 내 인생 그 어느 때보다 좋았다.

쓸모없는
경험이라는 건
없더라

무용지용[無用之用]

○

　　　　　새로운 산업과 회사에서 일하다 보면 어제의 경력이 오늘의 일과 관련 없어 보일 때가 많다. 글로벌 소비재 회사에서 주로 브랜드 마케팅을 하다 하루아침에 제약 회사로 이직했을 때 어제까지 했던 일은 말짱 소용이 없었다.

　제약은 기본적으로 허가업이고 몇몇 제한된 제품 외에는 D2C가 금지되어 있다. 대중 소비자를 대상으로 브랜딩, 광고, 홍보 등을 하다가 전문 의약품을 선택하는 의사 고객에게 매우 제한적인 방법으로 제품 마케팅과 영업을 하게 되자 그때까지 쌓아온 전문성이 모두 사라지는 것처럼 느꼈다. 이후 글로벌 F&B 회사로 자리를 옮겼을 때도 마찬가지였다. 그러다 미술 경매 회사로 갔을 때는 소비재와 제약에서의 지식과 경험은 하나도 필요 없는 것들이었고, 그야말로 아는 것이 아무것도 없어서 처음부터 다시 시작했다. 아날로그적이고 관계 중심적인 예술 산업에서 6년을 일하며 천신만고 끝에 배운 노하우는 테크 스타트업에 가는 순간 써먹을 데가 없었다. 아무도 내게 예술 산업에 대해 묻지 않았다. 그 대신 개발, 서비스 기획, UI/UX, 신사업 개발 등 이전에 한 번도 해보지 않은 일을 처음부터 배워야 했다.

그렇게 이전 산업과 회사에서의 지식은 다음 회사에 기여하는 데 도움이 되지 못했다. 산업의 논리, 시장, 경쟁자, 제품이 완전히 달라져 열심히 배운 지식과 경험은 쓸모없는 것처럼 보였다. 작가와 전시 큐레이션 경험이 모빌리티 서비스 출시에 무슨 도움이 되겠으며, 식약청 허가와 심평원 약가 프로세스에 대한 지식이 가맹점주와 이달의 프로모션을 논의하는 데 어떤 쓸모가 있겠는가.

런던에서의 밑바닥 3주
○

다시는 꺼낼 일 없을 것 같던 지식과 경험이 어느 순간 전광석화처럼 필요할 때가 있었다. 그간 쌓아온 길고 긴 커리어에서 그 어느 하나 쓸모없는 경험은 없었다. 언젠가 다른 형태로 예기치 않게 결정적으로 써먹었다. 특정 산업군에 국한된, 매우 구체적이고 특수한 경험일수록 더욱 그랬다.

글로벌 F&B 회사의 마케팅 전무로 첫 출근한 곳은 영국 런던이었다. 그곳의 직영 매장에서 3주 동안 일했는데 처음 일주일은 주방에서, 그다음 일주일은 홀에서, 마지막 일주일은 유럽 내 타 도시에서 보냈다.

첫 출근 날, 아침 일찍 도착해 파키스탄인 사수와 수줍게 인사한 후 주방에서 그의 모습을 관찰하면서 업무를 시작했다. 주문이 들어오면 숙성된 도우에 토핑을 얹고 오븐에서 구워내는 것부터 시작했다. 영업이 끝나면 남은 도우를 폐기하는 품질 관리 과정까지 하나하나 수첩에 메모하며 성실히 배웠다. 주방에서의 작업은 마치 실험 같아서 공식대로 딱딱 시간 맞춰 정확히 해야 했다.

무엇보다 청결을 유지해야 하기에 주방 바닥도 짬짬이 쓸고 닦았고 화장실 청소도 예외 없이 돌아가며 했다. 이렇게 하루 종일 주방에 있다 보니 점심시간에만 밖으로 나올 수 있었다. 온종일 서 있어야 해 아픈 다리를 쉴 겸 혼자 주방 밖 주차장에 쭈그리고 앉아 아침에 슈퍼마켓에서 산 샌드위치를 먹노라면 내가 왜 이 고생을 하고 있나 싶어 우울했다.

주방 근무를 마치고 주말에는 좀 쉴 수 있을 줄 알았건만 현장 교육을 관리했던 친절한 영국인 매니저는 주말을 혼자 보낼 것이 딱해 보였는지 굳이 토요일 아침에 데리러 오겠다고 했다. 그렇게 우리가 간 곳은 프라이드 치킨 프랜차이즈 매장의 주방이었다. 그 매니저는 닭을 손질하고 튀기는 과정을 신나게 설명했다. 내게도 한번 해보라며 위생복을 입혔고 어마어마한 양의 닭을 손질했다. 내 인생에 그렇게 많은 닭을 본 것은 그때가 유일했다.

다음 차례는 홀 근무이니 주방보다는 낫겠다는 희망을 품었지만 기대와 달리 홀 근무는 혼돈 그 자체였다. 영어로 주문을 받는 것부터 만만치 않았다. 이건 빼고, 저건 넣고 하는 개인화된 주문이 하도 많아 알아듣는 것부터 난관인데 주문 단말기에 입력까지 하려니 제대로 될 리가 없었다. 내가 이렇게까지 영어 귀가 안 트였나 싶어 자책했다. 계산대에서 결제를 받는 것은 더 어려웠다. 이 모든 것이 인생 처음 하는 일들이었다.

F&B 산업 지식은 1도 없던 내게 3주의 현장 근무 경험은 이후 어느 부서 어느 사람과 이야기를 해도 말발이 먹히는 기적을 선물했다. 웬만한 현장 프로세스를 모두 꿰뚫게 된 데다 현장에서 어떤 어려움을 겪고 있는지도 잘 알게 되어 특히 가맹점주와 대화할 때 큰 도움이 되었다.

나중에 생각해보니 굳이 저 먼 런던까지 가서 3주 동안 생고생을 한 이유가 있었다. 격변하는 F&B 시장에서 고전하던 한국과 가장 비슷한 사업 구조를 갖고 있는 영국이야말로 어떻게 비즈니스 모델을 바꾸어야 할지 혜안과 전략의 힌트를 얻기에는 최적의 장소였기 때문이다. 런던에서의 밑바닥 3주 경험은 앞으로 한국의 F&B 시장이 어떻게 변할지, 어떤 방식으로 변화해야 살아남을 수 있을지 깨닫게 해주었다.

구시렁대며 했던 콜센터와 배달

○

　　　　　한국에 돌아온 후 격변하는 F&B 시장을 마케팅 부서가 직접 체험해야 한다는 취지에서 나를 포함한 모든 구성원은 2주간 콜센터 근무를 지시받았다. 바빠 죽겠는데 왜 굳이 그래야 하냐며 구시렁구시렁 말들이 많았다.

　당시만 해도 웹사이트를 통한 주문은 이제 막 시작됐고 여전히 전화 주문이 일상이던 시절이다. 마케팅 부서는 콜센터와 웹사이트의 개선 작업을 진행하고 있었기 때문에 대부분의 업무 내용을 통달하고 있어서 현장에 가지 않아도 다 안다고 생각했다. 하지만 매출이 부진했던 때라 마케팅 부서가 솔선수범해 현장에서 근무한다는 것이 여러모로 여러 사람이 보기에 좋다는 말도 들려왔다. 이런 정치적 목적이 중요한 이유여서 더 불만이었다.

　을지로4가 대한극장 뒤에 위치한 콜센터로 출근해 일주일 내내 교육을 받았다. 콜센터 업무는 초기 교육이 매우 중요하다. 정해진 매뉴얼을 외워야 하고 응대 순서도 중요한데 동시에 고객에게 브랜드 정체성도 전하면서 신속하고 정확하게 주문을 받아야 한다. 사실 나는 충분히 잘할 수 있을 거라고 생각했다.

　교육을 마치고 현장에 투입되어 헤드셋을 착용하고 주문 화면을 여는데 가슴이 터지는 줄 알았다. 매뉴얼을 따라 순조롭게 진행되나 싶다가도 고객이 불러주는 신용 카드 번호의 타이핑을 실수해 다시 여쭤보기도 했다. 더 곤란한 상황은 많은 고객이 주문할 제품을 결정하지 않은 채 무엇이 맛있는지, 어떤 프로모션이 진행 중인지 물으며 추천을 부탁하는 경우였다. 물론 이 때도 응대 매뉴얼이 있지만 고객은 예상대로 행동하지 않았다. 그러면 응대가 길어졌고 응대 현황의 대기 콜 수가 점점 늘어나 마음은 콩닥콩닥, 땀이 주르륵 흘렀다.

즉흥적이고 충동적으로 주문하는 즉시성의 특성이 있는 F&B 산업은 대기 콜이 늘어나 주문을 놓치면 매출이 떨어진다. 특히 주말 저녁 시간에는 모든 콜이 매출과 직결된다. 그 2주는 시간이 어떻게 가는 줄 모르게 지나갔다. 게다가 하루 종일 긴장한 탓에 퇴근하면 온몸이 다 아팠다.

이 F&B 회사에서는 콜센터 업무에 더해 배달도 해봤다. 햇빛이 너무도 뜨거웠던 어느 여름 오후, 서초동 아파트 단지에 자리한 매장에서 조그마한 스쿠터를 타고 배달을 나갔다. 내가 직접 운전을 하지 않고 배달 직원 뒤에 함께 탄 것은 그나마 다행이었다. 제품이 식을까 종종거리며 뛰어 올라가 배달을 마치고 인사하며 돌아설 때면 혹시라도 아는 사람 만날까 봐 슬쩍 주변을 보기도 했다. 유니폼까지 갖춰 입은 나를 알아볼 사람은 없었겠지만.

지금 와서 생각하면 재미있던 이야기지만 그때는 정말 불만으로만 가득했다. 매장 현장 근무부터 콜센터, 배달까지 모두 다른 어떤 회사에 가도 절대 써먹을 수 없는 특수성 강한 일인 데다 내 커리어 개발에 전혀 도움이 되지 않을 것 같았다. 게다가 고되고 힘들었다.

다시는 쓸 일 없을 것 같았던 F&B 회사에서의 경험은 그로부터 8년 후 테크 스타트업에서, 11년 후 소비재 회사에서 적절하게 활용하게 된다.

Connecting the Dots

○

테크 스타트업에 입사했을 무렵, 회사가 비약적으로 성장하면서 자체 CS 센터로는 소화할 수 없는 수준까지 콜이 증가하고 있었다. 결국 문제가 터졌고 전 직원이 CS 콜 응대에 투입되어 업무가 마비되는 사태가 일어나고 말았다. 이 문제를 해결하기 위해서는 여타 회사처럼 외부 협력사를 통해 콜센터를 구축해야 했다. 그것도 당장 3~4개월 앞으로 다가온 성수기 전에 끝내야 했다.

콜센터 구축은 경험이 있어야만 그 구조와 비용을 이해할 수 있다. 많은 인원이 필요한 콜센터를 외곽에 두면 임대료가 저렴해져 비용 구조에서 유리해진다. 하지만 이런 입지는 리크루팅을 어렵게 만들고 기존 직원의 퇴사율을 높여 제대로 운영하기 힘들어진다. 게다가 콜센터는 비용 산정 구조도 독특해 그 세계를 경험해보지 않으면 적절한 협력사를 선정하기 어렵다.

F&B 회사에서 콜센터 시스템을 다루었고, 또 짧았지만 현장에서 근무했던 경험이 테크 스타트업에서 긴요하게 사용될 줄을 꿈

에도 몰랐다. 인생은 참 예측불허하기만 하다.

시간이 더 지나 다시 소비재 산업으로 돌아왔을 때는 코로나19 팬데믹의 충격이 전 세계를 휩쓸기 시작한 때였다. 우리나라뿐만 아니라 전 세계의 시장과 유통의 질서가 통째로 뒤바뀌는 대변혁을 겪으면서 11년 전 영국 피자 매장에서의 경험이 떠올랐다. 그러면서 이렇게 세상이 바뀔 때는 우리 조직과 유통의 구조를 어떻게 바꾸어야 살아남을 수 있을지 고민했다. F&B 시장에서 살 길을 고민한 것처럼 현재의 직영 매장 형태에서 어떤 유통 모델을 선택해야 할지, 어떻게 해야 가맹 매장과 상생할 수 있을지 방법을 찾아갔다. 돌아보면 그 어떤 것도 도움이 되지 않는 경험은 없었다. 다 어딘가에서는 쓸모가 있었다.

나는 비가 오는 날에는 음식 배달을 시키지 않는다. 경험해봐서 알기 때문이다. 배달 기사는 비가 오면 위험 수당을 받기는 하지만 빗길 배달보다 위험한 일은 없다. 그냥 집에 있는 재료를 이용해 대강 해먹거나 나가서 사먹는다.

그리고 레스토랑의 화장실을 가면 갖춰진 물품과 청소 상태를 한번 둘러보고 벽에 붙은 화장실 청소 명단의 이름들도 훑어본다. 손을 닦은 후에는 세면기에 튄 물기는 한번 쓰윽 닦고 나온다. 누가 시킨 것도 아니고, 누가 보고 있는 것도 아니지만 매장에서 화장실 청소를 할 누군가의 노고를 생각하게 되기 때문이다.

거지 같은 결정도
좋은 결정으로
만드는 것은 결국 나다

장고 끝에 악수

○

지금까지 나는 항상 좋은 결정만 했을까? 결코 아니다. 거지 같은 결정을 한 적도 많다. 그런 어긋난 결정을 하면 대부분 금방 알아차리고는 뼛속까지 후회가 밀려왔다. 원래 자책과 후회가 많은 성격이기도 해 지난 결정 과정을 하나하나 곱씹으며 어디서부터 잘못됐을까 복기했다. 몸과 마음 그 어디에도 좋지 않은 짓인데 그렇게 자신을 원망하며 괴로워했다. 32년 커리어를 돌아보면 뼈아픈 실책은 크게 두 번 있었다.

첫 번째는 다국적 제약 회사의 임원으로 8년 정도 근무했을 때다. 해외 파견 근무부터 정책 및 대관 업무까지 내 개발 계획에 있던 모든 업무를 완수하면서 '이쯤 되면 사장이 될 만도 한데.'라고 내심 기대하고 있었다. 당시 사장님의 승계 계획에 나는 늘 포함되어 있었고 마침 당시 사장님의 다음 부임지도 정해진 상황이었다. 그런데 본사는 외부 채용으로 새로운 사장을 영입했다.

그 누구도 "다음에는 사장을 하셔야죠."라고 말한 적 없는데도 배신감이 들었다. 지금 생각하면 완전한 착각이었다. 그렇게 고배를 마신 후 아시아 지역 사장님은 나를 싱가포르로 불러들여 이렇게 말했다.

"한국은 시장 규모가 커서 사장 경험이 있는 사람이 맡는 게 좋겠다고 판단했습니다. 한국보다 작은 아시아 국가에서 사장 경험을 쌓고 나면 한국 사장 자리도 기회가 열릴 거라 생각합니다."

그러면 다른 아시아 국가에서 사장을 할 수 있는 기회는 언제 오냐고 물으니 언제가 될지 모른다고 답하는 것이 아닌가. 이 대답을 듣고 인재가 넘쳐나는 글로벌 회사에 계속 다닌다면 한국에서 사장을 해볼 기회는 물 건너간 것과 다름이 없다고 판단했다. 한국 시장이 크고 중요한 만큼 본사에서는 아시아에서 경험을 쌓아 본사에서 활동할 백인 인재를 한국으로 계속 보낼 것이라 짐작했다.

8년 동안 하라는 모든 일을 다 했고, 실적도 부족함 없이 다 채웠고, 역량도 인정을 받았는데 대체 왜? 그렇게 내 관점에서만 생각했고 그날 나는 이직을 결심했다. 가장 많이 배웠고, 가장 많이 성장했고, 지금 생각해도 가장 찬란했던 직장을 사장이 될 확률이 없다는 자의적 판단으로 나가기로 결정한 것이다.

장고 끝에 악수를 둔다고, 내 경우가 딱 그랬다. 한국인으로 사장이 될 만한 산업을 찾다가 먹고 마시는 건 현지화가 중요하니 F&B를 하는 게 맞겠다고 판단했다. 그래서 묻지도 따지지도 않고 산업을 바꿨다.

나가는 것 자체가 목적이 되면 악수를 둔다. 아무도 나가라고 등 떠밀지 않았는데 겨우 마흔둘밖에 안 된 나이에 사장을 하겠다며 뭐가 그리 안달이 나고 조급했는지. 이직 자체가 목적이었기에 들어가는 순간부터 후회의 연속이었다. 차기 사장 약속을 받고 들어갔기에 견제와 공격이 처음부터 거셌고, 생전 처음 겪는 무차별한 공격에 초반부터 나가떨어졌다. 아침에 눈을 뜨면 출근하기 싫었던 유일한 시기였다.

주도권에 대한 갈망이 부른 참사
○

또 다른 잘못된 선택은 주도권에 대한 갈망 때문에 일어났다. 오너 회사에서 주어진 일만 수동적으로 하는 것에 좌절감을 느끼던 시절이 있었다. 오너 회장님은 내게 권한을 조금씩 넘기겠다고 했지만 이 속도라면 영원히 끝나지 않을 것처럼 느렸다. 사실 이미 주어진 권한 안에서도 할 일은 차고 넘쳤고 호흡도 잘 맞았는데 말이다.

그러던 중 쉽지 않은 시간을 지나고 있던 한 회사에서 믿고 전권을 줄 테니 같이 일해보자는, 거절하기 힘든 제안이 왔다. 일을 주도적으로 해볼 수 있겠다는 기대에 현실을 제대로 직시하지 못하고 의욕만 넘쳐 큰 고민 없이 덜컥 이직했다. 그 결과는 어땠을까? 말 그대로 큰코다쳤다.

들어가 보니 그 회사는 태생적, 구조적으로 믿고 맡기는 것이 불가능했다. 지금껏 경험한 그 어떤 조직보다 치열하게 사내 정치가 일어나는 지배 구조였다. 바람 잘 날 없는 정치 싸움에 이리 치이고 저리 치였다. 참 순진했고 바보 같은 결정이었다.

거지 같은 결정을 대하는 태도

O

아무리 냉정하게 판단하고 조심스럽게 검증해도 늘 좋은 결정만 할 수는 없다. 하지만 거지 같은 결정도 좋은 결정으로, 적어도 나쁘지 않은 결정으로 만들 수 있는 건 결국 나 자신이다.

이직을 할 때, 중요한 비즈니스 결정을 할 때, 투자를 받을 때, 배우자를 결정할 때 등 어떤 결정을 할 때마다 매번 결과가 좋을 수는 없다. 이미 내린 결정을 되돌릴 수 없다면 최소한 최악을 피할 수 있는 힘은 자신에게 있다.

나는 악과 깡으로 잘못된 판단을 되돌리려 열심히 일했다. 적어도 중간이라도 가게 하려고, 상황이 그럼에도 불구하고 일했다. 덕분에 성과는 나왔고 경력도 잘 포장되었지만 잃은 것도 많았다.

참 애썼던 만큼 참 힘들었다. 그러니 너무 애쓰지 마시길. 딱 최악만 아니면 된다. 적당히 애쓰다가 아니면 돌아서는 것도 방법이다. 세상에 절대로 안 된다는 건 없으니까.

바닥을 쳐야
다시 올라올 기운이
생긴다

냉혹한 현실주의자의 생존법

○

대충 50%의 가능성만 있으면 일단 지르고, 아닌가 싶어도 일단은 해보는 나를 '낙관적인 악바리'라고 생각하지만 나는 비관적인 편에 가깝고 '냉혹한 현실주의자'이기도 하다.

나는 당면한 현실에 대해 근거도 없이 더 나아질 거라고 착각하지 않는다. 매사 잘되고 있다고 느껴질 때도 위기감을 느끼고 늘 플랜 B, 플랜 C 같은 백업 계획을 짠다. 그래서인지 다 괜찮아질 거라는 막연한 위로는 참 별로다. 자고 일어나 내일이 오면 저절로 괜찮아지는 일이란 존재하지 않기 때문이다.

회사에 대해서도 그렇지만 스스로에 대해서도 가혹하다. 좀 과하게 자기 객관화를 하는 편이다. 그래서 종종 바닥으로 곤두박질친다. 머릿속은 늘 생각으로 가득 차 있고, 바닥까지 내려가야 단

넘이 되곤 한다.

할 수 있는 것은 다 해보고 후회할 일을 만들지 말자는 것이 나의 신념이다. 그래서 바닥으로 내려가는 도중에 멈춰서 어설프게 올라오지 않는다. 다 해보고, 끝없이 실망하고, 죽도록 아파야 비로소 단념할 수 있다. 그리고 신기하게도 진짜 바닥을 느꼈을 때 올라오게 하는 사람이나 사건이 항상 있었다.

욕먹고 정신을 차리다

○

예술 산업으로 진입할 때는 이제 이곳이 나의 마지막 직장일 거라고 생각했다. 그동안 과하게 일하다 건강이 안 좋아지기도 했고, 출장을 갈 때마다 미술관에 들르는 것을 너무도 사랑했기에 취미를 업으로 삼을 수 있다는 사실만으로도 무척 신이 나 있었다. 20년 넘게 비즈니스 세계에 있다가 예술 산업으로 옮긴다는 것은 사실상 경력 단절을 의미했다. 돌아갈 다리를 끊고 호기롭게 들어왔으니 여기서 끝을 봐야겠다고 생각했다.

그 후 5년 정도 지났을 때, 나는 꽤 잘하고 있었다. 작가, 컬렉터, 뮤지엄 디렉터들과 네트워크도 잘 쌓았고 해외 성과도 좋았다. 오너는 아니지만 오너 마인드로 회사를 다녔다. 오너 마인드, 이것이 결정적인 잘못이었다. 제일 잘한다고 자부했던 현실 직시가 안 된 것이다.

회사를 그만두어야 할 상황이 되자 속절없이 무너졌다. 다른 사람들은 눈치채지 못했지만, 사실 나는 심리적으로 바닥을 치고 있었다. 예술 산업에 올인하느라 이전 인맥과는 멀어졌고 어디로 가야 할지 길이 보이지 않았다. 무엇보다 일을 너무 사랑했기에 떠나기 싫었다. 극심한 무기력에 다른 직장을 알아볼 힘조차 남지 않았다.

그렇게 마구 바닥을 향해 치닫고 있던 어느 주말 저녁에 한 통의 전화를 받았다. 당시 갤러리 소속 작가 중에서 가장 대하기 힘들고 어려워 그 누구도 담당하지 않으려 했던, 그래서 어쩔 수 없이 대표인 내가 관리했던 원로 작가님의 전화였다. 존경하기는 하지만 뵙기 며칠 전부터 근심만 쌓이는 그 작가님은 통화가 시작되자마자 속사포처럼 화를 냈다. 그렇게 일방적으로 30분 동안 욕을 먹었다. 내가 할 수 있는 말이라고는 "네." 뿐이었다. 그런데 그 전화를 끊는 순간 정신이 번쩍 났다. 그분은 지금도 모를 것이다. 그 호통이 나를 바닥에서 끌어올렸다는 것을. 그 작가님에게 지금도 감사한 마음을 가지고 있다.

전화를 끊자마자 걱정과 불안과 눈물이 거짓말처럼 멈췄다. '에라, 어떻게든 되겠지. 더 나빠질 수는 없다. 이 정도에서 끝내고 다시 시작하자.' 이렇게 생각하자 오기가 생겼다. 씩씩하게 밥을 먹고 주말을 보낸 뒤 그해 여름부터 이직을 타진하기 시작했다. 그렇게 바닥을 치고 올라왔다.

수렁에서 구원해준 전화 한 통

○

미국 본사 파견 근무 시절, 화려하게 보이는 겉모습과 달리 현실은 고됐다. 철저히 개인적인 본사의 문화에서는 하루 종일 단 한 명도 안 만나기도 했고, 점심은 혼자 먹는 게 당연했다. 게다가 아시아 전략 디렉터였기에 몸만 미국에 있지 협업 대상은 아시아 국가 15곳이고 보스는 호주에 있었다. 낮에는 고립된 개인 사무실에서 홀로, 밤에는 집에서 새벽 2~3시까지 비대면으로 컨퍼런스 콜을 했다.

사람들과 함께 일하고 싶었다. 팀워크가 주는 기쁨이 그리웠다. 내가 지금 여기서 뭘 하고 있나 싶어서 복닥거리는 서울의 일상이 사무치게 그리웠다. 몸과 마음이 바닥을 향해 끝도 없이 떨어졌지만 서울로 돌아갈 기약이 없었다. 단기간 내에는 돌아갈 수 없음을 알기에 희망을 접고 그냥 그렇게 바닥으로 쭉 미끄러져 내려가고 있었다.

아시아 출장 중 홍콩에 도착해 입국 심사를 기다릴 때였다. 창밖에는 장대비가 쏟아지고 있었다. 그때 서울의 영국인 사장님에게서 전화가 왔다. 안부 전화겠거니 하고 받았는데 뜻밖의 제안이 들어왔다.

"대관 업무 디렉터 자리가 오픈됐어요. 한국으로 돌아오는 걸 생각해봐요."

고민이 되는 척하며 전화를 끊었지만 이미 마음은 한국행 비행기를 타고 있었다. 그로부터 3개월 후, 나는 또 새로운 일을 하러 서울에 돌아왔다.

끝까지 가야 미련이 남지 않는다
○

나는 바닥을 쳐야 다시 올라올 기운이 생긴다고 믿는다. 다 소모하고, 모든 진을 빼고, 충분히 슬퍼하고, 실망해서 남은 것이 없어야 후회도 없다. 그러니 힘들다고 중간에 도망치거나 우회하지 말고 처절하게 바닥까지 내려가보는 것도 나쁘지만은 않다. 물론 참 소모적이고 기운 빠지는 일이긴 하지만, 그러고 나서 돌아서면 다른 길도 보인다.

우주 만물의 기운은 처절하게 고민하는 나를 도와준다고 믿었다. 그렇게 바닥을 치고 올라와서 그런지 미국 파견 근무와 예술 산업에서의 일은 그만하면 됐다 싶다. 잘했고, 할 만큼 했다.

내 몸값은
스스로
정한다

'재벌집 막내아들' 아니면 미래는 모른다

○

코로나19 팬데믹 당시 조직을 축소해야 했을 때 가장 난감했던 부서는 오프라인 영업이었다. 언택트 흐름이 가속화되면서 매장의 손님은 빠르게 줄었고 유통의 중심축이 온라인으로 급격히 옮겨가고 있었다. 빠른 대응이 필요했지만 인력이 넘쳐났던 오프라인에 비해 온라인은 절대 부족 상황이었다.

영업 생활 내내 매장과 가맹점 관리만 해왔던 이들을 당장 내일부터 마케팅이나 재무로 보낼 수도 없는 노릇인 데다 전 세계가 같은 상황이니 이들이 이직할 곳도 마땅치 않았다.

직종은 첫 번째 직장에 일단 들어가고 난 후에 정해지는 경우가 많다. 20대에는 어떤 일을 하고 싶은지 결정하기도 쉽지 않거니와 일단 어느 회사든 들어갔으면 하는 마음이었을 것이다. 어쩌나 말게 된 직종이 평생의 일이 되는 경우가 많다.

오프라인 영업 직원들이 취직을 하고 직종을 선택했을 때 훗날 이런 상황이 오리라고 생각이나 했을까. 영업은 소비재 회사의 꽃이고 가장 많이 뽑는 직종이니 절대 사라질 리 없을 거라 믿었을 것이다.

반대로 급격하게 핫해진 이커머스 MD나 데이터 마케터들은 세상이 이렇게 바뀔 줄 알고 그 일을 선택했을까. 아마 누구도 아니었을 것이다. 미래는 명확히 알기도 어렵거니와, 그 직종이 앞으로 지속 가능할지 예견하는 건 불가능에 가깝다.

제약이 관계 영업이라는 것도 옛 얘기다
○

미래를 미리 알고 직종을 정할 수는 없더라도 반 발짝 앞서 시대를 읽을 수는 있다. 팬데믹 이전에도 이미 오프라인 영업은 점점 축소되고 온라인은 성장하고 있었다.

10년 이상 해온 익숙한 일을 접고 다른 일을 시도한다는 것은 엄두가 안 나는 위험한 도전이지만, 용기를 내 온라인으로 방향을 튼 영업 직원은 팬데믹 중에도 살아남았다. 아니, 살아남은 것을 넘어 몸값이 뛰어 회사를 골라 갈 수 있었다.

내가 몸담았던 제약 산업을 예로 들어보자. 의사 고객과 대면해 제품을 소개하고 학술 대회 같은 자리에서 프로모션하는 제약 산업은 철저히 관계 기반으로 영업 활동이 이루어진다. 사람이 중요해 같은 제품이라도 누가 파느냐에 따라 결과가 달라지는 세계였다. 그렇기에 세상이 어떻게 바뀌어도 오프라인 영업이 중심일 거라 생각했던 이 산업조차 코로나19 팬데믹 앞에서는 속수무책이었다.

의사 고객과 영업 직원의 만남은 줌 미팅으로 대체됐다. 관계 영업의 끝판왕인 제약 산업에서 영업 직원이 줄어든다는 것은 그 누구도 예상하지 못했을 것이다. 사실 팬데믹 이전에도 M&A가 활발했던 제약 산업은 영업과 마케팅 조직을 대폭 축소하는 것이 전반적 추세였다.

이런 급격한 변화 속에서도 특허가 살아 있어 복제약이 없는 글로벌 제약 회사의 항암제나 희귀병 치료제 등은 대면 영업이 전면 중단되었어도 매출에는 영향이 없었다. 영업 활동이 아니라 대체 불가능한 약의 효능이 본질이었다는 게 증명된 셈이다.

어제 쓴 1원이 오늘 얼마를 벌어오는가

마케팅은 더 변화무쌍하다. 이제는 효과를 측정할 수 있는 마케팅만이 살아남는다. 예전 같았으면 불특정 다수가 보는 TV 광고에 어마어마한 비용을 쏟아부었을 것이다. 그 광고가 얼마나 많은 타깃 고객에게 도달했는지, 실제 매출에 얼마나 기여했는지는 며느리도 모른다. 그냥 남들이 다 하니까, 구매 순간에 광고가 기억나기를 바라며 돈을 썼다.

웹이나 앱의 광고는 다르다. 고객이 어디를 거쳐 들어와 어디서 머물다 구매 버튼을 눌렀는지 혹은 이탈했는지를 족집게처럼 잡아낸다. 마케팅 비용으로 쓴 1원이 얼마를 벌어오는지도 정확하게 알 수 있다.

이 과정에서 쌓인 정보를 바탕으로 고객 개개인의 구매 습관은 어떠한지, 망설임의 순간은 언제였는지, 애써 준비한 프로모션에는 얼마나 민감하게 반응했는지까지 분석할 수 있어 맞춤형 마케팅을 할 수 있는 시대다.

이러한 퍼포먼스 마케팅, 데이터 마케팅을 하려면 마케터가 기술을 이해하고 간단한 코딩 정도는 직접 할 줄 알면 좋다. 잘나가는 소비재 회사 창업자들은 퍼포먼스 마케팅을 직접 하고 또 잘한다. 적은 비용으로 최대한의 결과를 얻어내려면 창업자부터 직접 뛰어들어야 하기 때문이다.

그렇게 퍼포먼스 마케팅을 기막히게 잘해서 멋진 브랜드를 만든 결과 엑싯에 성공해 큰돈을 번 경우도 여럿 봤다. 그만큼 브랜드 철학이 어쩌고 하는 이론적 마케팅만 한 사람은 이제 설 자리가 없다.

미대 오빠의 변신

○

　　드라마 〈재벌집 막내아들〉의 주인공처럼 앞날이 창창할 직종을 정확히 예측해 선택할 수는 없더라도 시대의 흐름이 어떻게 변하고 있는지는 읽어야 한다. 내 이력은 회사가 아니라 내가 관리하는 것이니 말이다.

　지금 이 시대가, 조금 뒤의 미래가 필요로 할 직종, 업무, 산업이 무엇인지 끊임없이 관찰하고 기회를 만들어 재빠르게 갈아타는 것이 인력 시장에서 주도권을 차지하고 몸값을 스스로 결정하며 비싸게 굴 수 있는 유일한 길이다.

　테크 스타트업에 있을 때 아티스트 같은 외모를 가져 눈에 띄었던 데이터 스페셜리스트가 있었다. 귀는 두 개쯤 뚫었고, 범상치 않은 모델 룩의 옷을 입었고, 말수가 적었던 직원이었는데 알고 보니 '미대 오빠'였다. 데이터 일이 너무 흥미로워 보이고 꼭 하고 싶어서 독학으로 코딩을 배워 개발자가 되어 가장 핫한 데이터 전문가가 된 것이다.

　그림을 그리다가 코딩이라니. 그것도 취미 수준이 아닌 데이터 스페셜리스트라니. 그 과정에 얼마나 많은 노력을 했을까. 나는 그가 진심으로 존경스러웠다. 시대를 읽고, 열정을 가지고, 전공이라는 자신의 기득권을 버리고 결국 하고 싶은 일을 해내는 젊은 패기가 멋졌다.

　지금 시대는 이런 사람들이 살아남는다. 아무리 AI가 산업 곳곳에 들어와 사람이 하는 일을 대신하는 시대가 와도, 그래서 내 자리가 사라질 수도 있다는 위기감이 닥쳐와도 이를 기회로 생각하고 새롭게 자신을 찾아가는 사람들에게는 반드시 살길이 있다. 그렇게 우리는 기득권을 버리고 새로운 기회를 과감히 선택하는 사람들이 능력자라고 인정받는 시대에 살고 있다.

언제든
떠날 수 있도록
늘 깨끗하게

텅 빈 사무실이 주는 긴장감

○

매번 떠날 준비를 하며 살았다. 32년동안 10개 남짓한 회사를 다녔으니 평균 3년마다 이별을 했다. 그리고 이별할 때마다 슬펐다. 회사는 연인 같아서 이별을 내가 고하든 상대방이 고하든 결혼할 것이 아니면 언젠가 헤어질 순간이 오기 마련이다.

소심하고 상처받는 것을 두려워하면서도 매 순간 최선을 다했던 나는 그 순간을 위해 항상 준비를 했다. 언제 떠나도 충격을 덜 받고 일상이 잘 유지되도록 하는 나만의 방법이 있다. 그것은 사무실과 책상, 그리고 차에 아무것도 두지 않는 것이다. 정이 가는 내 개인적 공간으로 일부러 만들지 않는 것이다.

많은 사람들은 주니어 때는 책상을, 임원이 되면 본인의 방을 가족 사진, 각종 트로피, 달력, 예쁜 문구, 화분 등으로 장식해 나만의 아늑한 성을 만든다. 하루 8시간 이상 일하는 곳이니 집처럼 편안하게 꾸미면 좋다. 하지만 나는 사무실에 개인용품을 두지 않았다. 화분마저 선물로 받지 않았다면 삭막 그 자체였을 것이다.

대표 시절 내 사무실을 방문한 사람들은 아무것도 없어 어리둥절해했다. 소박하다 못해 삭막한 책상 위에 노트북만 하나 덩그러니 있었다. 모니터는 애초에 필요 없다고 해서 두지 않았다. 나는 이 단출한 분위기가 참 좋았다. 대부분 상황이 좋지 않았던 회사에서 대표질을 했으니 비용 절감 측면에서도 괜찮은 선택이었다.

한남동 주차장에서 흘린 눈물
○

책상과 사무실을 깨끗하게 했던 것은 언제든 떠날 수 있다는 생각 때문이다. 특히 대표로 있던 10년 동안은 더 철저히 지켰다. 이 자리는 거저 유지되는 것이 아니라는 긴장감을 스스로에게 주기 위해, 이곳에서 천년만년 일할 거라고 착각하지 않기 위해서였다. 만약 떠나야 할 순간이 온다면 남들이 눈치를 채지 못한 사이 깔끔하고 빠르게 사라지기 위해서이기도 했다.

대표라는 자리는 언제 잘려도, 언제 대체돼도 이상하지 않다. 생명이 길지 않다. 그래서 그 순간에 조용히 없어지고 싶었다. 물건이 많아지면 아무래도 티가 나기 쉽다. 나의 신념은 '퇴사 날 종이 박스 1개만 들고 나가자.'였다.

물론 처음부터 이랬던 것은 아니다. 근 8년을 근무한 글로벌 소비재 회사를 떠나던 날, 배웅을 받으며 회사 문을 닫고 짐을 챙긴 박스를 가슴에 안고 지하 주차장에 내려갔다. 차를 타기 전 주저앉아 혼자 꺼이꺼이 울었다. 생고생과 맘고생을 찐하게 했지만, 날 성장시켜준 고마운 회사였다. 싫어서가 아니라 또 다른 도전을 위해, 불확실한 미래를 확실한 미래로 만들기 위해 떠나는 것이었지만 친정 같았던 회사를 생각하면 마음이 무척 아팠다. 한남동에 있는 그 건물 앞을 지날 때면 아직도 그 시절 생각이 난다.

그 일이 있고서 다짐했다. 나음부터는 헤어짐이 가벼울 수 있도록 사무실과 책상을 깨끗하게 치우리라고.

언제 떠나도 이상하지 않게

○

그때부터 해왔던 다짐 덕분인지 이후의 퇴사는 점점 더 가볍고 쿨해졌다.

갤러리에서의 마지막 출근 날, 평소처럼 직원들과 인사를 하며 출근한 후 여느 때처럼 저녁 7시까지 일했다. 직원들이 모두 퇴근한 후 나는 사무실 불을 끄고 문을 잠근 뒤 박스 딱 1개만 들고 퇴근했다. 바로 다음 날에는 테크 스타트업으로 9시에 출근해 하루 종일 고군분투하며 정신이 쏙 빠지게 일했더니 어제의 감상은 어느덧 아득히 멀게 느껴졌다.

그 회사에서의 마지막 날은 더더욱 아무도 몰랐다. 여러 이유로 직원들 모르게 퇴사하게 되어 극소수의 사람과 나만 오늘이 마지막 날인 것을 알고 있었다. 퇴근 시간보다 조금 이른 시간에 슬그머니 나가는데 엘리베이터 앞에 사람들이 모여 있었다. 퇴사하며 마지막 퇴근을 하는 막내 개발자를 팀 전체가 배웅하고 있었다. 그 팀만의 퇴사 리추얼이었다. 나도 마지막 날이었지만 그들 틈에 섞여 함께 박수를 치며 이직하는 개발자를 배웅하고 응원했다. 그날은 박스조차 없었다. 애초에 내 사무실이 따로 없었으니까.

가장 최근이었던 화장품 회사에서의 마지막 날은 가장 조용했다. 오전에 이메일을 정리하고 인수인계 파일을 넘기고 나서 가까운 사람들과 조촐히 인사를 마친 후 오후 3시쯤 스르르 빠져나왔다. 이러려면 무조건 짐이 적어야 한다. 그때도 가방 하나 달랑 들고 나와 그 길로 곧장 국립현대미술관으로 향해 내가 제일 좋아하는 정상화 작가의 개인전을 보고 떡볶이를 사 먹었다. 스스로를 응원하고 위로하기 위해 나에게 주는 선물이었다.

과거의 문을 닫아야 열리는 기회의 문
○

사무실과 책상을 애초에 비워두는 것과 더불어 나는 퇴사와 관련된 어떠한 회식이나 환송식도 하지 않는다. 섭섭한 마음에 회식을 제안하는 분들이 많았지만 특별한 경우가 아니면 하지 않았다. 헤어지는 마당에 무슨 밥이냐 싶었다. 떠날 사람은 떠나고 남는 사람은 남는 것이다. 우리네 인생에 영원한 것은 없어서 만나면 언젠간 헤어지게 된다. 관건은 어떻게 헤어지느냐다. 슬프지 않게, 깔끔하게, 뒤도 안 돌아보고, 무엇보다 조용히 나오고 싶었다.

내가 없어도 회사는 잘 돌아간다. 언제 떠나도 괜찮게 책상과 사무실과 차를 깨끗하게 유지하는 것은 항상 나의 마음가짐을 단단히 단도리 시켜주었다. 천년만년 다닐 회사처럼 늘어지지 않게, 해이해지지 않게, 프로답게. 그리고 퇴사가 결정되면 빠르게 조용하게 나왔다.

몸과 맘을 던져 일한 회사 문을 나올 때마다 공허하고 슬프지 않았었던 적이 없었다. 그러나 남아 있는 회사가 동요 없이 잘 돌아가길 바랐고, 조용히 나오는 것이 온갖 인사를 하고 떠들썩하게 나오는 것보다 덜 슬펐다. 그리고 난 그 다음 행보를 위해 지나온 길의 문을 조용히 닫았다. 이쪽 문을 닫아야 저쪽 문이 열린다. 그 닫고 여는 방식이 조용한 편이 난 좋았다.

3장

────────────── *

생각할 것
없이
일단
하고 본다

문제
해결이
전공입니다만

     세상에는 인성이 훌륭하고 머리도 똑똑하면서 할 줄 아는 것도 많은 특출난 리더가 정말 많다. 화려하고 남다른 경력을 가진 분들도 참 많다. 놀라운 것은 20~30대 젊은이들 중에도 배우고 존경할 만한 리더가 점점 많아지고 있다.

  기라성 같은 리더들 사이에서 별 특별한 것 없이 평범한 나의 경력이 가진 차별점이라면 딱 두 가지다. 연관성이 전혀 없는, 완전히 다른 업계를 넘나들며 일했다는 것. 그리고 쉽지 않은 회사만 골라 문제 해결을 하러 들어갔다는 것. 그래서 남들보다 생고생을 많이 했다.

  일부러 그런 회사만 골라서 들어간 것은 아니다. 하나같이 뭔가 돌파구가 필요했던 회사들이 내게 먼저 손을 내밀었고 난 그렇게 그곳으로 갔다. 재미있는 것은 산업이 달라도 문제를 해결하는 방식은 늘 비슷했다. 순서도, 원칙도 비슷했다. 그렇게 두세 번 겪어보니 이력이 붙어 나중에는 진도를 빠르게 뺄 수 있었다. 이런 과정을 거쳐 체득한 나만의 문제 해결 방법은 대략 이렇다.

일단 문제가 터지면 만천하에 드러내 투명하게 공개 토론을 하지만, 왜 이런 문제가 생겼는지 그리고 누구 때문에 그랬는지 묻지 않았다. 문제를 해결할 때는 'why'와 'who'에 집착하지 않았다. 이른바 '범인' 색출은 문제 해결에 결코 도움이 되지 않는다. 조직의 사기만 떨어뜨릴 뿐이다. 문제라는 것은 누군가에게 떠넘기기 딱 좋은 것이어서 자칫 잘못하면 해결은커녕 생각지 못한 갈등과 반목만 남긴다.

나는 오직 해결에만 집중했다. 과거지사 이미 벌어진 일을 구구절절 따지며 잘잘못을 가려봤자 뭐 하겠는가. 그 시간에 앞으로 어떻게 해결할 것인지 방향성과 구체적인 방법론을 고민하는 편이 백번 낫다.

이와 같은 맥락에서 내가 지키는 또 하나의 규칙은 대안 없는 비판을 하지 않는 것이다. 안 되는 이유를 100가지 말하는 것은 쉽다. 안 되는 이유는 되는 방법을 단 하나라도 함께 제시할 때에만 의미가 있다.

지난 과거에 대한 분석은 누구나 잘할 수 있지만 앞으로 어떻게 해야 하는지 분명하게 말하기는 쉽지 않다. 그래서

3장 / 생각할 것 없이 일단 하고 본다

나는 분석하고 비판하고자 할 때는 반드시 대안도 함께 제안하려 했다. 그게 안 되면 차라리 입을 다무는 것이 낫다. 결국 중요한 것은 '어떻게'니까 말이다.

어려운 회사일수록 천 가지, 만 가지 문제들이 마구 얽혀 있다. 모든 사람이 제각기 자기 부서가 제일 급하다고 아우성을 쳐 도통 어찌 된 일인지 이해하지 못할 때가 많다. 뭔가 핵심적인 하나를 찾아내야 하는데 그게 뭔지 알기가 쉽지 않았다. 이렇게 실타래처럼 미구 엉킨 상황도 가장 큰 문제 하나를 풀면 줄줄이 풀리고는 했다.

밀어낸 재고가 너무 많아 자금 회전이 안 되는 상황이라면 당장은 답답하더라도 악성 재고를 빼내야 다음 매출이 생길 수 있다. 컬렉터들이 작품 구매를 하지 않는 이유가 지갑을 열 만한 작품이 없어서라면 시간이 걸리더라도 근본적인 해결을 위해 작가 양성부터 시작해야 한다. 카 셰어링의 주 고객층인 20대의 사고율이 높다면 고객의 연령대를 분산시킬 방법을 찾아야 한다. 오프라인 성장이 정체됐다면 온라인이나 해외로 빠르게 구조를 변경해야 한다. IPO나 매각을 계획하고 있다면 투자자 관점에서 매력적으로 느낄 부분을 강화해 어필해야 한다.

나는 항상 이것저것 건드리지 않고 가장 굵직하고 어려운 문제부터 집중했다. 그것부터 해결해야 그 다음의 작은 문제들이 자연스럽게 해결된다. 싸움이 불리할 때는 한 놈만 패는 것이 답이라고 하듯 큰 문제 하나에 집중할 때 효율이 좋았다.

문제를 파악하고 해결하기 위해 서류나 보고보다는 일대일 미팅을 선호했다. 여러 사람을 한꺼번에 만나지 않고 한 명씩 독대해 눈을 맞추며 이야기한다. 그러면 숫자와 문서에서는 알 수 없는 수많은 역학 관계를 감지할 수 있기 때문이다. 그래서 영업 조직을 관리할 때 100여 명을 한 명씩 면담한 적도 있었다. 물론 직속 보고 라인부터 만났지만, 그래도 문제를 파악하기 어려울 때는 더 밑으로 내려갔다 보니 그렇게 됐다.

사람들은 모두 자기 관점에서 이야기를 하기 때문에 여러 사람과 미팅을 하다 보면 꼭 퍼즐을 끼워 맞추는 것처럼 상황이 점점 선명해졌다. 동시에 사람들 각각의 감정과 느낌도 파악할 수 있어서 조직 재편성을 할 때 큰 도움이 됐다. 많은 사람들을 일대일로 만나는 것은 시간이 많이 걸리고 에너지 소모도 컸지만, 실수를 피하고 명료한 방향성을 잡을 수 있는 가장 빠른 코스였다.

치열하게 생각하고 사람들을 만나 문제를 파악했다면 그 다음에 해야 할 것은 빠른 실행이다. 원래 전략이란 '무엇을

3장 / 생각할 것 없이 일단 하고 본다

할 것인지' 정하는 게 아니라 '무엇을 하지 않을지' 정하는
것이라고 생각해온 나는 전략 수립 그 자체보다는 항상 실
행에 더 포커스를 맞췄다. 그래서일까, 사람들이 나를 전략
가라고 부르지는 않는다.

　문제가 이거네, 저거네 하는 것은 그리 어렵지 않다. 하
지만 잘못된 길에서 나와 다른 길로 방향을 바꿔 걷는 것은
생각보다 꽤 힘들다. 책상 앞에서 생각을 끝낸 다음에 움직
이면 늦는다. 나는 항상 생각을 하면서 이미 발을 뗐고 손
을 움직였다. 되든 안 되든 일단 해봐야 이는 것 아닌가. 해
보고 아니면 다시 재빠르게 돌아가면 되는 일이다.

　문제를 해결하는 과정 혹은 문제를 예방하는 과정에서
내가 철저하게 지키는 원칙은 과도한 약속을 하지 않는 것
이다. 영업 현장에 있을 때나 대표로 있을 때 나는 항상 할
수 있을 정도의 숫자를 약속하려 애썼다.

　물론 여기저기서 가만두지 않았다. 이사회나 오너 입장
에서는 높게 설정한 수치가 주는 안도감을 원하기 때문이
다. 그렇지만 할 수 없는 숫자를 목표로 삼으면 조직의 기
운이 빠져 처음부터 포기하게 된다. 그렇게 되면 어차피 달
성할 수 없는 목표이니 안 되는 이유를 어떻게 설명할까 집
중하게 된다. 이보다 더 비생산적인 것이 있을까.

　나는 무조건 높은 목표를 잡기보다 누구나 고개를 끄덕

일 수 있는, 말이 되는 목표를 선호했다. 합리적 근거로 설득하고 합의해 결국 달성했을 때 조직은 성취감을 느끼고 다음 단계로 나아갈 힘을 얻는다.

물론 그렇지 않은 경우도 있었다. 정치적 이유나 투자 관점 때문에 환경을 무시하고 톱다운으로 목표가 내려오던 회사에서였다. 이사회가 원해서 시작한 신사업이었기에 많은 리소스를 투입했지만 성과가 나오지 않자 비난을 받았다. 더 이상 리소스를 추가하지 않거나 중장기적으로 기다려야 했지만 회사는 당장의 성과만 닦달했다. 돌아보면 참 아프고 힘든 기억이다. 위로부터의 압력에 의해 현실을 무시하고 할 수밖에 없었던 장밋빛 약속은 결국 해결할 수 없는 거대한 문제를 낳는다는 것을 그때 뼈저리게 배웠다.

나는 가만히 앉아 말 안 하고 숨기는 사람이 제일 싫다. 빨간불이 켜졌을 때 얼른 말하고 같이 방법을 찾아야 해결이 된다. 자기 판단이 맞을 것이라며 끝까지 우긴다거나, 아닌 것을 알지만 자기방어를 위해 온갖 감언이설과 중요하지 않은 사실들로 핵심을 흐린다거나, 마지막까지 입 다물고 있다가 일이 터진 후 조용히 사라지는 사람은 진짜 별로였다. 이렇게 되면 해결은 남은 자들의 몫이 되어버린다. 잘못했을 때, 문제가 생겼을 때 빨리 이실직고하는 것은 항상 최선이다.

회사의 문제 해결을 전문으로 30년 넘게 골치 아픈 회사 생활을 했지만 어딜 가나 문제만 보이는 이 습성은 이제 놓고 싶다. 그렇지만 훈련이 되어서 어딜 가나 핵심 문제가 그냥 딱 보인다. 원래 문제를 보는 것은 쉽고, 고치고 실행하는 것이 어렵기에 '이것이 문제구나!'라고 제3자의 관점에서 관찰할 수는 있지만 사적인 만남, 모임, 가족 관계에서조차 문제부터 보는 것은 괴롭다.

　세상사 어디에나 문제가 없는 곳이 어디 있으랴마는 반드시 해결해야 하는 것은 아니나. 어떤 문제는 그냥 두면 저절로 없어지기도 하고, 작아지기도 하고, 그냥 해결되기도 한다. 우리 사는 세상은 완벽하지 않아서 더 가치가 있는지도 모른다. 그러니 이제는 마음의 여유를 갖고 그러려니 하는 것도 좋다.

내게 전략이란
안 할 것을
결정하는 것

전략은 더하기가 아니라 빼기다

○

'전략을 세운다'라는 말은 '사랑해'라는 말처럼 흔하고 멋있지만, 정작 무엇을 뜻하는지는 잘 모르겠다. 사람들이 너무 쉽게 써버려서 진짜 전략이 있는 것인지 헷갈릴 정도다. 그래서인지 전략이라는 표현은 다르게 해석된다. 다들 전략을 세우겠다고 하면 뭔가 있어 보이는, 아주 섹시한 해답이 나올 거라 기대한다.

나의 개똥철학에서 전략이란 무언가를 더하는 것이 아니라 빼는 것이다. 무엇을 해야 할지를 정하는 게 아니라 무엇을 안 해도 되는지를 결정하고 덜어내는 것이다. 내가 해왔던 사업 개편이 그렇다. 사람들은 내게 "당시에 사업 개편은 어떻게 하셨어요?"라고 물으며 기대하는 건 뭔가 비밀 병기 같은 멋진 한 방이다. 하지만 실제로는 별것 없다. 그냥 했다. 대부분 아주 상식적인 일을 했다.

전략도 마찬가지다. 안 해도 될 일을 다 빼고 나면 결국 상식적인 일만 남는다. 알고는 있지만 여러 이유로 실행하지 않았던 그런 것들이다. 길이 너무 험해 보여서, 누군가의 기득권이 흔들릴까 봐, 예전에도 해봤는데 잘되지 않았던 기억 때문에 외면했던 그 상식을 실행하는 것이 진짜 전략이다.

알면서도 안 하는 것을 해내는 용기

○

코로나19 팬데믹이 본격화하면서 이제 오프라인은 지고 온라인이 뜰 거라는 건 너무도 명백한 상식이었다. 지나고 보니 그렇다. 하지만 그 당시엔 이 상황이 얼마나 오래 갈지, 얼마나 심각한 상황이 될지 모든 게 불확실했다.

오프라인에 강점이 있는 기업이 매장을 털어낸다는 건 정말 어려운 결정이었다. 가맹점이나 직영점 수십, 수백 개를 접으려면 매출 손실, 자산 포기, 임대 계약 위약금까지 감수해야 한다. 게다가 코로나 한복판에 새로운 임차인을 찾을 수도 없으니 아무리 생각해도 답이 없었다. 회사 내에서도 쉽지 않았지만, 이사회에서도 쉽게 결정할 수 없는 일이었다.

하지만 현실은 명확했다. 매출은 바닥을 쳤고, 수익은 마이너스였으며, 오프라인 중심의 사업 구조 자체를 건드리지 않고는 해결할 방법이 없었다. 너무도 상식적인 결론이라는 것을 다들 알고 있었지만, 여러 이유로 안 할 수밖에 없었다. 물론 오프라인 매장이 완전히 사라질 수는 없었다. 직접 보고 만지는 경험은 여전히 중요했기 때문이다. 하지만 구매라는 행위 자체는 확실히 온라인으로 넘어갔다.

발 빠른 브랜드들은 비용이 많이 드는 매장을 줄이고 플래그십 스토어 몇 개로 브랜드 이미지만 유지하면서 온라인 유통망을 견고하게 다졌다. 반면 '그래도 브랜드 파워가 있는데.' 하면서 소비자가 찾아올 거라는 안일한 생각에 머문 브랜드들은 빠르게 도태됐다.

이제 더 이상 소비자들은 굳이 매장을 찾지 않는다. 유튜브나 SNS로 간접 경험을 하고 곧바로 온라인에서 결제 버튼을 누른다. 소비자의 행동 양식이 뿌리부터 바뀌었는데 브랜드가 그대로라면 시장에서 사라지는 건 너무도 당연한 결과다.

그래서 나는 그냥 했다. 말로 설득하거나 눈치를 볼 시간에 그냥 했다. 김연아 선수가 한 인터뷰에서 "스트레칭할 때 무슨 생각을 하세요?"라는 질문을 받자 "무슨 생각을 해, 그냥 하는 거지."라고 답한 것처럼 말이다. 묻고 따지지 않고 결정했으면 밀어붙이는 거다. 전략이란 결국 그냥 해야 할 것을 남들이 머뭇거리고 안 하려고 할 때 묻지 않고 해내는 것이다.

맹물 같은 조직에 상식을 심다

○

비슷한 일이 제약 회사에 근무할 때도 있었다.

제약 회사의 꽃은 영업이다. 좋은 제품은 필수이지만 결국 마음을 움직이는 건 사람이기 때문이다. 다만 당시 오래된 영업 조직은 무기력했다. 느슨했고, 둔감했고, 자극에도 심드렁했던 데다, 오랜 시간 성과와 무관하게 충성심으로 자리를 지켜온 사람들이 많았다. 못해도 이 정도, 잘해도 이 정도로 그냥 주어진 목표만 딱 맞추는 그런 사람들이었다. 다들 알고 있었지만 아무도 비끄지 않았다.

영업 조직의 개편이 필요하다는 것은 사실 누구나 알 수 있는 매우 상식적인 일이었다. 그러나 그 상식을 실행하는 것은 어려운 일이다. 오랜 시간 박혀 있던 돌을 빼내 다시 배치하고, 철저히 성과 중심으로 조직을 바꾸는 작업은 쉽지 않다. 하지만 그걸 하지 않고는 아무 것도 바뀌지 않을 거라 생각했다.

그래서 결국 6개월 동안 그것만 했다. 기존 매니저들을 성과와 연동해 필요하면 재배치하고, 가능성을 보인 숨은 진주를 찾아 그 자리를 맡겼다. 그랬더니 요지부동이던 조직이 움직이기 시작했다. 다음 해, 아주 오랜만에 목표를 달성했고 전 직원이 인센티브 여행을 떠날 수 있었다.

전략이 많다고 좋은 게 아니다

○

　내가 대표로 몸담았던 회사들은 전략이 없는 게 아니었다. 오히려 너무 많아서 문제였다. 문서로 정리하지 않아 공유되지 않았거나, 너무 많은 것을 하겠다는 욕심이었거나, 방향성이 없어서 뒤죽박죽인 경우가 대부분이었다. 특히 어려운 회사는 이거 안 되면 저거, 저거 안 되면 또 다른 거를 찾다 보니 온갖 전략이 우수수 쏟아져 나와 있었다.

　내가 했던 방식은 명확한 방향성을 정하면 여기에 맞지 않는 전략들을 다 치워버리는 것이었다. 덜어내는 것은 쉬워 보이지만 실제로는 쉽지 않다. 조직 내의 오래된 관성, 불안감, 이해관계가 얽힌 반발이 있기 마련이다. 하지만 전략의 수를 줄이고 일관성을 갖는 것이 중요하다. 그렇기에 늘 전략은 3~4개로 압축했다. 5개가 넘어가면 전략이 아니다. 방향성이 흐려지고, 구성원들이 기억하지도 못한다.

설득하거나, 떠나게 하거나

○

　뺄 것을 다 솎아내고 진짜 전략을 정했다면 다음에 해야 할 단계는 설득이다. 같은 배에 탔다면 어디로 갈 것인지 합의해야 한다. 방향이 다르면 내부에서 문제가 생긴다. 대놓고 반대하면 차라리 낫다. 겉으로는 가만히 있지만 '어디 잘 되는지 보자.' 하는 식으로 마음속에서는 회의적으로 생각하는 사람들이 조용히 조직을 멈추게 만든다.

기존과 방향이 많이 다를수록, 근속이 오래될수록, 이해관계가 클수록, 또는 정말 방향이 맞지 않다고 믿는 사람일수록 저항의 강도가 세진다. 그래서 나는 먼저 각자의 태도를 파악하고 방향성이 다르다고 판단되면 일대일로 설득했다. 특히 팀원을 움직여야 하는 임원급과 팀장급은 반드시 설득해야 했다. 그리고 이렇게 말했다. "안 해도 되는 건 하지 맙시다. 대신 꼭 해야 할 건 하고요. 책임은 제가 집니다."

빠르게 턴어라운드를 해야 하는 회사라면 이 작업을 6개월 내에 끝내야 한다. 뭉개고, 미적거리며, 변화를 가로막는 이들은 매일 해야 할 일을 점검했고 눈에 보이는 결과로 압박했다. 같이 갈 사람에게는 적극적인 기회를, 그렇지 않은 사람에게는 스스로 선택하게 했다. 그래도 안 움직이는 사람은 어쩔 수 없다. 같이 갈 수 없었다. 실제로 임원급은 방향성이 맞지 않으면 스스로 나갔다. 충분한 역량을 가진 이들은 금세 다시 자리를 잡았다. 그러니 조직은 자연스레 바뀌었다.

전략은 멋있게 말한다고 되는 것이 아니다. 길어지고, 멋있고, 많아질수록 오히려 방향성만 흐려지고, 현실과 괴리될수록 조직은 움직이지 않는다. 그래서 난 전략적인 척 멋지게 말하는 사람을 별로 좋아하지 않는다. 그런 사람의 말은 다 듣고 나면 뭘 하자는 건지 알 수 없다. 전략은 되지도 않는 거, 폼 잡으려는 거 다 덜어내고 진짜 중요한 서너 개에만 집중하는 거다.

내게 전략이란 뺄 거 다 빼고 남아 있는 핵심만 하는 것, 안 해도 되는 것을 정하는 것 그리고 그냥 하는 것이다.

도끼 자루
썩기 전에
일단 저질러보기

돌다리 두드리다 날 샐라
○

좋은 회사들을 참 많이 다녔다. 그런 곳에서는 특히 일하는 방법을 배울 수 있었다. 또한 기승전결이 있었다. 마케팅적으로 표현하자면 시장 규모와 경쟁 상황을 파악하고, 소비자 니즈를 조사하고, 데이터로 검증하고, 제품을 설계하고, 타깃과 포지셔닝을 정하고, KPI를 수립한 후 실행하는 그 빈틈없는 과정들 말이다. 단계마다 내부 보고를 하고 승인을 받아야 다음으로 넘어가는, 소위 좋은 회사일수록 이 프로세스는 견고했다. 프로페셔널하고 구조화된 기획, 실행력을 뒷받침하는 조직의 동의, 시행착오를 줄일 철저한 검증. 이것이 내가 배운 정석이었다.

그런데 젊은 스타트업으로 가니 신세계가 열렸다. 이전에 내가 했던 방식대로 일하는 사람은 아무도 없었다. 그긴 딱 꼰대의 일하는 방법이었다. 돌다리도 두드려가며 안전한지 체크하고 강을 건너려다가는 영원히 강을 못 건너간다는 식이었다. 깊이를 정확히 재지 않고 막대기로 대강 깊이를 가늠해보고, 물살 약할 즈음 발을 풍덩 담가보고, 아니다 싶으면 허우적거리다가 나와서 다시 어떻게 강을 건널까 다시 생각하는 식이었다. 계획하고 검증하다가 세월 보내느니 일단 저질러보는 그런 곳이었다.

될지 안 될지는 해봐야 알지
○

이곳에서는 각 잡고 정자세로 앉아서 '이제부터 신사업을 구상해볼까나.'라고 하지 않았다. 조직의 문화 자체가 누구라도 거리낌 없이 새로운 시도를 할 수 있었고 회사도 독려했다. 장황한 준비 과정도, 임원들을 모시고 멋들어진 프레젠테이션을 할 필요도 없었다. 직원끼리 모여 사부작사부작 토론하고 구조화해 사업 모델을 만들면 작게 테스트를 해보고 검증이 됐다 싶으면 곧바로 진행했다. 물론 추가 리소스가 필요해 투자를 받아야 하면 발표와 셀링도 해야 했지만 내가 경험했던 회사들처럼 길고 빈틈없는 자료를 준비해 폼 나는 자리를 만들지 않았고, 전반적으로 말이 되면 쉽게 승인을 내주었다.

가장 큰 차이는 테스트 마켓을 대하는 태도였다. 책상 앞에서 완벽한 계획을 짜는 것보다 작은 실행을 먼저 해보고 이게 과연 될 놈인지 안 될 놈인지를 판단하는 것을 선호했다. 그렇게 계획, 작은 실행, 실패의 원인 분석과 개선점 보완, 다시 실행이라는 테스트 마켓을 여러 번 반복하면 이미 계획이 아니라 살아 있는 사업이 되었다.

반려, 반려 또 반려를 거치며 기획안을 만들고 어렵사리 발표를 끝낸 후 승인을 받은 후에도 출시를 하네, 마네 하면서 시간과 기회를 흘려보내지 않았다. 머리를 싸매고 고민하며 공부하다 완벽하게 출시하는 것보다 일단 괜찮은 아이디어를 현실화해 빨리 시장에 내놓고 반응을 보는 것이 훨씬 역동적이고 살아 있는 방법이었다.

깡소주를 비워내며 깨달은 것

○

스타트업에서는 포기도 빨랐다. 시장 반응이 뜨뜻미지근하거나, KPI가 애매하게 나올 때, 보완은 가능하지만 근본적으로 교정이 어려운 문제일 때, 접자니 들인 시간과 노력이 아깝고 그렇다고 계속 가기에는 찜찜할 때 회사는 미련을 두지 않았다. 그냥 포기했다. 내가 가장 힘들어한 부분은 진행한 사람들의 애정과 노력과 헌신이었다. 그러나 이사회는 단호했다.

내가 이 스타트업에 들어오기 전부터 진행되고 있던 신사업 프로젝트가 하나 있었다. 1단계가 매우 성공적이어서 부족한 점을 보완하고 규모를 키워 다시 테스트 마켓을 진행했지만 결과 지표가 애매했다. 이미 투자도 꽤 들어갔고 팀원들도 밤을 새우며 노력했지만 지표는 좀처럼 올라오지 않았다.

그렇게 6개월쯤 지났을 무렵, 이사회의 호출을 받고 재무본부장과 함께 불려 들어갔다. 나는 팀원들의 땀과 노력을 생각해 조금만 더 해보자고 설득하기 위해 만반의 준비를 하고 갔지만 이사회의 결론은 명확했다. 성공 지표를 달성하지 못한 만큼 여기까지만 하라는 것. 접어야 했다. 너무도 냉정하고 논리적인 결정이었다.

이 말을 팀원들에게 어떻게 전해야 하나 막막했다. 내가 주도한 사업도 아니었지만 일을 어떻게든 이어가려 했던 이들의 진심과 열정 그리고 헌신을 생각하니 울컥했다. 그런 마음 때문에 도저히 회사로 들어갈 수 없었다. 그래서 퇴근 시간도 지난지라 회사 1층 편의점에서 소주 한 병을 사서 재무본부장과 건물 앞에 앉아 안주도 없이 깡소주를 말없이 30분 만에 비우고 집에 가버렸다.

편의점 앞 흡연 구역에 모였던 많은 개발자들은 우리의 모습을 보고 짐작을 했으리라. 나는 혼과 열을 다 바친 사업이 아까워서, 그 일을 어떻게든 진행하고자 했던 팀원들 생각이 들어서 소주가 절로 들어갔다.

하지만 시간이 얼마 지나지 않아 깨달았다. 그 사업은 거기까지였다는 것을. 신사업 프로젝트의 팀원 대부분이 실망하며 이직해 좋은 사람들을 잃기는 했지만 빠른 판단 덕분에 더 요지경으로 가는 것을 막을 수 있었다.

냉철하고 합리적인 판단을 한다는 회사조차 포기하지 못하고 질질 끄는 경우가 수두룩한데 이 젊은 회사의 가장 큰 장점은 아니라고 판단하면 그 순간 어떤 미련도 없이 돌아서는 것이었다.

그들의 룰이 모두의 룰로

○

그 스타트업은 포기는 하되 질책하지 않았다. 안 된 거는 안 된 것이고 그걸 사람 탓으로 돌리지 않았다. 보통의 회사라면 들어간 돈과 시간을 따지며 대놓고 혹은 우회적으로라도 반드시 책임 소재를 묻겠지만, 여기서는 실패를 용인하는 문화가 있었다. 근본적으로 직원에 대한 애정과 노력에 대한 기본적인 신뢰가 있었다. 그러니 직원들이 끊임없이 새로운 시도를 할 수 있는 것이다.

추진하던 프로젝트가 실패하면 흔히 그러듯 "그만큼 노력했으면 뭐라도 건질 게 있지 않나? 살릴 거는 없나?" 하면서 미련을 두지도 않았다. 한 덩어리로 존재했던 프로젝트가 해체되면 힘을 잃기 마련이다. 작은 요소 하나하나는 그 자체로는 특별할 것이 없다. 그러니 통째로 서랍에 넣고 잊어버렸다가 나중에 좋은 기회가 오면 다시 꺼내보는 식이었다.

이 회사에 오기 전 20년 동안 크고 좋은 회사를 다니며 배운 그 어떤 것보다 어쩌면 더 많이 배웠다. 말과 장표로 설득하기보다 일단 저질러서 눈으로 확인할 수 있어서 좋았다. 젊은 직원들의 패기와 저지르는 용기가 좋았다. 준비해야 하는 시간을 단축했고, 경쟁자보다 빠를 수 있었고, 살아 있는 경험으로 실패를 보완하고 극복할 수 있어서 좋았다. 그 업계와 산업이 가지고 있던 게임의 룰은 지금 이 시대에는 모든 산업의 게임의 룰이 된 느낌이다.

방구석에서
고민할 시간에
엉덩이 들고 일어나라

답이 없는 상황

○

비즈니스를 아무리 들여다봐도 뾰족한 해답이 안 보일 때가 있다. 사업 구조를 바꾼다고 해결되는 것도 아니고, 애초에 사업 구조 자체가 그 업의 본질이라서 바꿀 수 없는 경우도 있다. 이럴 때는 구조 개편도 답이 아니다. 시장이 급격히 위축되어 경쟁사도 우리와 함께 바닥으로 추락하거나, 소비자의 행태가 본질적으로 변해 비즈니스가 사라질 위기이거나, 아무도 가본 적 없는 새로운 사업이라 참고할 케이스조차 없거나, 전혀 예상하지 못한 방향으로 흘러갈 때면 정말 미치고 팔짝 뛸 노릇이 된다.

원래 물길을 바꾸려면 큰 바위를 치워야 한다. 그러면 자잘한 돌 따위는 신경을 쓰지 않아도 된다. 그런데 큰 바위가 없거나 안 보일 때가 문제다.

조약돌이라도 모아 물길을 바꾼다

○

예술 산업에 처음 들어갔을 때는 시장 전체가 바닥을 찍고 있었다. 지금은 저변이 확대되어 구매층이 많이 넓어졌지만 당시만 해도 미술품 경매 시장은 매우 폐쇄적인, 일부 계층만의 리그였다.

당시에는 사람들이 당최 그림을 안 사는 뾰족한 이유를 알 수가 없었다. 플레이어가 둘뿐인 시장에서 1위 업체인 경쟁사도, 우리도 둘 다 헤매고 있었다 보니 벤치마킹할 거리도 없었다. 공급자가 파워풀한 시장이었기에 소비자 변화에 둔감했고, 수요가 실종되는 상황은 처음 겪는 일이라 당황한 것이다. 예술 산업은 부동산과 비슷하게 움직이는데 지금이야 20년 가까이 데이터가 쌓여서 어느 정도 예측이 가능하다지만 당시 4~5년의 짧은 역사를 가진 시점에서는 배울 과거조차 없었다.

그러는 사이 매출은 속절없이 뚝뚝 떨어졌다. 매출을 회복하고 수익을 개선하기 위해 영입되었지만 예술 산업이 처음이고 문외한인 내게는 무엇이 문제인지 단박에 보이지 않았고 분석을 해봐도 어렵기만 했다. 게다가 전 직원 임금 삭감으로 조직의 사기는 바닥으로 떨어져 '뭐 어떻게 되겠지.', '우리만 그런 게 아닌데 어쩌겠어.' 하는 방관자적 심리가 팽배해 있었다.

답이 없다고 가만히 있을 수는 없었다. 직원들과 일대일 미팅을 하며 어떤 생각을 하는지 직접 듣고, 다양한 시각을 종합해 문제

점을 규명하고, 각 개인이 독점하며 흩어져 있던 정보를 모아 시스템화하고, 방만한 조직을 슬림화했다. 이 산업 특성상 잘 하지 않던 전체 회의를 열어 조직의 목표를 공유해 얼라인하고, 대중적인 가격대의 작품으로 온라인 경매 횟수도 늘렸다.

그렇게 큰 바위 대신 작은 바위들을 모아 계속 옮기며 어떻게든 물길을 바꾸고자 했다. 그러다 보면 시장이 다시 회복될 때 도약할 수 있으리라는 희망을 가지고 지루하고 작은 일들을 계속 해나갔다.

구조적 모순과 싸우는 법

○

IT 플랫폼 사업을 할 때도 마찬가지였다. 사용자와 매출은 급증했는데 수익은 개선되지 않았다. 예상하지 못한 문제들이 이어지자 스타트업답게 빠르게 대응했지만 사업 구조 자체가 본질적인 한계를 가지고 있었다.

큰 틀은 유지한 채 부수적 사업 구조를 바꾸는 작은 시도를 계속하는 과정은 시간이 많이 걸리기 때문에 조직 내에 "이런다고 되겠어?" 같은 비관적 시각이 생기기 마련이다. 하지만 그럼에도 해야만 한다. 변화해야 살 수 있는데 구조적인 큰 변화를 할 수 없는 상황이라면 뭐든 생각해내고 매일 실천해야만 그 변화라는 것이 오기 때문이다.

하기 싫은 일을 꾸준히 하는 힘

○

사는 것도 마찬가지다. 내 인생이 별로라고 생각하면서, 다른 삶을 꿈꾸면서 아무것도 하지 않으면 오늘과 똑같은 내일이 반복된다. 남들이 어떻게 생각하든 내 삶에 자족하면 '에브리싱 오케이!'다. 하지만 다른 삶을 원하면서도 현실의 문제 때문에 '뭘 해도 안 된다.', '할 엄두가 안 난다.', '그런 작은 일로 뭐가 되겠냐.'라고 생각하며 주저앉아 있으면 똑같아진다.

그래서 난 그냥 했다. 방구석에 앉아 머리 싸매고 생각하다가도 결국 엉덩이를 들고 그냥 했다. 답이 안 보일 때 하기 싫은 작은 일들을 꾸준히 하는 것. 그것이 제일 어렵다. 매일 해야 하는 근력 운동처럼 말이다.

마케팅이
별거인가,
브랜딩이 대수인가

마케팅은 스페셜이 아니라 제너럴하다

○

　　서점에 가면 마케팅에 관한 책이 넘쳐난다. 내가 사회생활을 시작했을 때만 해도 국내에는 마케팅이라는 용어조차 생소했고 외국계 회사에나 가야 볼 수 있는 업무였다. 내가 처음 마케팅을 하게 되었을 때 누군가가 무슨 일을 하냐고 물으면 "물건 잘 팔기 위해 하는 모든 것이요."라고 뭉뚱그려 말하고는 했다. 어차피 질문하는 사람도 관심이 없었으니까.

　　그런데 지금은 다르다. 너도나도 마케팅을 한다. 특히 브랜딩은 유행인 것 같다. 내가 구독하는 한 서비스에서 브랜딩 강좌가 열리면 눈 깜짝할 사이에 마감된다. 마케팅을 직업으로 10년을 꼬박 채우고 30년 넘게 보따리 풀며 장사하고 있는 나도 강의를 하라면 할 말이 없는 주제인데 말이다. 마케팅은 '모든 것'이기도 하고 '아주 특정한 것'이기도 해서 참 어렵다.

그래서 나는 마케팅 관련 책이나 유튜브 강의도 안 본다. 내 생각에 마케팅은 높은 진입 장벽을 가진, 특정 지식 기반의 스페셜리스트의 영역이라기보다 시장과 사람을 이해하는 훌륭한 제너럴리스트가 잘하는 영역이다. 그래서 나를 마케팅 전문가라고 말하기는 낯부끄럽다.

브랜드도 늙고 죽는다
○

내가 일했던 글로벌 소비재 회사에서는 마케터를 '브랜드 매니저'라고 불렀다. 제품을 파는 게 아니라 브랜드를 관리하는 사람이라는 뜻이다. 왜냐하면 모든 출발은 브랜드이지 제품이 아니었기 때문이다. 브랜드가 제품의 경계를 넘어 확대되는 경우는 있어도 하나의 제품 카테고리에 여러 브랜드를 혼용해 출시하지는 않았다. 비누로 시작한 성공적 브랜드인 도브가 '효과적인 보습'이라는 브랜드 자산을 유지하면서 콘셉트를 샴푸로 확장할 수는 있어도 바세린 비누, 폰즈 비누를 만들 수는 없는 것이다.

이후 일했던 화장품 회사에서도 각 브랜드를 독립된 작은 회사처럼 운영하며 목표를 설정하고 평가를 받았다. 그래서 브랜드끼리의 경쟁은 그야말로 장난이 아니었다. 백화점 세일 기간이 되면 매일 아침 어제 기준 매출 순위가 매겨졌다. 그때 엄청난 스트레스를 받으면서 중요한 것을 배웠다. 바로 매출이 인격이다. 매출이 별로인 브랜드는 비상이 걸렸고 긴급 대책 회의를 열어 어떤 프로모션이라도 걸어 매출을 회복해야 했다.

브랜드를 왕처럼 떠받드는 시대지만 브랜드도 사람처럼 생로병사가 있다. 강력한 브랜드가 되면 영원히 죽지 않을 것 같아도 아프고, 늙고, 새로 등장한 브랜드에 왕창 두들겨 맞기도 하고, 스리슬쩍 사라지거나 팍 죽어버리기도 한다. 이런 상황에서 마케터는 잘 팔기 위한 모든 일을 하면서 동시에 브랜드를 낳아 자식처럼 키우고, 죽지 않게 돌보고, 죽을 때가 되면 잘 보내주는 역할도 해야 한다.

브랜드 자산이 강하다고 시대 흐름과 경쟁사의 상황에 맞춰 변화하지 않고 고집을 부리면 망하는 지름길로 가게 된다. 그래서 브랜드를 돌보는 일은 그 어떤 일보다 시대와 시장, 그리고 소비자에게 극도로 민감해야만 잘할 수 있다.

조여오는 위기 속에서도 뻣뻣했던 태도
○

글로벌 F&B 회사에 마케팅 전무로 합류했을 당시, 그 회사는 이제 막 2~3년 된 국내 신생 브랜드에게 대박 깨지고 있었다. 전 국민의 99%가 아는 천하무적 브랜드가 갓난쟁이 브랜드에게 1위 자리를 빼앗기고 매출은 작살난 상태였다. 우리가 가진 브랜드 자산 그것 하나를 믿고 새로운 경쟁자가 치고 올라올 때까지 별다른 조치를 취하지 않았기 때문이다.

유통, 매장 인테리어, 신제품 등 여러 면에서 밀렸지만 결정타는 '마케팅 커뮤니케이션'이었다. 경쟁사는 당시 라이징 스타였던 문근영 씨를 모델로 내세워 산뜻하고 젊게 광고했고, 귀에 쏙 박히는 브랜드 징글(jingle)을 모든 광고 끝에 붙여 브랜드를 각인시켰다. 무엇보다 즉흥성이 강한 제품 카테고리 특성에 잘 맞춰 시즌 신제품을 집중 부각해 '오늘 저녁에는 새로운 맛을 먹어볼까?'라고 생각하는 소비자의 충동구매 심리를 정확히 겨냥했다.

경쟁사의 홍보 전략에 대응하는 광고를 만들어야 했는데 회사 내부 반응이 가관이었다. 그동안 우리 브랜드 자산이라고 믿었던 것들을 버리기 쉽지 않았던 것이다. 그래서 '우리는 빅 모델을 안 쓰고 '행복한 경험'을 보여주는 것이 전통이다.', '신제품보다는 우리의 강점인 스테디셀러를 보여줘야 한다.', '우리는 오프라인 레스토랑이 강점인데 배달 주문을 위한 콜센터 번호를 광고에서 부각하면 안 된다.' 하는 의견들이 나왔다. 모 대기업의 전 회장이 안 될 때는 마누라 빼고 다 바꾸라고 한 것처럼 광고 대행사가 브랜드 로고와 징글까지 바꿔 우리에게 제안했지만 내부에서는 브랜드 자산을 강조하며 펄쩍 뛰었다.

이런 상황을 보며 정말 제대로 해보자는 건지 말자는 건지 알 수가 없었다. 경쟁에서 지고 있음을 인정하고 싹 바꿔도 될까 말까 한 상황에서 "우리 애가 지금은 이래 보여도 원래는 곧잘 해요."라는 말만 반복하는 학부모를 보는 것 같았다.

결국 오랜 세월 유지한 브랜드 자산이었던 징글만 남기고 많은 것을 시대와 소비자에 맞춰 바꿨다. 이 과정에서 수없이 먹은 욕과 대행사와 회사를 오가며 내부 설득을 위해 쓴 시간과 노력을 생각하면 다시는 못 할 것 같다.

한번 골로 가기 시작한 브랜드를 다시 살린다는 것은 새로운 브랜드를 만드는 것보다 훨씬 힘들다. 그러니 브랜드라는 건 자식 키우듯 돌보면서 아프기라도 할 때는 얼른 치료해 건강하게 성장하도록 해줘야 한다.

그때 우리를 단박에 제압하며 나를 고통스럽게 만들었던 그 경쟁 브랜드는 스르르 사라져 지금은 아무도 기억하지 못한다. 브랜드의 생로병사는 이렇게 냉혹하다.

마케팅과 브랜딩, 누구나 할 수 있다
○

나는 요즘의 화려한 마케팅 기술은 직접 하지는 못한다. 대강 용어와 내용을 알아 듣는 정도이지만 그래도 시장과 소비자에 기반을 둔, 상식에 기초한 본질적인 영역이기에 몇 마디 정도 훈수는 둘 수 있다. 마케팅에서 절대 하면 안 되는 것은 바로 시대와 고객을 바꾸려고 하는 것이다. 버릴 것은 빨리 버리고 시대와 고객이 원하는 것으로 빨리 갈아타야만 한다.

고객은 절대로 교육의 대상이 아니다. 내가 잘하는 것을 고객에게 교육해 우리 브랜드를 선택하게 할 수 없다. 그런데도 우리 제품은 짱 좋은데 고객이 몰라준다, 우리는 이걸 잘하니 그대로 쭉 밀고 나가보자며 교만한 생각에 빠지고는 한다. 이런 쓸데없는 뚝심과 고집은 마케팅에서 절대 통하지 않는다. 고객에게 딱 버림받기 좋은 태도이다. 늘 유연한 태도로 브랜드를 돌아보고, 경쟁사를 관찰하며, 언제든 변화를 시작할 준비가 되어 있어야 한다. 이보다 더 좋은 건 시대와 고객보다 반 발자국 앞서 나가 리드하는 것이다.

마케팅은 조금 나쁘게 말하면 고객이 필요로 하지 않는 소비도 하게 만드는 일이다. 내 절친은 화장품을 볼 때 용기만 바뀌어도, 성분이 하나만 추가되어도, 심지어 라벨의 색상이 좀 더 쨍하게 바뀌어도 새로워졌다며 지갑을 열고는 한다.

세상에 꼭 필요한 것만 사는 사람이 얼마나 되겠는가. 다들 사고 싶어서 산다. 마케팅은 곧바로 사고 싶게 하는 일이다. 그러니 트렌드에 민감하고, 소비자를 이해할 수 있고, 시대와 제품에 관심을 가지고, 내 브랜드를 사랑하는 마음을 가지면서 끊임없이 성장하려는 사람이라면 누구나 마케팅과 브랜딩을 할 수 있다.

콩 심은 데 콩 나고, 팥 심은 데 팥 나는 게 바로 영업이다

비즈니스 전쟁터의 보병인 영업맨

○

나는 영업맨을 존경한다. 그들은 고객 접점의 최전방에서 매일 고객을 만나는, 전쟁으로 치면 총 하나 들고 싸우는 보병이다. 나는 영업의 거의 모든 것을 가장 빡세다는 제약 산업에서 배웠다. 그리고 거기서 배운 원칙은 전혀 어울릴 것 같지 않은 예술 산업에서도, 그 외의 다른 산업에서도 똑같이 적용할 수 있었다. 영업 관리를 했던 경험은 직접 고객을 만나 메시지를 전달하고 매출을 만들어낼 때 큰 도움이 되었다.

종종 "어떤 사람이 영업을 잘하나요?"라는 질문을 받는다. 흔히 영업은 외향적이고, 술 잘 마시고, 사람 좋아하는 사람이 잘한다고 생각한다. 하지만 내 경험상 반드시 그렇지는 않다. 사람 만나는 것을 좋아하고 발이 넓어 아는 사람이 많은 마당발이 영업을 더 잘할까? 아니다. 영업은 친목 도모가 아니라 결과를 내는 일이다. 매출을 창출하고 숫자로 증명하는 일이다. 많은 사람과 두루두루 잘 지내는 스킬보다 타깃 고객에게 진심으로 다가가는 스킬이 더 중요하다. 결국 영업도 사람의 마음을 사는 일이기 때문이다. 낯을 가리고 수줍음이 많아도 자신만의 방법으로 고객과 일대일로 깊은 신뢰 관계를 구축하는 사람이 훨씬 더 큰 성과를 내고는 했다.

외향적인 것만큼 말을 잘하는 사람이 영업을 잘할 거라 생각하기도 한다. 그러나 청산유수로 막힘없이 말하는 것과 영업을 잘하는 건 다르다. 진짜 영업 고수는 제품에 대한 정확한 분석과 고객에 대한 이해를 바탕으로 고객에게 어필할 수 있는 메시지를 끊임없이 개발해 연습하고 적용한다. 영업을 잘하는 사람은 말의 유창함이 아니라 고객의 니즈를 정확히 파악해 그에 딱 맞는 말을 해 매출을 이끌어내는 결정타를 날릴 줄 안다.

프랑스 화장품 회사에서 백화점 영업을 하며 처음 영업을 접했고, 다국적 제약 회사에서 영업 관리자로 성장했고, 이후 예술 산업에서 고가의 작품을 판매하는 영업 부서를 관리하면서 나 또한 직접 영업을 했다. 그렇게 10년 넘게 현장을 겪으며 영업에 대한 나만의 철학이 생겼다.

영업은 긍정적인 사람이 해야 한다

○

무엇보다 영업은 멘털 싸움이다. 고객을 만나다 보면 별의별 사람을 만나게 된다. 나와 정말 안 맞는 사람도 있고, 감정적으로 힘들게 하는 사람도 있다. 보통의 인간관계에서는 안 보면 그만이겠지만 영업은 그럴 수 없다. 성과를 올리기 위해서는 싫어도 만나야 한다. 무시당할 때도 있고, 험한 말을 들을 때도 있다. 그럴 때마다 아무 반박도 하지 못한 내 자신이 초라해져 밤에 잠 못 들기도 했다.

긍정적인 사람은 사람과 행위를 분리한다. 삼키고, 넘기고, 다음으로 나아간다. 자기연민이 강한 사람은 영업 현장에서 오래 버티기 어렵다.

매일의 루틴에서 새로움을 찾는다

○

영업은 지루하다. 매일 똑같은 일의 반복이다. 출근하면 만날 고객 리스트를 정리하고, 무슨 말을 할지 고민하고, 미팅을 진행하고, 다녀와서 콜 리포트를 작성한다. 더욱이 지방에서 근무하며 영업 영역의 변화 없이 몇 년째 같은 고객을 만나다 보면 구태의연해지기 쉽다. 그저 관계에 의존하게 되어 서로 아는 처지에 좋은 게 좋은 거라며 넘어가고는 한다.

이 루틴을 새롭게 만들 수 있는 능력을 가진 사람이 영업을 해야 한다. 매일의 루틴 속에서도 개선점을 찾고 새로운 기회를 모색하면서 자기 계발을 게을리 하지 않는 사람의 눈빛은 다르다. 당장 현실이 바뀌지 않더라도 조금씩 새로움을 가미하면서 성과가 개선되는 사람의 눈은 초롱초롱했다. 같은 고객을 오랜 시간 만나더라도 그 안에서 새로움을 찾아냈기 때문이다. 나는 이런 영업맨을 가장 존경한다.

젊고 똑똑한 사람일수록 매일의 루틴이 계속되고 변화가 없으면 견디지 못해 나가떨어지거나, 반대로 발전 없이 순응하며 살게 되고 만다. 그렇기에 똑같은 일상에서 새로움을 발견하는 능력은 영업맨이 꼭 가져야 하는 자질이다.

놀아도 고객 곁에서 논다
○

나는 평소에 늘 "비판할 수 없을 정도로 탁월한 사람이거나 누구나 함께 일하고 싶어하는 사람이 되면 영업을 잘할 수 있다."라고 말했다. 다른 업과 달리 영업은 결과가 즉각 숫자로 나온다. 결과를 내는 데 탁월해 반박이 불가능한 사람, 성과가 최고는 아니더라도 팀으로 한데 뭉쳐 같이 일하고 싶은 사람, 팀의 사기를 높이고 모두를 움직이게 하는 사람은 영업에 꼭 필요하다. 이런 사람은 전체 팀의 사기를 좌우했다.

그리고 어떤 경우에도 가장 기본이 되는 것은 성실함이다. 사무실에 앉아 있는 상사는 영업 직원들이 현장에서 매일 어떤 활동을 하는지 일일이 감시할 수 없다. 영업이라는 일이 그렇다. 직원들도 이것을 모를 리 없다 보니 매일 정해진 시간에 일터에 나가 고객을 만나는 기본을 지키지 않는 사람들이 생각보다 많았다.

제약 회사에 있을 때 나는 항상 직원들에게 "놀아도 병원에서 놀자."라고 말했다. 모닝 커피를 마셔도 병원에 있는 카페에서 마시면 우연히라도 고객을 만나 생각지 못한 정보를 얻을 수도 있다. 누가 보든 말든 농땡이 피우지 않고 묵묵히 자기 할 일을 하는 성실함이 기본 중의 기본이다.

긍정적 사고를 가지고, 지루한 루틴 속에서 새로움을 찾으며, 매일 성실하게 현장을 지키는 사람. 이런 사람이 당장은 아니더라도 시간이 지날수록 좋은 성과를 만들어냈고 진국이 됐다. 나는 그런 영업맨을 보면 장인이라는 생각을 했다.

한 만큼 돌아오는 참 정직한 일

O

예술 산업에서의 내 마지막 업무는 상하이 아트 페어였다. 11월 중순, 상하이 페어에서 한 대가의 1970년대 작품을 10억 원이 훌쩍 넘는 가격으로 해외 고객에게 판매했다. 미술품 판매의 끝은 계약이 아니라 수금과 배송이다. 인보이스를 발행하고, 돈을 받고, 안전하게 운송까지 마쳐야 끝난다. 그런데 당시 나는 바로 다음 달 1일부터 테크 스타트업에 출근하게 되어 있었다. 중간에 쉬는 기간 없이 바로 새 회사로 가는 일정이었다. 미술품 판매는 갤러리의 신용과 판매하는 사람의 평판을 기반으로 이루어진다. 보통 퇴사하면 그만이지만 고객은 나를 보고 작품을 샀기 때문에 이 일을 다른 사람에게 넘길 수 없었다.

중국으로부터의 송금 절차는 보통 까다롭고 오래 걸렸다. 나는 새 회사로 출근해 낮에는 새 업무를 익히느라 혼이 쏙 빠졌지만, 퇴근 후에는 수많은 이메일을 보내고 전화로 소통하며 상하이 건을 챙겼다. 그 덕에 이전과 비교했을 때 전광석화처럼 수금을 마칠 수 있었고 배송까지 잘 끝난 것을 확인한 후에야 비로소 내 예술 산업에서의 업무가 끝났다. 이미 떠난 회사였지만 그것이 고객에 대한 예의였고 끝까지 책임져야 할 내 몫이었다.

나는 영업의 이런 면이 좋다. 나를 보고 구매해준 고객이 있고 그 결과가 회사의 매출로 직결된다. 이만큼 내 가치가 정확하게 결과로 나오는 일이 또 있을까. 영업이란 참 정직한 업이다.

저 여자에게
찍히면
죽는다

공개 처형은 무슨, 잘하자는 거지

○

글로벌 제약 회사에서 영업에 매진했을 때 이런 말을 들었다. "저 여자에게 찍히면 죽는다." 당시에는 직원들이 나를 두고 뒤에서 그런 말을 하는지 몰랐다. 나중에 전해 듣기로는 영업 수장인 나를 보며 그렇게 생각했다고 한다. 지금 와서 복기해보면 그럴 만도 했다. 나는 영업이란 사람 관리가 전부라고 생각했고 사람의 성과를 관리하는 나만의 확실한 방법이 있었기 때문이다.

나는 트래킹(tracking)을 집요하게 한다. 당시에는 6개월마다 전국의 영업 직원 200여 명을 대상으로 영업 미팅을 소집했다. 이자리는 영업 직원들이 자신의 거래처와 고객을 분석하고, 시계열적인 목표 달성 플랜을 세우도록 돕고, 목표 달성을 위한 구체적인 방법론을 가이드하기 위함이었다.

나는 미팅이 소집될 때마다 모든 사람의 발표를 들었다. 영업 직원뿐 아니라 그들의 상사인 지역 영업 매니저의 계획도 함께 들었다. 그러다 보니 전국을 다 돌기 위해서는 한 달 동안 출장 강행군을 해야 했다. 그렇다 보니 아침 7시에 출발하는 KTX는 내 출근 버스나 다름없었다.

영업 미팅은 단순히 발표만 듣는 게 아니다. 고객에게 제품을 소개하는 롤 플레이도 그 자리에서 시켰다. 실제 상황처럼 어떻게 제품을 설명하고 소구하는지 관찰하고 그 자리에서 즉시 피드백을 했다.

이 과정의 핵심은 공개 검증이다. 일대일로 하는 게 아니라 동료와 상급자가 모두 지켜보는 앞에서 했다. 그러면 누가 잘하고 누가 헤매는지 적나라하게 보였다. 잘하는 사람을 보며 배우기도 하지만 버벅대거나 중간에 말문이 막히기라도 하면 실력이 만천하에 드러나니 평가에 영향을 받을까 싶고, 또 창피한 상황을 만들지 않기 위해서라도 준비를 안 할 수 없게 된다.

평소에 술자리나 인간관계로만 영업하던 직원들도 이 자리에서만큼은 제품을 공부하고, 미팅을 연습하고, 준비한 것을 실전에 적용해보게 된다. 연습이 가장 핵심이다. 연습하다 보면 몸에 체득되게 때문이다.

메모가 있어 도망갈 곳은 없다

○

이 살벌한 트래킹에서 내 메모 습관은 결정적인 역할을 했다. 200명이 넘는 사람들의 발표를 매번 다 기억할 수는 없으니 핵심적인 숫자, 고객, 이슈, 앞으로의 계획을 각 직원별로 10줄 정도로 기록해뒀다. 롤 플레이를 보며 확인한 장단점도 꼼꼼히 기록했다. 그리고 6개월이 지난 뒤 열리는 다음 영업 미팅 때 이 메모를 펼쳐 놓고 질문했다. "지난번에 그 고객 이슈는 이렇게 해결하겠다고 했는데 결과가 숫자로는 안 나왔네요?" 이렇게 질문하면 그야말로 빼도 박도 못하게 된다. 포부가 큰 직원은 자신감 있게 실적 공약을 내지르는 경향이 있는데 6개월 후 토씨 하나 안 틀리고 말을 그대로 읊으며 결과를 물으면 할 말이 없어진다.

직원들은 이러한 과정을 몇 번 겪고 나면서 학습 효과가 생겼다. 반드시 지킬 수 있는 약속만 하게 되는 것이다. 너무 낮게 목표를 잡으면 곧바로 더 높은 목표를 제시받으니 결국 지킬 수 있는 야심 찬 목표와 구체적인 실행 계획을 스스로 세워 오게 된다.

답을 들을 때까지 질문 또 질문

○

공식적인 미팅보다 더 효과적인 건 일상에서의 기습 트래킹이었다. 나는 메모했던 내용을 머릿속에 입력해두었다가 오며 가며 마주칠 때 아무렇지 않게 툭 던졌다. 화장실 앞에서, 주차장에서, 복도에서 마주쳐 인사할 때면 이렇게 물었다. "저번에 말한 그 고객님 이슈는 요즘 좀 어때요?" 영업 수장이 말단 직원의 개별 거래처 정보와 고객의 이름, 목표 숫자를 기억한다는 사실에 직원들은 일단 화들짝 놀랐다. 그리고 그 결과를 아주 구체적으로 묻는 집요함에 또 한 번 놀랐다. 그러면 '이 사람은 나중에 또 물어보겠구나!' 싶어 뭐라도 해봐야겠다는 압박감을 느끼게 됐다.

나는 친절하고 상냥하게 물었다. 하지만 답이 나오지 않으면 나올 때까지 물어봤고, 못 만나면 사내 메신저로 또 물어봤다. 이런 집요함이 직원들 사이에서 소문이 나면서 저 여자에게 찍히면 죽는다는 말이 퍼졌나 보다.

숟가락 얹는 사람을 골라내는 눈

○

트래킹만큼 효과적인 것이 면밀한 관찰이다. 조직에는 다양한 군상이 있었다. 실적보다 상사 비위를 맞추며 스리슬쩍 넘어가는 사람, 항상 중간만 하면서 남의 실적에 숟가락 얹어가는 사람, 안 되는 이유 100가지를 피 토하며 말하는 사람, 성별에 대한 선입견을 갖고 있어 중요하고 큰 거래처에 여자 직원은 배제하는 매니저 등. 반면 롤 플레이는 기막히게 잘하고 실력도 있는데 사내 정치에 밀려 저평가된 직원도 보였다.

나는 이런 사람들을 매의 눈으로 주시했다. 특히 말만 번지르르하고 행동하지 않는 직원, 정치를 하려는 직원들은 내 질문 폭격의 1순위 대상이었다. 질문하고, 약속받고, 기다리고, 다시 확인하고, 안 됐으면 될 때까지 묻는 식이었다. 계속되는 트래킹에 그들은 찍혔다고 생각하며 죽을 맛이었을 것이다.

그렇게 몇 번 반복하다 안 되겠다 싶어 스스로 움직이면 살길이 열리지만, 끝까지 안 움직이는 직원을 내가 기억하지 못할 리 없다. 나는 머리가 아주 좋은 편은 아니지만, 희한하게 사람 이름과 숫자는 기가 막히게 기억했다. 특히 뺀질거리는 직원은 더더욱.

악역을 자처한 이유

○

'저 여자에게 찍히면 죽는다.'는 말에는 두 겹의 비아냥이 있다. 바로 '여자'와 '죽는다'이다. 보통 '저 남자에게 찍히면'이라는 표현은 잘 안 쓴다. 그래도 결과가 나올 때까지 트래킹하고 그래도 안 되면 찍는다는 것이 라인 잘 타면 얼렁뚱땅 넘어갈 수 있다는 것보다 차라리 낫다. 듣기에는 언짢지만 그렇게 보일 수 있다는 것에 대해서도 인정한다. 그리고 스스로를 변호하자면 상대방을 찍기 전까지 많은 노력을 했다.

당시에는 그럼에도 움직이지 않는 사람들을 도저히 이해할 수 없었다. 하지만 지금은 조금 알 것 같다. 내 방식이 모든 사람에게 먹히는 것도 아니고 옳은 것도 아니다. 사람들은 모두 다르기 때문이다. 다만 움직일 생각이 없는 분들은 발로 뛰어야 하는 영업을 해서는 안 된다는 게 나의 생각이긴 하다. 결과로 증명해야 하는 세계에서 도망칠 곳은 없기 때문에.

밥값을 해야 한다는
이 지긋지긋한
강박

마님 팔자와 하녀 팔자

○

　　친구들끼리 우스개로 '마님 팔자'와 '하녀 팔자'가 있다는 말을 하고는 한다. 어떤 사람은 가만히 있어도 누군가가 알아서 일을 해주고 말만 하면 다 이루어진다. 반면 어떤 사람은 본인이 빨빨거리고 돌아다니며 손발을 움직이지 않으면 아무 일도 안 일어나는 사람이 있다.

　이것은 부의 크기나 권력의 유무 문제가 아니다. 성격에서 비롯된 팔자다. 나는 타고난 하녀 팔자였다. 일이 되려면 온몸을 움직여야 했다. 새벽부터 마당을 쓸고, 부엌일을 하고, 다림질을 하고, 하루 종일 종종거리다 밤이 되면 고단해 쓰러져 자는 팔자였다. 하녀였어도 부잣집에 들어가 잘 먹고 따뜻한 곳에서 잤으니 다행이지만 일하는 방식은 영락없는 하녀였다. 나의 하녀 근성 중 핵심은 '월급을 받았으니 준 사람이 아깝다는 생각을 하지 않도록 밥값을 해야지.'라는 것이다. 더도 말고 덜도 말고 딱 받은 만큼 일하는 것이 아니라 회사가 돈을 이만큼 주는데 밥값도 못한다는 소리는 듣지 말자는 강박이다. 지금 생각하면 누가 뭐라 하는 것도 아닌데 나 혼자 높은 잣대를 세우고 맞추려 안간힘을 쓴 꼴이다.

대표가 된 후 가장 눈치를 많이 본 사람은 오너도 임원도 아닌 직원들이었다. 대표의 자리는 직원들이 '저 사람은 도대체 뭐 하고 있나?' 하면서 주시하는 자리다. 그래서 늘 직원들의 안색을 살폈다.

출근이 조금이라도 늦으면 직원들 책상 사이를 뚫고 내 사무실로 가는 길에 얼굴이 화끈거려 견딜 수 없었다. 대표랍시고 퇴근 시간 전에 가방을 들고 나가면 온 직원의 시선이 등에 꽂히는 것이 느껴져 웬만하면 다들 퇴근한 후에 나섰다. 업무 시간에 딴 짓은 금물이었고, 내 스케줄은 모두가 볼 수 있는 캘린더에 투명하게 공개해 대체 어디서 뭐 하고 있는지 알게 했다. 휴가나 출장 후 새벽 비행기로 돌아와도 오후에는 꼭 출근하려 애썼다.

일을 조금 더 한다고 회사가 대박 나는 건 아니지만 적어도 직원들에게 대표라는 사람이 회사 일을 최우선으로 생각하고 있다는 인상을 주고 싶었다. 직원들이 나를 보며 '자기는 편하게 일하면서 우리한테만?'이라는 생각이 들게 하고 싶지는 않았다.

회사가 어려울 때면 이 하녀 근성은 더 심해졌다. 일이라는 게 잘될 때도 있고, 잘 풀리지 않을 때도 있기 마련이다. 목표를 설정하는 것도 내부의 정치적 이유 때문에 어쩔 수 없이 높게 잡아야만 하는 경우도 생긴다. 또는 경쟁사가 말도 안 되는 할인 정책을 쏟아내고 프로모션을 단행하거나, 수익 구조를 건강하게 만들고자 재고 소진에 주력하게 되는 등 예상하지 못한 상황이 생기기도 했다. 그럴 때면 당당하게 설명해도 될 일을 죄인처럼 기어들어가고는 했다. 밥값을 못 했다는 자격지심 때문이었다. 그런 시기에 연봉 협상을 하게 되는 것이 최악이었다. 그럴 때면 나는 "그냥 알아서 해주세요."라고 말하고는 했다.

오지랖도 경쟁력이다

○

밥값을 하고 싶고 회사에 빨리 기여하고 싶다는 조급증은 종종 오지랖으로 발현됐다. 미술품 경매 회사에 갓 입사했을 때 글로벌 제약 회사에서 배운 체계적 영업 스킬을 직원들에게 일대일로 코칭했다. 하다 보니 자매사인 갤러리의 영업 직원들에게도 해주면 좋을 것 같았다. 결국 내 회사도 아닌데 그 회사의 직원까지 매주 코칭을 해줬다. 일주일 중 절반 이상을 다른 회사 일에 투입하다 보니 정작 내 일은 야근을 하며 처리했다.

무슨 오지랖이었기에 타 회사 직원들에게까지 왜 그랬나 모르겠다. 밥값을 좀 잘하고 싶었고, 회사에서의 기여도를 빨리 높이고 싶었던 생각이었던 것 같다.

해외 아트 페어 진출도 그랬다. 갤러리에 근무할 때는 국내 매출만으로도 충분했지만 작가들의 미래를 위해, 앉아서 고객을 기다리는 수동적인 영업 관행에서 벗어나기 위해서는 해외 진출이 필수였다.

해외 아트 페어는 작가를 프로모션하고 해외 뮤지엄이나 주요 컬렉터를 만날 수 있는 주요 창구다. 하지만 해외의 유명 아트 페어의 진입 장벽은 너무 높았다. 아트 페어 디렉터에게 메일을 보내고, 소속 작가의 프로필을 어필하며 지원했지만 매번 거절당했고 연결고리를 찾을 수 없었다.

결국 나는 전략을 바꿨다. 아트 페어 선정 위원 10명 정도를 리서치한 후 그들이 나타날 만한 행사장에 무작정 가서 얼굴을 보였다. 누가 소개하기도 전에 직진해서 인사하고 나를 알렸다. 그러면서 조금씩 분위기가 무르익자 우리 갤러리의 이름과 명성이 점점 알려지기 시작했다.

소속 작가가 베니스 비엔날레의 한국관 작가로 선정되어 베니스에 갔을 때였다. 수많은 군중 속에서 사진으로만 보았던 유명 아트 페어의 수석 디렉터를 발견했다. 나는 고민 없이 인파를 뚫고 그에게 돌진했다. 내가 누구인지 무작정 소개하며 내일 커피 한잔 하자고 제안했다. 그때까지 수많은 이메일을 보내도 묵묵부답이던 그는 당황했는지 얼떨결에 내 제안을 수락했다.

다음 날, 나는 30분 동안 열변을 토하며 우리 갤러리와 소속 작가들을 어필했다. 결국 그해 우리 갤러리는 그 아트 페어에 참여하게 되었고 본격적인 해외 진출을 시작했다.

엄밀히 따지면 오너가 아닌 월급쟁이 대표가, 그것도 미술 비전공자가 굳이 하지 않아도 될 일이었다. 일자무식인 내가 짧은 시간에 할 수 있는 일도 아니었기에 아무도 기대하지 않았다. 하지만 밥값을 해야 한다는, 아니 밥값 이상을 해서 회사를 키워야 한다는 나의 오너 마인드가 나를 움직이게 했다.

다음에는 우아하게 살 수 있을까

○

만약 새로운 삶의 기회가 주어진다면 하녀로는 안 살고 싶다. 일 잘한다는 것을, 나의 밥값을 끊임없이 증명하겠다는 마인드 셋은 좋은 말로 오너십이지만 하녀 근성이기도 하다. 물론 이런 성향 덕분에 결과는 좋았지만 늘 피로했고, 쫓겼고, 스스로 만든 높은 잣대에 갇혔다. 지금 돌아보면 참 안쓰럽다. 그렇게까지 하지 않아도 됐는데, 결과는 결국 내 것이 되지 않는 것이 순리인데 무슨 공명심과 사명심에서 스스로에게 가혹했나 싶다.

다음에는 여유롭고 관대한 모습으로 세상에는 안 되는 일도 있고 스르륵 풀리는 일도 있다는 걸 아는 사람으로 살고 싶다. 회사 일은 내가 있다고 더 잘 되는 것도, 내가 없다고 더 안 되는 것도 아니니 말이다.

_____ *

일이라는
것은
결국
사람이 한다

쫄지 마라,
한 사람만
알아주면 된다

　　　　쥐뿔도 없지만 하고 싶은 건 많았고 항상 구체적으로 꿈꿨던 나는 기회가 오지 않을까 늘 겁이 났다. 현실을 열심히 사는 수밖에 방법이 없을 때 문득 이런 생각이 들었다. "이러다 아무 기회도 못 잡으면 어쩌지?" S대를 나온 것도 아니고, 해외 유학파도 아니고, 영어를 원어민처럼 유창하게 하지도 못했다. 경력 초기에는 딱히 내세울 만한 성과도 없었다. 아무리 봐도 엣지가 없는, 그저 무난하고 평범한 사람이었다.

　경쟁이 창궐하는 이 세상에서 누가 나를 알아줄까 싶어 무기력해질 때가 많았다. 그럴 때마다 나는 스스로에게 주문처럼 말했다.

　"딱 한 사람만 내 이력서를 봐주면 돼. 딱 한 사람만 나와의 면접을 기억하면 돼. 티 안 내고 조용히, 열심히 일한 나를 알아주면 돼."

모든 사람이 나를 좋아하고 지지할 필요는 없었다. 수많은 경쟁자를 다 이길 필요도 없었다. 나를 알아보는 그 한 사람만 있으면 문은 열리기 마련이라 보았다. 그렇게 생각하니 그리 어려울 것 같지 않았다. 그리고 실제로 내 30년 커리어는 이 '한 사람' 덕분에 이어질 수 있었다.

이력서를 내는 족족 떨어져 첫 취업이 죽도록 어려웠을 때, 학교의 직업보도실을 통해 만난 과 선배가 나를 알아봐주셨다. 마켓 리서치 회사의 임원이던 선배가 갓 창업한 회사에 나를 소개해주지 않았다면 내 첫 직장은 영영 없었을지도 모른다.

마켓 리서치 회사에서 툭하면 밤을 새우며 보고서를 쓰며 마케터를 꿈꾸던 시절, 영어 한마디 못해 면접 내용을 통째로 외운 나를 떡하니 뽑아준 미국인 보스가 있었다. 그의 눈에 비친 나의 가상함이 좋게 평가된 덕분에 마케팅 사관학교라 불리던 글로벌 소비재 회사에 입성할 수 있었다.

백화점 1층에서 우연히 본 프랑스 화장품 회사 CEO에게 무작정 다가가 동네 아줌마 차림으로 나를 어필했던 그 황당한 순간. 나를 이상한 사람으로 취급하고 지나칠 수도 있었던 그는 내 말을 들어주었고 과감히 기회를 주었다. 이후에도 담당하던 브랜드 업무에 좌절해 회사를 관둘까 했을 때도 용기를 주고 내 능력을 인정하며 다른 기회를 준 보스가 있었다. 그가 있었기 때문에 마케팅에서 영업으로 확장할 수 있었다.

소비재 마케팅을 하다 본격적으로 영업을 해보려 결심했을 때도 마찬가지였다. 제약 영업은 험하고 거칠어서 여자가 리더를 하기 어렵다는 편견이 지배적이던 시절, 생판 무지한 나를 믿고 큰 조직을 맡겨준 분이 계셨다.

이후 다른 곳에서 대표가 되었을 때도 이력서에 나열된 스펙보다는 나라는 사람 지체를 믿고 맡거준 이사회 의장과 오너가 있었다. 이력서만 놓고 보면 나보다 훨씬 화려한 후보자가 넘쳐났을 것이다. 하지만 나는 쫄지 않았다. 누군가 한 명은 이력서 너머의 나를 알아봐줄 것이라 믿었고 정말로 그 한 분들이 내 인생의 변곡점마다 나타났다.

글로벌 제약 회사에 근무할 때, 위기에 빠진 사업부를 맡았다. 나는 전국을 돌며 영업 직원들을 모두 만나 발표를 듣고 롤 플레이를 시켰다. 이 과정은 숨은 진주를 찾는 데 최고였다.

특히 말없이 묵묵하게 자기 일을 하는 직원, 화려한 언변은 없지만 매일의 성실함을 가진 직원, 남성 위주의 상하 관계에서 조용히 자기 일을 했던 여성 영업 직원을 발견하곤 했다. 그들은 언젠가 자신이 발견되기를 기다리고 있었다. 리더가 되어 그들을 만나게 되면서 나도 누군가에게 '한 사람'이 되어야 한다는 것을 깨달았다.

서울 클리닉팀의 한 여성 영업 직원이 기억난다. 평소에는 조용해 눈에 잘 띄지 않는 직원이었다. 남자들이 주도하는 억센 조직에서 기를 못 펴는 듯 보였지만 발표를 시켜보니 내공이 장난 아니었다. 담당 지역을 완벽하게 파악하고 있었고, 롤 플레이를 할 때는 고객의 챌린지를 유연하게 받아치며 핵심 메시지를 말 그대로 꽂아 넣었다. 화려한 언변은 없었지만 매일의 성실함으로 다져진 '진짜'였다.

그 직원은 그저 자기 자리에서 묵묵히 현실을 살아내고 있었을 것이다. 언젠가는 누군가가 자신을 발견해주길 바라면서. 나는 그를 기억하고 있다가 다음 승진 시즌에 지부장으로 올렸다. 지부장이 된 그는 자신의 성장뿐 아니라 팀원들을 상향 평준화시키는 데 누구보다 탁월한 모습을 보였고 성과를 내는 리더로 자리매김했다. 지금 생각해도 무척 뿌듯한 발탁 인사였다.

국내 화장품 회사에서도 비슷한 일이 있었다. 화장품 회사에서는 메가 히트 제품을 만드는 것이 가장 핵심이다. 그렇다 보니 프로덕트팀의 역할이 무척 중요하다. 이 팀의 팀장은 시장의 흐름을 예측할 수 있어야 하고, 경쟁 관계에서 벌어지는 역동을 읽을 줄 알아야 하며, 동시에 전략적 사고

4장 / 일이라는 것은 결국 사람이 한다

도 해야 한다. 일이 잘 풀리지 않으면 제품 탓으로 돌아오기 때문에 온갖 유관 부서의 공격과 비난에도 능숙하게 대처해야 하는 자리가 프로덕트팀이다.

이렇게 중요한 자리가 공석이 되면 보통은 쟁쟁한 스펙을 가진 외부 전문가를 영입한다. 유명 브랜드에서 일해봤으며, 히트 제품을 출시한 경험이 있고, 조직을 이끌어본 리더 자리를 거친 사람을 찾게 된다. 이런 기준을 가지고 내부 인력을 보면 다들 성에 차지 않기 마련이다. 하지만 내 눈에 들어온 건 사내의 작은 브랜드를 맡고 있던 젊은 팀장이었다. 경력도 짧고, 소위 말하는 학벌도 최상의 조건은 아니었다. 그렇지만 그는 불필요한 일을 쳐낼 줄 아는 과감함과 무엇을 선택하고 집중할지 명확한 전략을 가지고 있었다. 나는 그를 파격적으로 승진시켜 프로덕트팀의 팀장 자리를 맡겼다.

훗날 그가 다른 회사로 이직하려 준비하게 되어 추천서를 써주었는데 학력 때문에 큰 회사에서는 서류 통과가 쉽지 않다는 말을 헤드헌터로부터 들었다. 헤드헌터는 그를 승진시킨 내게 "학교는 안 보시나봐요."라고 물었다. 맞다, 나는 그의 출신 학교를 안 봤다. 그가 일하는 모습을 봤을 뿐이다.

시간이 좀 걸리긴 했지만 결국 그는 다른 업계의 마케팅팀 팀장으로 영입되었고 곧이어 임원으로까지 승진하며 자신을 증명해냈다. 누군가 한 사람이 그를 알아본 것이다.

세상은 점점 경쟁이 치열해지고, 스펙 좋은 사람들은 넘쳐나고 있다. 하지만 가진 게 별로 없어도 절대로 쫄 필요 없다. 누군가 딱 한 사람만 날 알아봐주면 된다.

지금도
생각나는
이력서와 면접

사실 이력서를 꼼꼼히 읽지 않았다

○

나는 이력서를 꼼꼼히 읽지 않는다. 다시 말해 끝까지 다 읽는 경우는 거의 없다. 그야말로 스으윽 하고 훑어본다. 검토해야 하는 이력서의 절대적인 양이 많기도 했거니와 내용은 천편일률적으로 비슷했기 때문이다. 특히 신입의 경우 학력과 아르바이트 정도가 전부라 딱히 읽을 내용이 없기도 했다.

회사 입장에서 변호를 하자면 학력을 먼저 보게 되는 건 어쩔 수 없는 측면이 있다. 특히 신입은 경력이 없으니 사회 통념상 '학력 = 성실성 또는 지적 능력'이라고 간주하는 것이다. 그러니 학벌부터 본다고 회사를 일방적으로 탓할 일은 아니다. 그래서 나는 "일단 어디든 들어가는 것이 중요하다."라고 말한다. 경력을 한 줄이라도 더 쌓아야 학력을 상쇄할 수 있으니 말이다.

공백기에 눈길이 머문 이유

○

수많은 이력서를 넘기다 보면 턱 하고 눈에 걸리는 지원자들이 간혹 있었다. 대학교 4년의 타임라인 중간에 시간이 비어 있는 경우가 그렇다. 취업에 목숨을 걸고 분초를 쪼개 스펙을 쌓는 이 각박한 시대에 다른 궤적을 그린 이들이다. 자신이 진정으로 무엇을 원하는지 알기 위해, 혹은 세상 밖이 궁금해 정해진 레일을 잠시 이탈했던 지원자의 이력서에는 꼭 눈길이 갔다.

워킹 홀리데이로 나가 웨이터를 하며 영어를 배운 사람, 가사 도우미로 백인 가정에서 지냈던 사람, 친구들과 파티 동아리를 만들어 대박을 쳐 사업으로 키웠다가 쫄딱 망해본 사람, 남들은 잘 안 가는 나라에서 교환 학생을 한 사람, 돈 떨어지면 현지에서 벌며 1년 동안 무작정 여행한 사람, 공백 기간 동안 오로지 학비와 생활비를 벌기 위해 치열하게 아르바이트로 채운 사람도 있었다.

이런 지원자들은 꼭 한번 만나 면접을 봐야겠다고 생각했다. 인생의 황금기인 20대 초반 1~2년을 남들과 다른 방식으로 투자한 그 무모함과 용기가 궁금했다. 어떤 생각으로 그런 결정을 했는지, 그 후에 인생은 어떻게 달라졌는지 듣고 배우고 싶었다.

부끄러워하지도, 그렇다고 당당하지도 않게 그 시간을 담담히 설명하는 그들의 말엔 힘이 실려 있었다. 매끈하게 준비된 모범생 지원자들과는 확실히 다른 스토리가 있기 때문이다.

그들에게는 아직 뚜렷하지는 않아도 가고 싶은 길이 있어 뚜벅

뚜벅 걸어가겠다는 자신감이 있었다. 뭘 해도 해낼 것 같았고, 뭘 시켜도 뚝딱 해낼 거라 믿었다. 그렇게 이력서에 새겨진 활자 너머에 내가 모르는 이야기가 있다고 느껴지면 나는 반드시 그 이야기를 듣기 위해 면접을 잡았다.

30초의 침묵이 준 울림

○

아주 오래전 일임에노 선명하게 기억히는 면접이 있다. 주니어 마케터였을 시절, 인턴 채용을 위한 면접관으로 들어갔을 때였다. 면접관 역할은 처음이라 뭘 물어야 할지 몰랐고 사실 업무가 바빠서 후딱 시간만 채우고 나갈 생각이었다. 대학생 지원자에게 딱히 물어볼 것도 없어 아주 진부한 질문을 던졌다.

"인생에서 가장 힘들었던 적이 언제였나요?"

이런 질문에는 보통 준비된 모범 답안이 술술 나오기 마련이다. 그런데 그 지원자는 나를 가만히 쳐다보더니 말을 멈췄다. 순간 면접장에 정적이 흘렀다. 그는 "면접관님, 제가 조금 생각할 시간을 가져도 되겠습니까?"라고 묻고는 30초 정도 가만히 생각을 하는 것이 아닌가. 처음 만난 지원자와의 서먹한 침묵. 30초는 면접에서 꽤 긴 시간이다. 그런데 그 멈춤의 시간 동안 그의 진심이 느껴졌다. 그는 내 질문을 의례적으로 받아들이지 않고 진지하게 자신의 인생을 돌아보고 고민하고 있었다.

정적 끝에 그가 입을 열었다. 나지막하고 간결한 목소리였다. 가족이 미국으로 이민을 갔던 이야기, 아버지가 그곳에서 택시 운전을 하며 겪은 고생, 그리고 홀로 서울로 돌아와 대학을 다니며 느꼈던 감정들을 담담하게 풀어놓았다. 인턴 정도는 어렵지 않게 채용될 것 같은 유학파에 엘리트라고만 생각한 그의 겉모습 뒤에 숨겨진, 쉽지 않았던 10대의 단면이 훅 하고 들어왔다.

화려한 언변은 아니었지만 그 30초의 숙고와 뒤이어 나온 진솔한 대답은 그 어떤 유창한 답변보다 강력했다. 나는 그를 뽑았다.

그렇게 시작된 인연은 지금까지 이어져 훗날 그가 컬럼비아대학교 MBA를 지원할 때 추천서를 써주기도 했고, 그가 창업할 때는 사업 전반에 대해 내게 조언을 구하며 멘토-멘티 사이가 되었다. 나는 그의 성공에 조금이나마 기여할 수 있다는 것에 기뻤다.

면접은 과거가 아니라 미래를 보는 것

○

물론 경력직 채용은 다르다. 몸담았던 회사의 지명도, 직무 유사성, 관리했던 조직의 규모 등 이력서에 등장하는 숫자와 팩트가 중요하다. 하지만 그럼에도 불구하고 나는 여전히 면접이 훨씬 중요하다고 생각한다.

1시간 남짓한 면접으로 이력서의 팩트를 검증하는 것은 기본이다. 노련한 면접관에게 어설픈 거짓말은 금방 들통난다. 더 중요한 것은 대화를 통해 그 사람의 인품, 성격, 리더십 스타일, 그리고 야망의 크기를 엿볼 수 있다. 이력서가 과거의 기록이라면 면접은 이 사람이 우리와 함께 만들어갈 미래를 미리 보는 예고편이다.

혹 꺼림칙한 것이 있다면 공식적인 레퍼런스 체크를 통해 얼마든지 확인할 수 있다. 한 다리만 건너면 다 아는 사이라는, 단조롭고 좁디 좁은 우리 사회는 장점보다 단점이 많긴 하지만 그렇기에 사회생활을 할 때 평판 관리는 기본일 수밖에 없다. 그러니 혹여라도 다른 사람의 등에 비수를 꽂는 일은 절대 하지 마시라.

진인사대천명

○

내가 누군가를 채용할 때도 있지만 나 또한 언제든 이력서를 내미는 지원자가 될 수도 있다. 그럴 때마다 스스로 점검한다. 내 이력서에는 나만의 스토리텔링이 있는가? 면접관을 사로잡을 내공이 있는가? 그리고 누군가 나에 대해 물었을 때 "그 사람, 같이 일할 만해. 괜찮아."라는 평판이 나올 수 있는가?

그리고 드는 생각이 하나 있다. 진인사대천명(盡人事待天命). 나는 내 할 일을 다하고, 최선을 다해 준비하고, 살아내고, 나를 알아봐 줄 귀인(貴人)을 고대하는 마음이다. 세상은 나만 잘해서는 되지 않는다. 하지만 우리 모두에게는 준비가 되어 있을 때 나를 알아주고 뽑아주고 기회를 줄 그 누군가가 있을 거라고 믿는다.

대기업 출신보다
망해본 창업자가
좋았다

관심도는 높지만, 입사하지 않는다

○

누구나 아는 번듯한 대기업이나 글로벌 회사와 달리 작은 규모의 스타트업은 좋은 인재를 외부에서 영입하는 것이 쉽지 않다. 내가 몸담았던 IT 플랫폼 회사는 창업한 지 3~4년밖에 되지 않았던 시점에도 혁신적인 비즈니스 모델로 꽤 유명했기에 외부 인재들이 매우 궁금해했고 지원도 많이 했다. 그러나 마지막 순간에 돌아서는 경우가 많아 채용까지 성사된 적은 그다지 많지 않았다. 왜 그랬을까.

회사의 태생과 성격상 신사업 개발과 전략은 매우 중요한 업무였다. 끊임없이 새로운 사업 아이디어를 내야 하고, 빠르게 시장 테스트를 하고, 아이디어를 현실화하는 부서가 기존 운영 조직과는 별도로 존재해야 했다. 회사의 미래였기 때문이다.

나는 외부의 신선한 시각과 미친 아이디어를 가진 리더가 필요해 사람을 찾고 있다고 알음알음 소문을 냈다. 크지 않은 규모의 회사였음에도 유명세 덕분에 수많은 사람이 지원했다.

나와 회사의 성향이 그랬듯 서류 전형은 형식적으로 하고 인터뷰를 깊이 있게 진행했다. 스펙보다는 살아 있는 경험을 듣고 싶었기 때문이다.

지원자 중에는 이름만 대면 알 만한 대기업의 신사업 담당자들이 많았다. 시도해본 사업 종류도 정말 다양했고 면접 내용도 아주 훌륭했다. 하지만 결과적으로 그들을 채용할 수는 없었다. 가장 큰 이유는 절실함과 리소스에 있었다.

대기업과 스타트업의 신사업

○

대기업의 신사업은 일단 회사의 돈으로 한다. 내 돈이 하나도 안 들어가니 절실함과 집중도가 다를 수밖에 없다. 회사 돈으로 하는 신사업은 실패해도 그만이고 안 되면 회사 내에서 또 다른 일을 벌이면 되다 보니 실패를 통해 뼈저리게 배우기 어렵다.

또한 본인의 의지라기보다 위에서 떨어진 낙하산 사업인 경우도 많다. 한 지원자는 "회사에서 하라고 해서 시작한 것이긴 하나, 처음부터 잘 안 될 줄 알았습니다."라고 답하기도 했다. 맞는 말이

긴 하나, 그 정신과 경험으로는 아무것도 없는 스타트업에서 신사업을 벌인다면 망하는 지름길로 직행할 것이다.

환경도 천지 차이다. 대기업은 예산도 많고, 사람도 붙여주고, 시간도 충분히 준다. 사전 분석과 벤치마킹을 하며 여러 기회를 검증할 여유도 있다.

하지만 리소스 하나 없는 스타트업에서의 신사업은 완전히 다르다. 분석은 짧고 깊게, 예산은 딱 테스트 런을 할 수 있을 정도로만, 사람도 가장 미니멀하게 배치되고는 하는데 더러는 혼자서 해야 하는 경우도 많다.

무엇보다 당장 매출과 상관없는 신사업을 하려면 개발팀이나 UI/UX팀 등 내부 관련 부서를 치열하게 설득해야 한다. 그들은 매일의 생존과 운영으로 허덕이고, 매일같이 벌어지는 사건과 사고를 처리하느라 이미 턱 밑까지 숨이 찬 상태이기 때문에 미래의 일은 짐으로 여길 수밖에 없다. 하지만 그들이 협조해주지 않고는 테스트조차 불가능하다.

리소스가 넘쳐나고 윗선에서 내려오는 '빽'까지 경험한 대기업 출신들은 이런 척박하고 열악한 상황을 이해하지 못할 확률이 높았다. 게다가 그들은 여기서 안 되면 다른 곳으로 가면 그만이었다. 태생적으로 투자가 들어가는 일인데 '이거 안 되면 저거 하지.' 같은 마인드로는 실패 리스크가 너무 컸다.

망해본 창업자의 내공, 그리고 딜레마

○

그래서 눈을 돌렸다. 창업을 했다가 거하게 말아먹는 중이거나 이미 망한 분들을 만나보기 시작했다. 젊고 똑똑한 이들이 아이템 하나를 들고 온몸을 던져 아침저녁으로 홀로 뛰며 운영하다가 자본 잠식이 되었음에도 투자자를 찾지 못해 사업을 중단하기도 했다.

이런 이들은 내공이 달랐다. 월급쟁이로 30년 동안 살아남았던 나도 범접할 수 없는 강단 있는 자기 주관과 오뚝이 정신, 온갖 고생을 직접 몸으로 때운 사람만 갖는 단단함이 보였다. 그런 모습을 보며 역시 망해도 젊어서 망해야 한다는 생각이 절로 들었다. 그런 고생의 경험을 자본 삼아 다른 일을 다시 시작할 시간이 있어야 했기 때문이다. 이들의 경험이야말로 진짜였다.

이들과의 면접은 시간이 어떻게 가는 줄 모르게 흥미로웠고 많이 배울 수 있었다. 나는 이분들을 채용하기로 결정하고 제안을 했다. 하지만 딜레마는 여기서 터졌다. 그분들은 진지하게 고민한 후 결국 입사하지 않기로 결정했다고 전했다. 아이디어와 치열함, 몸으로 체득한 섭리를 가지고 남의 회사에서 월급을 받으며 일하기보다는 실패하더라도 자신만의 일을 하겠다는 결정이었다. 충분히 이해할 수 있었다. 몸이 부서져라 고생하는 것은 결국 자기 것을 위해 하는 것이 맞으니까.

이런 상황이 나로서는 딜레마였다. 대기업 출신은 스타트업 생리에 맞지 않았고, 창업을 경험한 사람은 결국 자기 일을 하러 떠났다.

가족의 반대에 부딪힌 컨설턴트
○

전략 부서의 채용도 비슷한 딜레마에 빠져 있었다. 소위 톱 티어 해외 컨설팅 회사 출신들을 여럿 인터뷰했다. 그들도 빡세게 하드 워킹하는 컨설팅 업무를 2~3년 한 후 그 경험을 바탕으로 실제 현장에서 실행하는 일을 하고 싶어 했다. 꽤 이름 난 스타트업에서의 전략 업무는 회사의 미래를 직접 만든다는 점에서 매력적으로 보였을 것이다.

모든 과정이 순조로웠고 회사가 할 수 있는 최선의 제안을 전달한 결과 입사가 결정된 사람이 있었다. 그런데 어느 날 전화가 왔다. 가족이 심하게 반대하는 바람에 제안을 고사하겠다는 거였다. '아니, 그럼 이 중요한 이직을 가족과 상의도 안 했단 말이야?' 하는 생각이 들면서 순간 부아가 났다. 하지만 곧 이해가 됐다. 해외 컨설팅 회사와는 차이가 큰 급여 수준, 모르는 사람이 더 많아 아직은 불안정한 회사의 평판, 무엇보다 어떻게 될지 모르는 스타트업의 미래가 가족들은 불안했을 것이다. 결국 전략 부서도 외부 채용에 성공하지 못해 우리끼리 지지고 볶기로 했다.

인생에 만약은 없다

○

　　　　모르긴 몰라도 입사 제안을 고사한 그 컨설턴트
는 세월이 흐른 뒤 회사가 유니콘으로 성장하는 행보를 보며 후회
했을지도 모른다. 그때 리스크를 감당하지 않기로 한 결정으로 좀
더 재미난 일을 못 해본 후회, 잘나가는 스타트업의 전략을 짰다
는 경력을 만들지 못한 후회 같은 것들 말이다.

　인생에 '만약'이라는 것은 존재하지 않는다. 누구나 자신의 성향
을 따라 깊이 고민한 끝에 자신에게 가장 좋다고 생각히는 방향으
로 결정을 내린다. 아마 그 결정의 순간으로 돌아간다고 해도 대
부분 똑같은 결정을 할 것이다. 그게 바로 나니까. 자신을 바꿀 수
는 없지 않은가.

오늘 잘해야
내일의 기회도
온다

하고 싶은 것이 있다면
지금 하는 일부터 증명하라

○

　　간혹 업무를 바꿔달라고 요구하는 직원들이 있었다. 그런 직원들은 자신이 얼마나 간절히 그 일을 원하는지, 얼마나 준비가 되어 있는지, 얼마나 잘할 수 있는지 피력했다. 사내에서 기회가 주어지지 않으면 퇴직도 불사할 것을 암시하거나 기회를 밖에서 찾아보겠다고 대놓고 얘기하기도 했다. 그렇게 간절히 원하는 것은 참 좋다. 원하는 것이 명확하지 않은 것보다는 성공할 확률이 매우 높다.

　　업무를 바꾸는 것은 사내에서 하는 편이 유리하다. 이직해서 업무를 바꾸려 하면 기존 경력을 인정받지 못하거나, 아예 뽑히지 않을 수도 있다. 그렇기에 일을 바꾸고 싶을 때는 회사 내에서 시도하는 편이 훨씬 경제적이다. 이런 경우 나는 이 두 가지만 본다. 지금 일을 잘하고 있는가? 그리고 현재 업무성과가 탁월한가?

현재 맡은 일을 잘 수행하지 못하거나 현재 일에 대한 태도가 양호하지 못하면 옮길 생각을 말아야 한다. 지금 일도 잘하지 못하는데 다음 일을 잘해낼 거라고 어떻게 기대하겠는가.

적성에 안 맞아서, 하고 싶었던 일이 아니어서 열심히 할 수 없었고 평가도 좋지 않았다는 말은 어불성설이다. 회사는 학교가 아니므로 이유가 결과를 정당화하지 않는다. 지금 일을 잘해야 다음 기회도 있다. 평가자들은 그렇게 본다. 가끔 현재 일도 잘하지 못하면서 다른 부서 다른 일로 바꿔달라고 떼를 쓰는 직원들을 보면 딱할 뿐이었다.

제약 회사에서는 대부분 영업직으로 시작한다. 영업에서 2년 이상 근무하면서 성과를 낸 후 마케팅 내부 공고가 나면 지원하게 된다. 몇백 명의 영업직 중 10명 이내 직원이 마케팅으로 보직이 전환되는데 이것은 많은 영업 직원들의 커리어 목표가 된다. 요즘은 시대가 많이 바뀌어 마케팅의 인기가 예전 같지 않다고는 하나 그래도 여전히 마케팅을 다음 목표로 삼는 영업 직원이 많다.

마케팅 직군으로 선발되기 위해서는 영업 실적, 즉 목표 달성이 매우 중요하다. 또한 고객과의 관계, 문제 해결 능력, 영업 플래닝 등의 역량이 탁월해야 한다. 최고의 영업 실적을 증명한 사람만이 뽑히기 때문에 제약 회사의 마케팅 직원은 동시에 최고의 영업 직원이기도 하다.

제약 회사에서의 마케팅은 탁월한 고객 관계를 가진, 실적으로 증명된 영업 출신이기 때문에 그야말로 동료 영업에서 소위 약빨이 먹혔다. 말이 통해 이심전심으로 서로 이해했기 때문에 팀워크가 좋았다.

최고의 영업 직원만이 마케팅으로 보직 전환이 되고, 마케팅을 하다가 다시 영업 매니저가 되는 선순환 구조가 잘 돌아갔다. 그런 것을 보면 역시 자기 일을 잘해야 다음 기회가 오는 것이 맞다.

생선구이 집에서 발굴한 숨은 인재

○

코로나19 팬데믹으로 모든 산업의 유통 구조가 완전히 뒤집어지던 시기, 이미 지난 5년간 온갖 종류의 어려움을 다 겪었던 회사에 대표로 들어갔다. 이 회사가 어려움을 겪었던 이유는 그동안 방향을 획획 바꾸면서 다양한 시도를 했던 터라 전략적 방향성이 일정치 않은 채 왔다 갔다 했기 때문이기도 했다. 당연히 자원 낭비도 많아져 조직 차원의 체력이 약해져 있었다. 계약서에 사인할 때만 해도 팬데믹 전이었지만 입사 2주 전부터 코로나19 확산세에 대한 매체 보도가 쏟아지기 시작했다.

기존의 오프라인 매장 중심 유통에서 온라인으로 미친 듯한 고객 전이가 일어나면서 매우 취약한 국내 시장보다는 아직 브랜드 영향력이 있었고 마진 구조가 훨씬 건강한 해외 시장을 집중 공략

하는 것이 답이라고 판단했다. 아주 빠르게 온라인과 해외 수출, 해외 법인으로 유통의 축을 바꿔야만 하는 중요하고 긴박한 시점 이었다.

다만 문제는 사람이었다. 사내에 오랫동안 근속한 오프라인 영 업 매니저들은 많았지만 온라인과 해외를 담당할 전문가가 많지 않아서 외부에서 영입해야 했다. 그나마 국내에는 여러 이커머스 가 활성화되어 있어 온라인 영업 풀은 이미 존재했다. 하지만 중 국, 일본, 미국, 동남아 등 50여 국가와 면세점까지 담당해야 하는 해외 영업 전문가는 대체 어디서 뽑아야 할지 막막하기만 했다. 이와 동시에 오프라인 영업 조직을 줄여야 해 늘 했던 대로 영업 매니저들과의 괴로운 일대일 면담을 시작했다.

당시 육아 휴직에서 막 돌아온 작은 브랜드의 영업 매니저와 면 담 자리에서 만났다. 그가 담당했던 브랜드는 상황이 좋지 않아 규모를 확 축소한 후 인원을 재배치해야만 하는 상황이었다. 처음 만나는 이 매니저를 어디로 보내야 하나 고민하다 생선구이 집에 서 점심을 같이 하기로 했다. 그러던 중 갑자기 좋은 생각이 하나 떠올랐다.

이 브랜드의 유통 확대는 그가 다 했다고 해도 과언이 아닌 상 황이었다. 브랜드팀도 그에게 온전히 의지하고 있었고, 지난 10년 이상 한 우물을 파며 이룬 영업 실적도 장난이 아니었다. 업계도 한 곳, 회사도 한 곳, 유통도 오프라인 한 곳을 경험했지만 여기서 잘했다면 다른 곳에서도 충분히 잘할 수 있겠다 싶었다.

브랜드와 오프라인 유통을 축소하겠다는 확고한 의지를 보인 나를 상대로 열심히, 그리고 차분하게 논리적으로 설득하면서 시간을 조금만 더 준다면 지금 자리에서 반드시 성과를 내겠다고 확신 있게 말하는 그의 전투 의지와 자신감도 좋게 보였다.

하나를 보면 열을 안다

○

본인은 전혀 상상하지 못했겠지만, 생선구이 점심 식사에서 돌아온 후 나는 그 매니저를 해외 영업으로 옮기는 그림을 머릿속에 그리기 시작했다. 그는 해외 영업은 한 번도 경험한 적 없고, 영어는 한마디도 못하며, 면세점 비즈니스 구조와 고객에 대해서도 전혀 몰랐다. 하지만 그가 오프라인에서 이룬 성과와 조용하지만 군더더기 없는 논리 그리고 자신감 있는 영업 의지라면 분명히 잘할 것만 같았다.

나는 그를 믿고 깜짝 인사를 단행했다. 회사의 모든 사람이 놀랐지만, 역시 그는 내 믿음을 증명하듯 빛의 속도로 해외 영업에 적응했다. 그동안 밀어내기 때문에 쌓여 있던 악성 재고를 조금씩 해결했고, 각 나라에 맞는 상품과 프로모션을 끊임없이 시도했다. 그리고 유통 채널과 담판을 하며 실적을 올리기 시작했다.

돌아보면 참 잘한 인사였다. 오프라인에만 있던 그를 해외 영업으로 발탁한 가장 근본적인 이유는 당시 주어진 일을 잘하고 있었기 때문이다. 유일한 약점이었던 매우 제한된 산업과 회사 경험은 훗날 이직을 통해 확대됐고, 새로운 곳에 가서도 나와 일할 때처럼 매우 잘해냈다. 지금 생각해도 뿌듯함이 느껴지는 사람이다.

발끝을 보고 걷다 보니 도착한 미래

○

나 또한 마켓 리서치에서 마케팅으로, 또 마케팅에서 영업으로 방향 전환이 있었다. 20여 년을 비즈니스 일만 하다가 대관 업무와 정책 업무로 바꿀 때도 매번 녹록지 않았다. 그러나 항상 지금 하고 있는 일을 잘하면 다음 기회가 반드시 왔다. 그렇게 기회가 오면 고민할 것 없이 '한번 해보지 뭐.' 하며 새로운 기차로 옮겨 탔다.

원대한 목표를 세우고 먼 미래를 보며 오늘을 희생하는 것보다 발끝을 보고 매일 한 걸음씩 옮기면 어느새 내가 세웠던 미래가 아주 가까이 오는 것이 느껴지고는 했다. 꿈을 가지되 하루하루 걷다 보면 어느새 목표 지점에 가까이 와 있었다. 방향성만 맞다면 이 편이 훨씬 덜 힘들다. 그러니 일단 지금의 일을 잘 하자. 다음 기회는 반드시 거기서부터 온다.

내가 키운
사람들이
나보다 잘될 때

나의 훈장, 대표가 된 직속 직원들

○

　사람들이 화려하게 봐주는 경력보다 더 자랑스럽게 느끼는 것은 나와 같이 일했던 사람이다. 어려운 시간을 같이 보내고 성장했던 사람들이 내게는 감동이고 자산이고 자랑이다.

　내 직속 직원이었던 이들 중에서 현재 대표가 된 사람은 10여 명쯤 된다. 한 단계 더 밑의 직원까지 포함한다면 더 될 것이다. 나에게는 이보다 더한 훈장이 없다. 내가 잘된 것보다 더 기쁘고 뿌듯하다. 물론 그들은 자신의 탁월함으로 최고의 자리에 올랐지만, 그들이 커리어적으로 아직 아기 같았을 때 내가 알아봤다는 것이 자랑스럽다. 그들이 성장하는 과정에서 함께 고민하고 지원하고 회사에 프로모션할 수 있었다는 것이 기쁘다.

　현직에서 일 잘하고 통솔력 있는 리더라는 이야기를 전해 들을 때면 꼭 엄마가 된 심정이 되면서 목에 힘이 들어가곤 했다. 생각해보면 웃긴 일이다. 그들이 이룬 성취인데 꼭 나의 성취인 것처럼 으스대고 싶어진다.

나는 사람을 잘 보는 편이다. 무슨 점술가처럼 단박에 알아본다는 의미가 아니라 이야기를 나누고 같이 일해보면 금세 파악할 수 있다는 의미다. 특히 일 잘하는 인재는 단박에 알아보고는 했다. 일을 잘한다는 것은 서로 다른 스타일과 특장점이 있기에 하나로 묶을 수는 없다. 인재라고 불릴 만한 이들은 각자 다른 장점을 가지고 있었다. 내가 겪은 '사장감이었던 인재'들은 천편일률적이지 않았다. 모두 다 다른 장점이 있었다.

완벽한 실행가

○

중간 관리자로서 이보다 더 탁월할 수는 없다고 느꼈던 여성 리더가 있었다. 그 누구보다 문제를 빠르게 파악했고, 전광석화처럼 해결했다. 산업과 고객에 대한 이해도가 높았고 팀원들은 그를 존경했다. 그에게 일이 가면 나는 팔로우 업을 할 필요가 없었다. 늘 부족했던 내 시간을 아껴주는 천사 같은 존재이자 사업에 대해 논의할 수 있고 의지하는 파트너였다.

하지만 그가 임원으로 가는 길목에서 회사는 주저했다. 회사가 요구하는 전략적 사고와 세련된 커뮤니케이션이 상대적으로 약하다는 것이 이유였다. 그러는 사이 다른 중간 관리자들과의 경쟁에서 회사의 평가는 계속 발목을 잡았다. 나는 그를 프로모션하며 올라가면 다 하게 된다, 지금의 성과를 보라고 여러 번 변호했지만 회사의 기존 관념을 뚫는 것은 쉽지 않았다.

그러던 중 그에게 다른 회사에서 임원을 할 수 있는 기회가 생겼다. 나는 뒤도 돌아보지 말고 떠나라고 조언했다. 인재에 대한 잣대를 들이대며 기다리라는 회사보다 당장 알아봐주는 곳으로 가는 게 맞다는 것이 이유였다. 나로서는 핵심 인재를 잃는 것이었지만 그것은 중요하지 않았다. 결국 그는 새로운 곳에 자리를 잡아 탄탄한 성과를 보여주며 결국 대표가 되었다.

그가 사장으로 발탁될 때 내게 레퍼런스 체크 요청이 왔고 나는 진심을 다해 그를 보증했다. 곁에 두지 않고 내보낸 것이 오히려 그를 더 크게 성장시킨 셈이다.

내가 보증한 후계자

○

또 한 명의 여성 리더는 어려운 비즈니스를 처음부터 개척하고 만들어가야 했던 상황에서 믿을 만한 조력자이자 동반자였다. 그는 내게 직속 직원이라기보다 마구 흔들리는 배에서 생사고락을 함께한 전우에 가까웠다.

그와 나는 가장 성공적인 출시였다는 평가를 받았던 제품을 같이 만들었다. 그리고 가장 까다로운 고객을 만날 때 그와 함께라면 천군만마를 얻은 듯 든든했다. 엉킨 실타래를 때로는 가위로 자르고 때로는 인내심 있게 풀어내며 우리는 2년이라는 짧은 시간 안에 큰 성공을 거두었다.

내가 그 회사를 떠날 때 사장님과 담판을 지었다. 당시 회사는 내 후임으로 외부 영입을 고려하고 있었지만 묻지도 따지지도 말고 그를 승진시키라고 강하게 설득했다. 누구보다 비즈니스를 정확히 이해하고 있었고 잘할 것이 확실했기에 진심으로 사장님을 설득했고 결국 통했다.

그로부터 몇 년이 지나 한 회사에서 대표 포지션 추천 의뢰가 왔을 때 나는 임원으로 맹활약하던 그를 적극 추천했고 그는 치열한 경쟁을 뚫어 대표가 되었다. 너무도 당연한 결과였다.

진흙 속 숨겨진 진주

○

내 인생의 첫 직속 부하였던 오랜 지인은 현재 이커머스 업계에서 맹활약 중이다. 그와 만나면서 인생 처음으로 사수가 되어 일했을 때 우리 둘은 국내파에 영어도 살짝 어눌했지만 열심과 일복은 1등이었다.

워낙 잘난 인재가 많은 팀이었기 때문에 돋보이기 어려웠지만 난 그의 가능성이 너무나 확실하게 보였다. 쾌활하고 긍정적이면서 신입임에도 일을 두려워하지 않고 도전하는 용기가 있었고 마케터로서의 감각도 뛰어났다. 그는 이후 훨훨 날아 뷰티 업계의 수장을 하면서 여전히 "이놈의 일복!"이라고 한탄하며 멋지게 새로운 도전을 하고 있다.

절대 고향을 떠나지 않겠다고 했지만 영업 매니저 일을 너무도 탁월하게 잘해 삼고초려 끝에 서울의 전국 매니저 자리로 모신 이도 있었다. 회사 내에서는 그가 대체 누구냐며 뜨악한 반응을 보였지만 나는 확신이 있었다. 세상 까다로운 고객과도 신뢰에 기반해 건강한 관계를 꾸준히 유지하는 모습을 인상 깊게 보았기 때문이다. 그에게 언제 기회를 줄 수 있을까 기다리다 자리가 났을 때 가장 먼저 생각난 것이 그였다.

이후 전국 영업 매니저가 된 그는 탁월한 친화력과 꾸준히 노력하는 모습을 보인 끝에 훗날 글로벌 회사의 대표까지 올랐다.

인재들과 함께했던 영광스러운 기억
○

찬란하게 빛이 나 누구나 알아보는 인재도 있고, 은은하게 빛을 내며 올라오는 사람도 있다. 나는 늘 후자에게 마음이 갔다. 그런 이들의 가능성을 발견해 개발하도록 응원하는 기쁨이 있었다. 모든 인재가 조직의 원하는 인재상과 딱 들어맞지 않을 수도 있지만 결국 좋은 인재는 공통적으로 성과를 내고, 리더십이 있고, 좋은 인품을 가지고 있었다.

그들의 사회생활에서 나와의 인연은 스쳐 지나가는 한 점일 수 있다. 또한 그들에게 나는 가물가물 기억조차 나지 않는 사람일 수도 있다. 하지만 사회생활의 한 접점에서 그들을 알아보고, 셀링하고, 부지불식간에 뒤에서 지원했다는 사실을 아주 가끔 떠올려주면 좋겠다. 내게는 이런 최고의 인재들과 일해봤다는 것이 큰 영광이다.

최고의 선수가
최고의 감독이
되는 건 아니다

혼자 할 수 있는 일은 없다

○

나이가 들수록, 오래 일할수록 격하게 공감하는 사실이 하나 있다. 혼자서 할 수 있는 일은 없다는 것 말이다. 나 혼자 이루었다고 생각했던 일도 곰곰이 복기하면 무수히 많은 사람이 앞에서 끌어주고, 뒤에서 받쳐주고, 옆에서 지지해준 덕분에 만들어진 결과였다.

사회생활을 막 시작해 뭘 모르던 시절에는 의기충천해 뭐든지 할 수 있다고 생각했다. 그렇게 해낸 일들은 모조리 내가 한 것이라고 믿었다. 생각해보면 채 2년 된 주니어가 혼자 했다고 한들 그 일이 회사에 기여한 바는 소소하기 그지없었을 텐데 그때는 의욕 과다로 나의 역량과 능력으로 세상을 뒤바꾼 줄만 알았다.

시간이 지나 동료가 생기고, 팀장이 되고, 임원이 되고, 대표가 되고서야 깨달았다. 내가 직접 하는 일은 아주 미미하고 나와 같이 일하는 사람들이 했다는 것을 말이다. 조직이 커질수록 리더 한 명의 두뇌와 노동력으로 뭘 얼마나 창출해낼 수 있겠는가. 나와 같은 비전을 가지고, 함께 목표를 설정하고, 끊임없이 소통하고, 논쟁하는 내 팀 그리고 내 부서의 사람들이 있어야 성과라는 것이 나온다. 나와 같은 생각을 하는 사람 50명, 100명, 300명이 함께 움직여야 비로소 뭔가가 일어난다.

한마디로 사람이 일한다. 그러니 리더가 하는 일은 직접 뛰는 게 아니라 사람들이 일할 수 있게 돕고, 지원하고, 판을 깔고, 공정하게 평가하는 것이라고 본다. 리더가 직접 다 하겠다고 나대면서 북 치고 장구 치며 내가 다 했다고 자신을 내세우면 구성원들은 의욕을 상실한다. '리더가 알아서 하겠지.' 하며 뒤에 적당히 숨기 딱 안성맞춤인 상황이 된다. 이런 집 치고 잘되는 집을 못 봤다.

내가 하고 말지

○

내가 프로덕트 매니저였을 때, 경력 1~2년 된 직원을 첫 팀원으로 받았다. 처음 팀원이 생겼지만 마냥 좋지는 않았다. 내 코가 석 자이고 하는 일도 바빠 죽겠는데 일일이 설명하고 소통하는 데 시간이 너무 많이 들었기 때문이다. 솔직히 혼자 일할 때가 생산성 면에서는 더 나았다.

무엇보다 팀원에게 할 일을 주는 것이 가장 힘들었다. 결과가 부족하다고 느꼈을 때 피드백을 주고 다시 해올 때까지 기다리며 성장하도록 끌어올리는 과정이 비생산적이라고 생각했다. 참을성 없던 나의 머릿속에서는 '에이, 그냥 내가 하고 말지.' 하는 생각이 불쑥불쑥 올라왔다. 나 역시 꼬꼬마였던 20대 과장인 내가 팀원을 보며 이런 마음을 가졌는데 내 리더는 나를 보며 얼마나 한심했을까 싶다.

이 경험이 매니저로서 성장하는 첫 시작점이 되었다. 조금씩 인내심을 갖고 팀원과 합을 맞춰갈수록 업무 효율과 성과가 올라갔다. 나중에는 눈빛만 봐도 서로 뭘 생각하는지 알게 됐고 환상의 콤비로 브랜드 성과는 날로 좋아졌다.

그는 사회에서 만난 둘도 없는 동지가 되어 지금까지도 호형호제하며 지낸다. 세월이 훌쩍 지난 지금 그는 코칭 공부를 해서 나의 라이프 코치 역할도 해준다. 여러모로 나보다 훨씬 낫다.

선수와 감독은 다르다
○

다른 사람과 같이 일하는 방법을 배우고 사람들이 성과를 내도록 독려하는 것은 참 쉽지 않다. 그래서 고성과자라고 해서 모두가 좋은 리더가 되는 건 절대 아니다. 혼자서 최고의 성과를 내던 사람이 승진해 매니저가 되었을 때 무척 힘들어

하며 다시 스페셜리스트로 돌아가고 싶어 하는 경우를 종종 봤다. 특히 영업직에 이런 경우가 많았다.

최고의 선수가 최고의 감독이 되는 것이 아니고 또 최고의 선수가 모두 감독이 되어야 하는 것도 아니다. 선수 시절 그저 그랬어도 감독으로서는 날개를 달고 날아다닐 수 있다. 선수는 혼자만 잘하면 되지만 감독은 팀 전체가 잘하도록 이끌어야 하기 때문이다. 팀을 하나로 만들고 개개인의 역량을 최대치로 끌어올리는 일, 이것이야말로 리더가 반드시 해야 할 일이다.

나로 말하자면 선수로 뛸 때보다 감독이 되었을 때가 더 나았던 것 같다. 나는 감독 역할로서 세 가지를 잘하려고 했다.

사람에 대한 욕심

O

성과를 내는 조직을 만들기 위한 첫 번째 관문은 좋은 사람을 뽑는 것이다. 성과는 사람이 내는 것이므로 함께 일하는 사람들이 괜찮아야 하는 건 당연하다. 그래서 새로운 조직을 맡을 때마다 일 잘하고 나와 결이 맞으면서 내가 "어!" 하면 "아!" 할 수 있는 사람들을 어떻게든 데려오려 애썼다.

스타트업에 처음 입사했을 때는 10명의 리더십 그룹 중 8명이 공석인 상황이었다. 나는 3개월 동안 모든 인맥과 지인을 동원하여 그 8명을 뽑기 위해 모든 정성과 노력을 다했다.

특히 위기 상황에 놓인 조직에서는 늘 시간이 촉박하고 문제는 넘쳐났기 때문에 효율적으로 빨리 결과를 낼 좋은 사람으로 팀을 꾸리는 것이 급선무였다. 그래서 난 어디를 가든 사람 욕심을 많이 냈다.

상향 평준화를 위한 도구

○

사람들을 일하게 하고 결과를 만들어내려면 공정하고 투명하게 평가해야 한다. 나는 고성과자는 공개적으로 칭찬했다. 또한 남다른 성과급을 챙겨주기 위해 회사를 설득했으며 나이나 경력과 상관없이 파격적인 승진 기회를 주려고 노력했다.

동시에 저성과자에게는 즉시 피드백을 주었다. 평가는 서프라이즈 같은 이벤트가 되면 가장 나쁘다고 생각한다. 항상 투명하게 이야기하려 노력했고 구체적으로 개선을 요구했다. 그래도 개선되지 않으면 이 업무가 맞지 않는다고 판단해 다른 업무로 전환하도록 돕는 것도 나쁘지 않다고 생각했다.

한마디로 고성과자에게는 동기 부여를, 저성과자는 더 분발하도록 유도해 조직 전체가 상향 평준화되도록 하는 것이 중요한 목표였다.

하지만 모두 다 잘하는 1등만 모여 있는 조직이 어디 있으랴. 그렇지만 모두가 하향 평준화 되는 조직이 제일 나쁘다.

감독만 느낄 수 있는 기쁨

○

사람들이 일하게 하는 데 가장 중요한 것은 함께 으쌰으쌰 힘을 내는 팀워크였다. 혼자 하면 힘에 부치지만 같이 하면 할 수 있을 목표를 조직 전체가 느끼는 것이 중요하다. 그러기 위해서는 개인의 목표와 회사의 비전이 같은 방향으로 얼라인되어야 했다.

이것이 이루어지면 사람들은 자발적으로 할 수 있다는 마음을 가지고 함께 일했다. 난 정말로 이 팀 스피릿이 좋았다. 촌스럽지만 팀원들이 모여 우렁차게 건배하면 꼭 다 될 것 같았고 이 사람들과 일할 수 있어서 행복하다는 생각을 했다.

리더는 직접 일하지 않는다. 사람들을 일하게 한다. 자기가 하는 일은 작지만, 수많은 사람을 움직여 결과를 만들어낸다. 나를 믿고 함께 뛰어준 수많은 사람들을 생각하면 지금도 감사하고 뿌듯하다.

나보다
나를 잘 알았던
인생 최고의 보스

내 머리는 늘 바쁘게 돌아간다

○

　　누군가가 나와 상의를 하러 와서 이야기를 시작하면 아직 상대방의 말이 끝나지도 않았는데 내 머리는 바쁘게 돌아가고는 한다. 아직 이야기가 한창 진행되고 있는데도 난 벌써 진단을 끝내고 어떤 해결책을 주어야 도움이 될까 생각하며 마음이 급해진다. 때로는 말을 가로막고 내가 생각한 해결책을 먼저 말하기도 했다. 의견을 구하러 왔으니 명확하고 확실한 해결책을 주어야만 한다는 강박에서 비롯된 행동이다.

　사람들은 그저 들어줄 사람이 필요할 때도 있다. 때로는 말하다가 스스로 해결책을 찾기도 한다. 참을성이 없이 내가 모든 해결책을 제시해야 한다고 생각한 것이 하나만 알고 둘을 모르는 행동이라는 것을 깨닫게 해준 내 인생 최고의 보스가 있다.

정답보다 강력한 질문의 힘

○

내 인생 최고의 리더를 꼽으라면 주저 없이 글로벌 제약 회사에서 만난 대표를 선택하겠다. 영국인이던 그는 대표로서의 첫 번째 부임지로 낯선 한국에 온 초보 대표였다. 한국의 문화는 물론이고 어떤 나라인지도 몰랐던 그는 문제를 가지고 갔을 때마다 아주 진지하게 들어주었다. 내 말을 가로막거나 끊은 적은 한 번도 없었다. 언제나 내가 모든 말을 끝낼 때까지 기다리며 아주 몰입해 들었다.

성미 급한 나는 그런 그가 답답하게만 느껴졌다. 생각한 것은 곧바로 말해야 했고, 말 떨어지기 무섭게 되뇌면서 실행에 옮겨야 직성이 풀리는 조급증 가득한 나로서는 잘 이해되지 않았다. 성격상 혼자서 끙끙대면서 어떻게 하든 스스로 해결하려 애썼던 나는 자주 그 리더를 찾아가 묻지도 않았다. 정말 어쩌다 도저히 답이 안 나와 상의하러 가면 내 말을 다 듣고도 자신이 어떻게 생각하는지 말하지 않고 늘 이런 식으로 되물었다.

"What do you think? (당신 생각은 어때요?)"

'대체 이런 질문을 왜 하지?' 싶게 생뚱맞고 관련 없는 것 같은 질문이었다. 그렇게 혼자 떠들다 소득 없이 돌아왔다고 생각하며 내 책상에 앉아 그 질문을 곱씹으니 문제가 다른 시각으로 보이는 것을 느꼈다. 그는 내가 혼자 답을 찾기를 바랐던 것이다. 이미 내가 답을 가지고 있다고 믿었기 때문이다. 그런 대화를 통해 성장하고 있음을 발견했다. 참을성 있게 듣고 스스로 생각할 수 있게 질문을 던지기. 이것이 그가 내게 했던 전부였다.

그 리더는 정말 답이 무엇인지 몰랐던 것일까? 그냥 정답을 알려주면 간단했을 것이다. 하지만 질문을 통해 내 속에서 많은 것들을 튀어나오게 했다. 정답보다 강력한 질문. 이건 아무나 할 수 있는 일이 아니라는 것을 나도 그 위치에 가서야 알게 됐다.

질문을 받으면 정답까지 가는 길 사이에 존재하는 전체 맥락을 비로소 보게 되고 다양한 시각으로 문제를 풀 수 있다. 정답을 바로 알려주는 것이 아니라 상대방의 말을 잘 듣고 질문할 수 있으려면 단단한 내공을 쌓아야 한다. 그리고 무엇보다 상대방을 아끼고 성장시키려는 마음을 가져야 한다.

나를 성장시킨 그만의 기술

○

그 리더는 나를 가장 잘 파악했기에 내가 성장할 수 있는 가장 효과적인 방법으로 훈련시켰다. 그는 나를 같은 보직에 1년 이상 두지 않았다. 익숙해질 만하면 다른 제품을 담당하는 비즈니스 유닛으로 보내고는 했다. 그것도 항상 위기 상황에 놓인 조직으로만 보냈다. 그렇게 비즈니스 유닛을 하다가도 미국 본사로 파견 근무를 보냈고, 다시 한국으로 불러 대관 업무를 맡겼다.

처음 해보는 일을 서슴지 않고 해보라고도 했다. 영업 마케팅이 주전공인 사람에게 글로벌 전략을 설계해보라며 본사까지 보냈다. 단 한 번도 해보지 않았던 제품 가격이나 보험 가이드라인 일을 주저 없이 맡겼고 대관 정책 업무도 그냥 맡겼다. 그러다가도 가장 큰 신제품 출시를 위해 다시 비즈니스 유닛으로 불러들였다. 그와 같이 일했던 매 순간이 도전이었다. 치열하게 배워야만 했고, 단기간에 결과를 내야 했지만 결과를 맛보기 전 다른 일을 하러 떠나야 하는 보따리장수 같았다.

훗날 그가 한국을 떠날 때 내게 이렇게 말했다.

"당신은 도전을 무서워하지 않고 위기를 극복하는 것에 희열을 느낀다고 봤습니다. 좀 안정될 만하면 한눈을 파는 스타일이라 의도적으로 새 일을 계속 맡겼습니다."

그가 보기에 나는 어렵고 힘든 일을 정복하면서 계속 성장하는 유형의 사람이기 때문에 계속해서 도전적인 일을 주었다는 것이다. 그와 일했던 세월을 돌아보니 겨우 밥공기만 했던 내 그릇이 속으로는 욕을 하면서 힘들고 새로운 일을 계속했더니 아주 조금씩 커져 있었다. 큰일을 맡겨준 기대에 부응하려고 쫓아가려고 나 자신을 채찍질하고 능력을 쥐어짠 덕분이었다.

그는 나에게만 이 방법을 사용했고 다른 사람에게는 그들에 맞도록 다른 방법을 사용했다. 한마디로 맞춤형 개발이었다. 나는 그를 통해 스스로 자신을 성장시킬 수 있도록 자극하는 방법을 배웠다.

내가 나일 때 가장 빛난다

○

언젠가 한번 나는 그 리더에게 다른 동료의 장점을 가지고 싶다고 말한 적이 있다. 내 동료가 가진 캐주얼하고 자연스러운 소통 방식이 부러웠기 때문이다.

그 동료는 아주 자연스럽게 커피 한잔을 들고 리더의 사무실로 들어가 자신의 업무 상황을 매일 브리핑했다. 그것도 무려 30분씩이나. 어떻게 해야 그렇게 할 수 있는지 신기하기만 했다. 그렇게 자신의 성과를 잘 어필했다.

나도 그를 따라서 해보려고 열심히 관찰하고 시도했지만 도저히 어색해서 안 되겠다 싶었다. 일대일 면담 때 이를 토로하자 리더는 이렇게 말했다.

"당신 스타일을 고수하세요. 당신은 당신일 때 가장 빛납니다. 당신에게 없는 것, 약한 부분을 억지로 보강하는 데 시간을 쓰지 마세요."

그러면서 덧붙였다. 자신도 그렇게 아무 때나 들어오는 그가 반갑기만 한 것은 아니라고. 혼자서 조용히 일할 시간을 빼앗기니까 말이다. 그 말을 들으며 웃음이 터져 나왔다. 그렇게 부러워했던 자질이 생각보다 먹히지 않고 있다는 것은 미처 몰랐었다.

내 인생 최고의 리더인 그분은 내가 스스로 성장하도록 독려했고, 스스로 답을 찾게 해주었고, 칭찬과 격려로 기운이 나게 했으며, 무엇보다 나의 나 됨을 인정해주었다. 그와 일하면 내가 '슈퍼

파워 레인저'가 된 것만 같았다. 내가 가진 능력보다 훨씬 더 큰 힘을 발휘하게 했으니 말이다. 그렇게 그는 쥐뿔도 없던 나를 성장시켰다. 그에게 다시 한번 마음을 전하고 싶다. "고맙습니다."

보스랑 안 맞을 때는 회사를 떠나는 게 낫다

이직 사유 1위는 돈이 아니라 보스다
○

    회사를 관둬야 할 만 가지 이유가 있다면 으뜸은 단연 '보스'다. 상급자인 그는 바꾸고 싶다고 해서 바꿀 수 없고, 내가 원하는 대로 맞출 수도 없다. 내 힘으로 통제할 수 없는 관계에서 보스와 안 맞으면 하루하루가 지옥이 된다.

실제로 인사 관련 자료를 보면 사람들이 이직하는 가장 큰 이유가 연봉일 것 같지만 연봉은 다섯 번째 정도에 불과하다. 부동의 첫 번째 이유는 보스다. 그다음은 '미래가 없어서'였다. 돈보다도 사람과 성장 기회가 더 앞에 있는 것을 보면 역시 인간은 돈만으로 움직이는 존재가 아니다.

돈이 좀 적더라도 같이 일하는 사람이 괜찮고 배울 것이 있으면 사람들은 견딜 수 있다. 삶에서 돈이 가장 중요하게 보이긴 하나 결정적으로 이직 방아쇠를 당기게 만드는 요인은 나와 안 맞는 보스, 우울하고 불투명한 미래이니, 인간이라는 존재는 아주 물질적이기는 하지만 끝까지 물질적이지는 않나 보다.

보스와 안 맞으면 매일매일 지옥을 맛볼 뿐만 아니라 성과가 절대 나올 수 없다. 나와 다른 생각과 시각을 가진 보스는 내가 하는 일이 마음에 들 리 없기 때문이다. 내게는 중요하고 내가 잘하는 일이 보스에게는 중요하지 않으니 내가 잘하든 말든 그에겐 상관이 없다.

반대로 보스가 중요히게 여기는 일은 내게 중요하지 않으니 나는 열과 성을 다하지 않게 된다. 억지로 툴툴거리며 하는데 결과가 좋을 리 없다. 그렇게 서로 시각과 관점이 다르면 뭘 해도 엇박자가 나고 정작 에너지를 써야 할 곳에 못 쓰면서 서로 눈치만 보고 감정을 소모하면서 엉뚱한 곳에 힘을 쓰게 된다.

무능보다 더 최악인 노답

O

보스와 내가 일머리나 스타일이 안 맞는 건 그나마 낫다. 보스의 역량이 부족한데 인품까지 좋지 않으면 지옥은 정점으로 치닫는다.

보스라면 교통정리를 해서 업무 분배를 잘하고 일의 지침을 명확히 줘야 한다. 부족하면 끌어주고, 넘치면 위임해야 하는데 이렇게 적절한 능력을 갖춘 보스를 만나기란 쉽지 않다. 보스에게 문제를 들고 가면 머리가 맑아지고 해결점이 보여야 하는데 오히려 더 복잡해져 '내가 혼자 고민하는 게 낫겠다.' 싶어지는 경우도 다반사다.

그러나 이건 약과다. 인품이 좋지 않은 보스를 만나는 건 최악이다. 남의 공을 뺏는 데 탁월하고, 자신의 무능력을 감추기 위해 논리적으로 문제의 원인을 부하 직원에게 돌리고, 비도덕적인 데다가 야망으로만 가득 찬 보스. 이런 보스는 한마디로 노답이다.

어차피 기울어진 운동장이다

○

그럼에도 불구하고 보스와 안 맞는 상황은 무조건 내게 손해다. 보스와의 관계는 애초에 평등하지 않기 때문이다. 보스는 나에 대한 평가 권한을 갖고 있다. 내 역량을 판단해 그 결과를 회사에 전달하며 널리 알리는 사람이 보스다. 보스가 주는 업무는 내가 어떻게 생각하든 상관없이 해야만 하는 일이다. 내가 보스를 존경하든 무시하든 상관없이 그는 조직 내에서 나보다 우위에 있다.

종종 엄연하고 명확한 이 사실을 잊고 계란으로 바위를 치듯 대드는 사람이 있다. 예외는 있지만 대개 큰코 다친다. 보스와 내가 맞지 않는 것은 그 누구의 잘못도 아니다. 어떻게 해도 안 맞는 친구나 가족이 있듯 보스와도 안 맞을 수 있다. 어떻게 모든 사람과 잘 맞겠는가. 다만 이 평등하지 않은 관계에서 원활한 회사 생활을 하려면 맞춰야 할 쪽은 자연스럽게 하급자가 된다. 회사에서 상사는 하급자에게 맞춰주지 않는다.

보스에 맞추자니 싫고, 또 맞춰본다 해도 잘 안 되면 그 과정에서 감정이 소모되어 스트레스가 뼛속까지 들어온다면 회사를 떠나는 게 낫다. 상사는 못 바꾼다. 노력해야 할 사람은 나인데 견디기가 힘들면 회사를 떠나서 다른 기회를 모색하는 것이 낫다. 그만큼 보스는 회사생활에 중요하다.

다 별거 아니었는데

○

나는 보스 운이 좋았다. 30년 동안 존경할 만한 보스를 많이 만났다. 딱 두 번만 빼고. 이 두 번의 일방적인 관계에서 억울해하고 열받고 포기하면 지는 것만 같아 맞추려 노력하다 보니 가슴은 숯검댕이가 됐다.

아침이면 회사에 출근하기 싫었던 시절, 이직하면 죽도 밥도 안 될까 봐 그냥 이 시간이 빨리 지나가기만을 기다렸다. 그러다가 상사에게 받은 스트레스의 10배, 20배로 돌아온 대가를 건강으로 치르면서 빨리 그만두지 않았던 것을 후회했다.

그게 뭐라고. 보스도, 회사도, 그 관계도 무엇 하나 중요하지 않았다. 바꿀 수 없는 보스에 좌절하고 미워했던 내가 얼마나 어리석었는지 생각했다. 노력해보고 안 되면 홀라당 관뒀어야 했다. 내게 부정적인 감정을 일으키게 하는 관계는 그냥 두고 뚜벅뚜벅 걸어 나오면 된다. 지나고 나면 다 별것 아니다.

직장 동료와 친구가 될 필요는 없다

관계, 결코 가볍지 않은 단어

○

관계라는 단어는 내게 결코 가볍지 않다. 글로 써놓고도 물끄러미 쳐다보고 있노라면 복잡하고 정리되지 않은 감정들이 떠오른다. 직장에서 알게 된 사람들을 사회적 관계라고 규정하면 간단할 것 같지만 사실 간단치 않았다.

나는 관계에 갈등한 적이 많았다. 누구보다 얽매이지 않으려 노력했지만 결과적으로 관계에 매달려 살았다. 항상 거리를 유지하고 싶었지만 너무 멀어지거나 너무 가까워지는 상황에 몰려 힘들었다. 원래부터 관계에 대해 낙관적이지 않고 꽤 시니컬했던 내게도 회사 생활에서 가장 힘든 부분은 역시 관계였다.

회사에 다니는 사람이라면 누구나 잠자는 시간을 제외하고 가족보다 회사 사람들과 가장 많은 시간을 보낸다. 그러니 그들과 불편해지면 인생의 3분의 1이 불편해지는 꼴이다. 그렇다고 그들과 죽고 못 살며 동고동락하면 편해질까? 결코 그렇지 않다. 가족과도 오래 붙어 있으면 싸우기 마련이다. 누구나 가족에게 받은 커다란 상처가 하나쯤 있지 않은가.

연인 사이에서도 적당한 거리가 필요한데 하물며 회사 사람들과 가까워진다고 만사형통일 리 없다. 하지만 하루 중 8시간 이상을 같이 보내는 동료, 팀원, 상사와 잘 지내는 것은 좀 더 나은 회사 생활을 가능하게 하는 중요한 요인이기도 하다.

인싸가 되기 위한 몸부림

○

하루 24시간 중 8시간 넘게 같이 지내야 하는 회사 사람들과 잘 지내기 위해 내키지 않아도 회식에 가고, 1차만 가려 했다가 2차까지 가고, 담배 피우러 가는 동료를 따라 나서고, 원하지 않는 동호회도 가입하기도 한다. 상사가 저녁 식사를 같이 하자고 하면 결국 따라 나서는 것도 회사 사람들과 잘 지내고 싶은 마음 때문이다. 더 정확히 말하면 나만 놓치는 이야기가 없기를 바라고 나만 인싸가 되지 못하면 어쩌나 하는 불안감이 작용하는 것이다. 별로 중요하지 않은 일 때문에 찍히고 싶지 않은, 아주 수동적인 사회적 관계에 대한 반응이다.

무엇을 하고 싶어서가 아닌, 무엇을 하지 않았을 때 오는 불안과 걱정 때문이다. 그래서 좋은 사회적 관계는 평온한 일상과 탁월한 성과 둘 다를 위해 꼭 필요하지만 동시에 사람을 참 피로하게 만들기도 한다.

미쳤지, 오너의 저녁 초대를 거절하다니

○

한 회사의 대표로 들어가 한 달도 안 되었을 때였다. 퇴근 시간 즈음에 오너 최장님이 전화로 "저녁에 별다른 약속이 없으면 식사나 같이 하실까요?"라고 했다. 사실 그날은 친구와 약속이 있었다. 전화를 받으면서 그 짧은 찰나의 순간에 천 가지 생각이 스쳐갔다. 아무 약속 없다고 하고 나갈까? 친구에게는 뭐라고 핑계를 대지? 앞으로 이런 제안이 더 올지도 모르는데 그때는 어떻게 해야 하나? 1~2분밖에 되지 않았던 통화 중에 머리는 빠르게 돌아갔다. 그런데 나도 모르게 이런 말이 튀어나왔다.

"약속이 있습니다."

이 대답과 함께 통화는 간단히 끝났지만 전화를 끊고 나서 얼마나 후회했는지. '기분이 상하셨으면 어떡하지? 다시는 제안을 안하시면 어떡하지? 내가 돌았지.' 하며 자책했다. 그러나 지금 다시 생각해보니 그게 나다운 반응이었다. 평소 생각이 그냥 나온 거다. 그리고 예상한 대로 그는 내게 다시는 갑작스러운 저녁 제안을 하지 않으셨다.

어장 관리는 내 적성에 맞지 않다

○

더 피로한 것은 관계를 유지하기 위한 적극적 노력이다. 친하고 싶은 친구와 자연스럽게 가까워지는 것도 아니고 친해져야만 할 것 같은 사람과 인위적으로 친해지려 노력하는 것이 얼마나 힘든 일인가. 나처럼 내향과 외향이 반반인 사람에게는 상상만 해도 진이 다 빠지는 일이다.

30여 년 동안 일하면서 소위 어장 관리하듯 사람들을 쥐락펴락하는 데 탁월한 분들을 많이 봤다. 정기적으로 연락하고, 상황을 업데이트하고, 잊을 만하면 커피 한잔 하자며 인맥을 넓히는 기술. 이건 확실히 사회생활을 하는 데 큰 장점이 된다. 하지만 나는 죽었다 깨어나도 못 할 일이다.

한때는 그런 재능이 부러웠다. 잘나가는 듯 보였기 때문이다. 하지만 이건 노력으로 될 일이 아니었다. DNA에 새겨져 있어야 한다. 나 같은 보통 사람에게 도움 될 만한 친구를 선정해 전략적으로 친해지려는 노력은 너무 어려운 일이다. 그래서 나는 결심했다. 솔직하고 투명한 마음을 가진 동료, 도움을 요청할 때 준비된 멘토, 최선의 결과를 만들기 위해 진심을 다하는 상사가 되려 했지만 친구가 되려 하지는 않았다. 친구가 된다고 회사 생활이 편해지거나 성과가 탁월해진다고는 생각하지 않았기 때문이다. 오히려 친구처럼 가까운 거리가 때로는 독이 된다고 생각했다.

내가 생각하는 가장 이상적인 관계는 건조하고 공식적이지만,

마음을 열고 진심을 다하며 적당한 거리를 둔 관계이다. 그래서 직장 사람들과 굳이 가까이하려 하지 않았고 오히려 너무 가까워져 '호형호제'를 하게 되면 경계했다. 또 다른 이유는 사회적 관계가 애초에 가진 한계 때문이다. 내 효용 가치가 달라지면 상대의 태도도 달라지는 사회적 관계에 실망하지 않으려고 미리 바리케이드를 친 방어적 행동이었던 것 같기도 하다.

나를 어장 관리의 대상으로 여기는 사람에게 마음을 주었다가 상처를 받을 것 같은 두려움 때문에 사회적 관계에 대해 그리 낙관적이지 않았다. 어찌 보면 지극히 인간적인 행동이기에 무어라 비난할 수도 없다. 하물며 부모도 잘나가는 자식은 어디서든 자랑하고, 내세울 것 없는 자식에 대해서는 입을 다무는데 내 효용 가치를 따라 입장을 바꾸는 사회적 관계는 자연스러운 것이다.

하지만 나는 어장 관리를 잘하지 못했고 그런 사람이 되고 싶지도 않다는 핑계로 사회적 관계에서 친구가 아닌 '보통 사람'이 되려 했고 그 편이 더 편했다.

불가원불가근(不可遠不可近)
○

학창 시절부터 관계를 맺어온 오랜 친구들도 다른 환경에서 30년을 살다가 같이 여행 한번 가면 온갖 다른 점만 확인하고는 "내가 얘랑 어떻게 친했지?" 하며 싸우고 다시는 안 보기도 한다. 주변에서 여행 다녀왔다가 관계가 끊어지는 모임을 꽤 봤다. 그런 마당에 회사 사람은 오죽하겠는가. 그러니 굳이 회사에서 친구 만들려고 애쓰지 말고, 스스로 혼자 서는 것이 훨씬 멋지다.

마음을 열고 공평한 마음으로 진심을 다하며 친절한 말을 하는 동료. 이것이 친구 같은 동료보다 백번 낫다. 너무 가깝지도 멀지도 않은, 불가원불가근의 느슨하지만 연결된 관계가 나는 좋다. 너무 친해져서 기대하고, 상처 주고, 토라지고, 언쟁이라도 하면 어디서 뒷담화한다는 말이 들리는 친구보다 말이다. 누군가의 어장 관리용 물고기가 되는 것보다 나는 그저 좋은 동료로 남고 싶다.

그러니 안심해도 된다. 회사 사람들과 굳이, 노력해가며 친구가 될 필요는 없다.

누군가를
안다고 말할 수
있으려면

바람 불면 먼지처럼 사라질 것을

○

'사람'이라는 단어를 생각하면 여러 가지가 떠오른다. 30여 년간 일하면서 사람 중심의 리더가 되려고 노력했지만 동시에 사람에게 마음을 다 주지 않으려 했다. 일은 사람이 하는 것이므로 사람이 제일 중요하다고 생각하면서도 돌아서면 남남인 사회적 관계에서 내 속을 보이지 않으려 했다. 일을 한창 하고 있고 영향력을 가지면 당연히 주변에 사람이 모인다. 그런 사람들은 나라는 사람의 본질보다 내 포지션과 그 포지션이 주는 영향력에 관심이 있다는 것을 알기에 속지 않으려 했다.

나는 늘 네트워킹에 대해 회의적이었다. 휴대 전화에 저장된 5,000개의 전화번호를 자랑 삼아 이야기하는 사람을 보면 삐딱한 생각이 들었다. '저 많은 사람들 중에 도움이 필요할 때 고민하지 않고 연락할 수 있는 사람이 얼마나 될까? 그런 연락을 받았을 때 조건 없이 선뜻 도와줄 사람은 몇 명이나 될까?'

그런 이유로 나는 넓고 얕은 네트워킹을 좋아하지 않는다. 온갖 학연, 지연 모임, 각종 협회, 이른 아침 호텔 조식을 먹으며 교류하는 조찬 모임 등에는 거의 나가지 않았다. 거기서 한 움큼 명함을 돌리는 것이 무슨 의미가 있을까 싶었다. 명함을 받은 이들이 내 이름 하나 기억할까? 내 명함은 곧장 쓰레기통으로 들어가는 건 아닐까? 나 또한 모임에서 받은 명함들을 바라봐도 도저히 얼굴과 매치가 되지 않아 곧장 버리기 일쑤였다.

부탁할 수 없다면 네트워크가 아니다

○

나와 오래 알고 지낸 한 여성 리더는 "그렇게 살면 안 돼."라며 진심어린 충고를 하기도 했다. 그렇지만 많은 사람을 안다고 그 사람들을 내 네트워크라고 생각하지 않는다.

내가 정의하는 네트워크는 명확하다. 내가 무언가 부탁할 일이 있을 때 바로 떠오르지 않더라도 곰곰이 생각할 때 떠오르는 사람. 잠깐 망설이긴 하겠지만 '그래도 이 정도는 부탁해 볼 수 있겠지.'라고 생각하게 되는 사람. 그래서 전화를 걸어 솔직히 말할 수 있는 사람이다. 이것이 내가 생각하는 네트워크의 범위다.

상대방이 내 부탁을 들어줄지 말지는 그 사람의 자유이므로 내 알 바 아니다. 중요한 건 내가 부탁할 수 있는가이다. 그러려면 전제 조건이 하나 있다. 평소에 내가 그 사람에게 마음으로 선의를 베풀어야 한다. 별거 아니라도 건네는 인사, 특히 상대가 어려울 때 건네는 위로, 사소한 도움을 청해 왔을 때 순순히 도와주는 마음이 있어야 한다. 이심전심이라고 사람의 마음은 통한다. 이것이 사람을 대하는 나의 기본 철학이다.

내가 추구하는 관계는 끈끈한 혈맹도 아니고, 죽고 못 사는 '라인'을 만드는 것도 아니다. 느슨하지만 연결되어 있는 느낌이다. 서로 각자 지기 삶을 살면서도 가끔 궁금해하는 사이, 흔하지는 않지만 물어볼 거리가 있거나 부탁할 일이 있으면 스스럼없이 전화할 수 있는 그런 관계다. 그렇다고 '넓고 얕게'의 반대인 '좁고 깊게'도 아니다. 이러니 내 인맥이 넓을 리가 있나.

사람들, 특히 헤드헌터들은 내 인맥이 매우 넓은 줄 안다. 주로 '지인 찬스'로 이직을 했기 때문이다. 오너, 이사회 의장, 투자자 등 나의 별로 넓지 않은 네트워크 중 이런 분들이 소수 계셨는데 나를 한 다리 건너서 아는 것이 아니라 직접 아는 분들이었다. 이 소수의 사람들이 내게 이직을 제안했다.

당시 대부분의 경우 합류 제안을 한 회사는 사정이 쉽지 않거나, 이런저런 실패를 겪은 후였다. 그렇기 때문에 잘 모르는 사람을 지리한 인터뷰를 통해 뽑는 것보다는 어떤 사람인지 겪어보고 검증됐다고 생각한 내게 기회를 주셨던 것 같다. 내가 이런 분들을 많이 알아서가 결코 아니다. 그냥 그 타이밍에 직접적인 인연이 닿았을 뿐이다.

한 다리 건너 아는 관계가 아니라 이렇게 직접 관계되어 있는 것이 중요하다. 한 다리만 건너면 다 아는 우리나라라지만 나는 "나 그 사람 알아!"라고 쉽게 말하는 사람은 신뢰하지 않는다. 그런 말을 들으면 속으로 '그 사람 잘 모르는구나.'라고 생각한다. 부탁할 수 없다면, 직접 닿아 있지 않다면 안다고 말할 수 없다.

나의 찐 네트워크
○

가만히 생각해보면 참 고마운 사람들이 있다. 마지막 회사에서 어려운 시간을 함께한 이들이다. 그 회사를 떠난 후에는 뿔뿔이 흩어져 각자의 커리어를 좇느라 정기적으로 만나지 못하고 있다. 지금은 서로 어떤 이해관계도 없고, 지금은 다른 산업에서 일하고 있어 공통 주제도 사라진, 결코 가깝다고 할 수 없는 관계다.

어느 날, 한 업계에 대한 지식과 동향을 알아봐야 할 일이 생겼다. 누구에게 물어봐야 하나 하면서 멍하니 있다가 문득 마지막 회사의 동료들이 그 업계에 있다는 것이 생각났다. 하도 오랜만에 연락을 하는 터라 조금 망설였지만 곧장 전화했다. 그런데 그들은 한걸음에 달려와 없는 시간을 쪼개서 열심히 도와주었다. 그냥 스쳐 지나가는 인연일 수도 있었는데, 이미 끝났다면 끝난 사회적 관계인데도 선의와 호의로 나를 대해주었다.

어쩌면 그들과 난 다시 한참 동안 만나지 않을 수도 있다. 그러나 이런 사람들이야말로 내가 안다고 당당하게 말할 수 있는 사람들이고 진짜 네트워크라고 생각한다. 누군가가 나의 도움을 필요로 한다면 언제든 달려가 도와줘야겠다고 다짐해본다.

날 손절한 사람,
내가
손절한 사람

조용하고 은밀하게 다가오는 관계의 단절

○

사회생활을 하면서 잘려본 적 있는가? 해고를 말하는 건 아니다. 제법 마음을 열고 지냈지만 어느 순간 연락이 뜸해지다가 내가 먼저 연락해도 답이 없거나 씹히고, 모두가 공공연하게 알지는 못하지만 당사자는 아는 그런 관계의 단절을 말하는 것이다. 싸한 느낌이 들다가 조용히 멀어지고 결국 관계의 문은 닫힌다. 곰곰이 생각해보면 다들 한두 명쯤 떠오를 것이다. 인정하기 싫지만 나도 있다. 반대로 나 또한 누군가를 조용히 잘라낸 적이 있다.

지나가다 가끔 보는 사이라면 상관없지만 사소한 일상까지 나누면서 꽤 친밀하다고 느꼈던 사람과 그랬다면 얘기가 달라진다. 나는 관계에 진심을 다했고, 솔직했고, 최선을 다했다고 생각했기에 누군가로부터 잘렸다는 것을 받아들이기 힘들었다. 마음을 터놓고 고민을 나누던 사람과의 사이에서 이런 일이 생기자 무척 당황했다. '이유가 뭘까? 내가 뭘 잘못했지? 왜 나를 멀리할까?' 아무리 생각해도 이유를 알 수 없었다. 눈치 없이 평소처럼 대하다가 어느 순간 벽을 느낀 후로 차마 직접 물어보지도 못하고 속으로만 끙끙 앓다가 결국 멀어졌다.

용기를 내어 물어봤더라도 솔직한 대답을 듣기는 어려웠을 것이다. 마음을 닫기로 결정한 사람은 분노가 치밀어 오르지 않는 이상 별말 없이 잠잠히 그냥 문을 닫아버린다. 그런 사람들은 분명한 계기와 이유가 있더라도 굳이 말하려 하지 않는다. 그렇게 관계는 멀어진다.

내가 잘린 이유

○

시간이 한참 지나서야 이유를 깨닫게 된 경우가 있었다. 공석인 부서장을 한꺼번에 8명쯤 뽑았던 적이 있다. 빠른 시간 내에 시행착오 없이 포지션을 채워야 했기에 헤드헌터를 통하지 않고 사돈의 팔촌까지 모조리 동원했다. 그렇게 평판 리스크가 없고 검증된, 트랙 레코드가 확실하고, 아는 사람 혹은 아는 사람이 강력 추천한 사람을 채용했다.

그런 과정을 거쳐 어렵게 채운 임원진이었지만 가장 긴밀하게 일해야 하는 두 명의 임원은 서로 핏이 영 맞지 않았다. 그중 한 명은 나와 같이 일한 적이 있어 직접 모셔온 사람이었다. 그는 저 사람과는 도저히 일을 못 하겠다며 토로했다. 그때 나는 이렇게 말했다.

"회사는 학교가 아니에요. 동료와 문제가 있을 때는 당사자와 직접 대면해서 푸는 게 순서에 맞다고 봐요. 제가 마치 선생님처럼 두 분의 문제를 해결할 수는 없어요."

그렇게 감정 없이 옳다고 생각한 것을 건조하게 말했다. 내가 모셔온 사람이라고 해서 감싸고 돈다는 인상을 주기 싫었다 보니 더 객관적으로 말했다. 마음 한구석에서는 '임원급이나 되는 어른들이 그 정도 감정과 분쟁은 스스로 해결해야지 그것까지 내가 다 독이며 중재해야 하나.'라는 교만한 마음도 있었다.

나의 이 객관적이고 공감 없는 태도가 그에게 상처를 준 것 같다. 나를 믿고 왔는데 나몰라라하면서 그걸 왜 내게 말하냐는 식으로 차갑게 반응했으니 그의 마음이 어땠을까. 어떤 회사든 믿고 데려가라고 추천할 수 있는 믿을 만한 인재라고 생각한 가까운 분이었는데. 그때는 당최 이유를 알 수 없었지만 곱씹어 생각해보고 골똘히 고민한 결과 왜 그랬는지 알 것 같다.

나의 건조하고 논리적인 태도가 누군가에게는 참을 수 없는 상처가 되어 문을 닫게 만든다는 것을 시간이 지나서야 느끼면서 배울 수 있었다.

내가 잘라낸 이유

○

　　　반대로 내가 관계를 끊은 경우도 있다. 내게는 상처인 사람들이다. 친구라 믿고 옹호했는데 뒤에서는 내 이야기를 하거나 정치적으로 이용했던 사람들이다.

　특히 어떤 한 사람은 내가 끝까지 변호했던 사람인데 뒤돌아서서는 이사회에서 내 험담을 제대로 했다고 한다. 다 알고 있었다고 하는데 나만 몰랐다. 그 사람을 향한 분노보다는 그런 사람을 구분하지 못했던 바보 같은 내게 화가 났다. '어리석기는. 30년을 일했는데 그 정도로 사람을 못 보다니.' 하는 생각과 함께 어이가 없어서 눈물이 날 지경이었다.

　이 외에도 같이 일하면 언젠가 큰일이 나겠다는 생각에 인연을 끊은 사람, 도와줄 수 있는 위치에 있었음에도 병든 동료를 모른 척한 사람은 더 이상 만나지 않는다. 조용히, 내가 먼저 잘라냈다.

어차피 인생은 독고다이

○

　　　30여 년 동안 사회생활을 하면서 관계가 정리될 때마다 무척 아프고 힘들었다. 나를 자른 사람이 서너 명, 내가 잘라낸 사람이 네댓 명쯤 되는 것 같다. 카톡 답장을 조금만 늦게 해도 미안함을 느끼는 소심한 나에게는 이유도 모른 채 관계가 단절

되는 것이 너무 고통스러워 이유를 알고자 안달하기도 했다.

　이제는 알 것 같다. 사람과의 관계는 억지로 되는 것이 아니다. 내가 붙들고 싶어도 붙들어지지 않고, 어쩔 수 없는 사람은 놓아버리는 것이 순리다. 올 사람은 오고 갈 사람은 간다. 나와 인연인 사람은 내 곁에 남을 것이고 그렇지 않은 사람은 지나쳐서 다시는 만나지 않게 된다. 그 누구의 잘못도 아니다.

　사람 사이의 관계는 그저 그런가 보다 하면서 흘려보낼 수 있어야 한다. 어차피 인생은 독고다이니까.

냉정하고 따뜻했던
내 평생의
멘토

그녀는 나에게 멘토였다

O

나는 그녀가 내 멘토인지 몰랐다. 나는 세 살 어렸던 그녀의 나이를 의식하지 않았다. 동료였고, 친구였고, 때로는 나보다 훨씬 성숙한 언니 같았다. 급하고, 열을 내고, 결정을 미루지 못하는 내 곁에서 그녀는 늘 속도를 늦춰주었다. 내 이야기를 끊지 않고 끝까지 듣고 나서 요약해 필요한 말만 남겼다. 내 편을 들지도 않았다. 그런데도 차갑다고 느낀 적은 없었다.

회사에서 만나 15년 넘게 알고 지냈지만 우리는 자주 만나지 않았다. 그저 필요할 때 자연스럽게 이야기를 나눴다. 그녀를 떠나보낸 뒤에야 커리어와 회사 일에 대해 말할 사람이 사라졌다는 것을 깨닫고서 알았다. 아, 내가 의지하던 사람이 그녀였구나.

좋은 HR의 조건

○

그녀는 다국적 제약 회사 시절 HR 헤드였다. 나는 사회생활이 길어지면서 좋은 HR에 대한 기준을 갖게 됐다. HR은 공명정대해야 하고, 권력을 휘두르거나 권력에 기대어서는 안 된다. 누구에게도 붙지 않고, 조직 안에서 필요한 거리를 유지해야 한다. 인사와 평가는 무기가 아니라 책임이어야 하고, 시스템과 원칙을 지키되 인사의 주체가 현업 리더임을 존중해야 한다.

좋은 HR은 입이 무겁다. 회사와 사람 이야기를 밖에서 하지 않는다. 정보가 곧 힘이라는 착각으로 말을 흘리는 순간 조직은 불필요한 혼란에 빠진다. 또 좋은 HR은 자존감이 높다. 사람을 다루는 일을 하면서도 개인적인 감정이나 사소한 태도에 흔들리지 않는다. 평가의 기준은 언제나 객관적이어야 한다.

그리고 결정적으로 좋은 HR은 사람에 대한 애정이 있다. 평가는 냉정하되 사람을 먼저 생각한다. 회사의 방향이 성과 중심일수록, 사람의 마음이 덜 다치도록 고민한다. 해야 할 말은 숨기지 않되, 딴 마음 없이 투명하게 한다.

그녀는 내가 생각한 좋은 HR의 모든 조건을 갖춘 사람이었다. 원칙적이고, 일관되고, 조용했다. 같은 회사에 있을 때도, 서로 다른 회사를 다닐 때도 그녀에게서 회사의 뒷이야기나 사람 평가를 들은 적이 없다. 내가 먼저 말을 꺼내려 하면 그저 미소로 반응했던 그였다. 긍정적이었지만 비상식에는 분명히 선을 그었다. 리더십팀의 일원이었지만 늘 직원의 관점에서 생각했고, 동시에 회사가 가야 할 방향을 외면하지 않았다. 시간이 지나서야 그녀가 왜 그랬는지 이해되는 순간들이 많았다.

떠난 후에야 비로소 알게 된 것들

○

그녀는 마흔여덟의 나이에 암이 재발해 어린 아들을 남기고 세상을 떠났다. 그녀는 투병 중에도 치료를 견디는 가장 좋은 방법이 일이라며 일을 놓지 않았다. 세상을 떠나기 직전까지 현업에 있었고, HR 고문으로 후배들과 함께 했다. 그녀와 함께 일한 사람들은 모두 존경했고, 많이 배웠다고 말했다.

오랫동안 내게는 멘토가 없다고 생각해왔다. 형식적 멘토는 있었지만 나를 진심으로 지켜보고 기다려준 사람은 없다고 여겼다. 그런데 내 멘토는 그녀였다. 멘토링이라는 이름이 없었을 뿐, 그녀는 내가 흔들릴 때마다 곁에 있었다. 답을 주기보다 내가 스스로 답을 찾도록 기다려줬다. 쉽게 털어놓지 않는 나에게 그녀는 유일한 이야기 상대였다. 그것을 떠난 뒤에야 알았다.

지금도 가끔, 상의할 일이 있으면 마음속으로 말을 건다. 잘 있냐고, 나는 여전히 그립다고.

5장

흔들리는
배 위에서
키를
잡는 법

*

조직이
움직이게 만드는
메시지의 원칙

글로벌 제약 회사 시절 옛 동료를 만났다. 이제는 친구가 된 그가 차 안에서 그때를 회상하며 말했다.

"그때 기억나세요? 사업부 전체 회의를 앞두고 저를 부르시더니 100명이 넘는 영업 직원들에게 어떤 메시지를 주면 좋을지 한참을 고민하셨던 거요. 매출 목표나 전략 같은 숫자가 아니라 사람들의 마음을 움직일 메시지를 고민하던 모습이 저는 꽤 인상적이었어요."

솔직히 나는 기억이 잘 나지 않았다. 하지만 돌아보면 늘 그런 생각을 했던 것 같다.

그 제약 회사에서 사업본부장이 된 이후 100~200명 앞에 서야 할 자리가 많아졌다. 참석하는 사람의 수가 많을수록, 특히 현장 영업 직원의 비중이 클수록 프레젠테이션 화면에는 몇 마디 적지 않았다. 상징적인 숫자 하나, 단어 몇

263

개만 크게 띄우고 나머지는 말로 채웠다. 물론 대강의 내용은 준비했지만 절반 이상 현장에서 즉흥적으로 했다. 그러려면 발표의 내용이 아니라 전달하고자 하는 메시지가 확실해야 했다. 잘한 것은 확실히 칭찬하고 못한 것은 투명하게 드러냈다. 우리가 지켜야 할 원칙을 명확히 규정했고 마지막에는 언제나 '할 수 없는 목표는 목표가 아니다. 우린 할 수 있다.'라는 말로 참석자들을 격려하고 응원하며 원 팀을 외치면서 내려오고는 했다.

조직을 이끄는 리더로서 메시지를 전할 때 꼭 지키고자 했던 나만의 철칙이 몇 가지 있다.

나쁜 소식은 빨리 말한다. 이때 감정이나 사족은 뺀다. 가장 중요한 것은 듣는 사람 입장에서 '서프라이즈'가 되지 않도록 즉시 전하는 것이다. 시간을 두고 끙끙 앓다가 나중에 전하면 듣는 사람은 왜 진작 말하지 않았냐며 배신감을 느낄 수밖에 없다. 혹은 그렇게 생각한다고는 전혀 생각하지 않았다며 당황할 수도 있다. 사람은 누구나 자기 입장에서 생각하기 마련이라 뒤늦게 알게 되면 그동안 착각하고 있던 자신이 바보처럼 느끼게 된다. 그러면 자신을 이렇게 만든 상대를 원망할 수밖에 없다.

그리고 항상 공식적으로 말해야 한다. "이거, 너한테만 먼저 말하는 건데." 하며 사적으로 흘리는 일은 절대 없어야 한다. 다른 사람을 통해 건너 듣는 것만큼 불쾌한 일은 없다. 나쁜 소식일수록 반드시 빠르게, 공적으로, 감정을 배제한 채, 대면해서 전달하려고 애썼다. 팩트를 건조하게 전달한 후에야 비로소 위로도 하고 감정도 나눌 수 있다. 이 순서는 바뀌면 안 된다.

조직의 이슈, 회사의 입지, 이사회의 시각, 시장 상황, 투자자와의 관계, 채용 이슈, 인사 분야 갈등 등 회사에서 벌어지는 문제가 한두 가지겠는가. 하지만 상황이 안 좋을수록 나는 조직 전체에 문제를 까놓고 이야기하는 것을 서슴지 않았다.

조직 전체가 문제를 인지해야 다음 한 걸음을 나갈 수 있다. 쉬쉬하며 덮어두면 곪아 터지고 만다. 물론 부작용도 있었다. 문제를 너무 투명하게 이야기하다 보니 본의 아니게 전임자를 비판하는 꼴이 되기도 했고, 직원들에게 과도한 위기감을 줘서 불필요한 불안 분위기가 조성되기도 했다.

적당한 비관론자이면서 늘 플랜 A, B는 물론이고 C, D까지 마련해두는 내 성향상 너무 솔직해서 탈이었던 적도 많았음을 고백한다. 수위를 조절한다는 것은 늘 쉽지만은 않았다. 그럼에도 감추는 것보다 드러내는 것이 백번 낫다고 믿는다.

문제를 투명하게 공론화하면 상황이 어떻게 흘러갈지 예

측 가능해진다. 그러면 해결책은 의외로 심플해진다. 대개 남은 옵션은 많지 않고 뻔해지기 때문이다. 물론 경우의 수만 줄었다 뿐이지 실행하기에는 매우 어렵다는 것이 함정이기는 하다. 예를 들면 이런 것들이다.

"매년 20% 성장하는 동시에 마이너스 수익 폭도 줄여야 한다."

"악성 재고를 털어야 하지만 매출이 떨어지면 안 된다."

"차량 회전율을 높이되 사고율은 낮춰야 한다."

"오프라인 매장을 줄여가면서도 EBITA에 영향을 주어서는 안 된다."

"경쟁사가 매체에 돈을 쏟아붓지만 우리는 돈을 안 쓰면서도 밀리지 않는 마케팅을 해야 한다."

말은 쉽지만 실행은 고통스러운, 서로 모순되는 과제들을 동시에 해내야 한다. 마치 '돈도 많이 벌고, 명예도 얻고, 가족과도 화목하게 지내야 한다' 같은 인생의 숙제와 비슷하다. 어렵지만 어쩌겠는가. 문제를 공유하고 우선순위를 정해 하나씩 해나가는 수밖에.

항상 리더에게는 메시지가 중요하다. 목적지는 분명하지만 가는 길은 정해지지 않은 안개 속 같은 비즈니스에서 어느 길로 가든 선택하지 않은 길에 대한 후회와 비난은 자연스레 있기 마련이다. 그렇기 때문에 왜 이 길로 가는지 분명한 메시지를 공유해야 구성원들이 불안해하지 않고 같이 노를 저을 수 있다.

함께 길을 떠나는 사람들에게 어떤 메시지를 주어야 길을 가는 동안 힘을 내어 걸을 수 있을 것인가. 그렇게 목적지까지 가는 과정을 설계하는 것이 리더의 역할이다. 그래서인지 지금 그때 그 시절 사람들을 만나면 그들은 모르겠지만 나는 설명할 수 없는 묘한 동지감을 느낀다. 어려운 세월을 같이 걸어갔던 동지감 말이다.

저승
사자의
커뮤니케이션

원치 않았던 타이틀, 구조조정 전문가
○

어쩌다 보니 자타공인 구조조정 전문가가 됐다. 가는 곳마다 무언가 잘 되지 않아서 바꿔야만 하는 상황에 놓였기에 몇 번 그 일을 하다 보니 '구조조정을 전문으로 하는 사람'이라는 라벨이 붙었다. 아주 고통스러운 타이틀이다.

단기간 내에 구조조정을 하다 보면 필수불가결하게 이어지는 것이 인력 구조조정이다. 핵심 사업만 남기고 필요하지 않은 일을 정리하다 보면 인력 단순화가 병행될 수밖에 없다. 수익이 나지 않는 상황에서 이윤을 남기기 위해서는 간접비부터 최소화하게 된다. 이어서 마른 수건 짜내듯 줄일 수 있는 모든 비용을 다 줄이고 그래도 부족하면 손을 댈 수밖에 없는 건 안타깝게도 인건비이기도 하다.

나쁜 소식은 전해야 하는 사람과 소식의 당사자 모두에게 고통스러운 것이기만 하다. 될 수 있는 한 저 멀리 미루고 싶다. 내 입으로는 말하기 싫고, 누구에게서도 절대 듣고 싶지 않다.

하루라도 빨리 회사를 턴어라운드하기 위해서 매일같이 인력조정에 관한 소통을 몇 명씩 해야 했던 시기에는 학교 가기 싫은 어린아이가 된 것 마냥 어떻게 하면 회사에 안 갈 수 있을까 싶었다. 그런 방법 따위는 없었기에 총대를 메고 전쟁터에 질질 끌려 나가는 심정으로 출근을 하고는 했다.

나쁜 소식을 다루는 커뮤니케이션은 미룰수록, 빙빙 돌려 말할수록 좋을 것이 없다. 오래된 연인 사이에서 이별을 직감하고도 서로 먼저 말을 꺼내지 못한 채 시간만 흐르는 것에 비유할 수 있겠다. 어쩌면 한쪽은 이별을 준비하는데 다른 쪽은 전혀 눈치 채지 못해 의도치 않게 바보가 되는 상황과 더 비슷할 수도 있다. 그러면 결국 이별을 통보받은 사람은 열 받고 억울하고 화가 난다. 그러니 결정이 되었다면 빨리 소통하는 것이 최선이다.

이럴 때 상대방을 존중하면서 내가 할 수 있는 가장 나은 행동은 충분한 시간을 들여 진심을 다해 커뮤니케이션하는 것이었다. 소식을 들은 직원은 처음에는 어안이 벙벙하다가 억울함을 느끼게 되고 깊은 곳에서부터 화가 올라오는 경험을 하게 된다.

나는 그 직원이 화를 충분히 소화할 때까지, 어느 정도 이해하고 납득할 때까지 기다렸다. 이 과정이 어느 정도 진행된 후에 회사를 상대로 원하는 바를 제시할 수 있을 정도로 마음의 정리가 끝날 때까지 상대방이 원한다면 몇 번이고 만났다. 이 지리하고 힘겨운 커뮤니케이션 과정에 대표로서 내가 할 수 있는 것은 그것뿐이었다.

구조조정이요? 제가요? 왜요?
○

인력 구조조정을 할 때 가장 힘든 상대는 오랜 기간 재직하면서 이직을 생각한 적 없고 회사로부터 어떠한 부정적 피드백도 들어보지 않았던 중간 관리자였다. 이들은 40~50대 남성일 확률이 높다. 그들도 빛나는 청춘일 때 뜨거운 열정을 품고 사회생활을 시작했겠지만 여러 이유로 현재의 위치에 만족하며 안전하고 평화로운 일상을 추구하면서 일했을 것이다.

그들 입장에서는 늘 하던 대로 일했을 뿐인데 회사의 사정이 어려워져서 혹은 윗사람이 바뀌면서 청천벽력 같은 일을 마주하게 된 것이다. 업무에 대한 차갑고 냉정한 평가나 리더십 부족을 지적하는 피드백을 들어왔다면 어느 정도 예측했겠지만 그런 것이 전혀 없었는데 이런 소식을 듣게 된다면 그야말로 나쁜 의미에서 서프라이즈일 것이다. 조직과 구성원의 동상이몽이 만들어낸 모습이다.

커뮤니케이션 측면에서 서프라이즈만큼 좋지 않은 것이 없다고 귀에 못이 박히게 교육을 받아왔건만 당장 구조조정을 실시해야 하는 회사에서는 매 순간 서프라이즈 상황이 만들어질 수밖에 없었다. 이런 상황이 만들어지는 것은 자기 업무를 제대로 수행하지 않은 관리자와 리더의 책임이 크다. 이런 과정을 겪으면서 조직에게는 즉각적인 소통이, 구성원에게는 자기 객관화가 얼마나 중요한지 배우고 또 배웠다.

한두 사람, 하루 이틀도 아니고 구조조정이 진행되는 6개월 정도는 업무 시간에 일을 하기가 어려웠다. 낮에는 면담이 줄을 잇다 보니 다들 퇴근한 후에야 밀린 업무를 처리했다. 하루 종일 어려운 소통에 진심을 쏟고 나면 기와 진이 몽땅 빠져나기는 것 같았다. 그렇지만 내가 유일하게 할 수 있는 예의라고 생각했다.

언젠가 내 차례가 올지도 모른다
○

돌아보면 후회가 되는, 괜히 했다 싶은 순간도 있다. 이사회 임원이 지인 중에서 영입했던 팀장을 겁도 없이 구조조정 대상자로 소통한 적이 있다. 그 임원은 곧장 전화를 했고 그후 우회적으로 트집을 잡아 보복하는 통에 된통 당한 적이 있다.

같은 기능의 팀장이 두 명이라 고심 끝에 한 명과 구조조정에 대해 소통했더니 자신도 이렇게 될 것을 예상해 더 좋은 회사로 이직을 타진했고 다행히 확정되었다며 쿨하게 받아들인 적도 있었다. 조금만 더 기다렸다면 굳이 주지 않아도 되었을 상처를 주고 만 것이다.

그래도 돌아보면 어렵더라도 회피하지 않고 정면으로 마주했고, 진심을 다해 마음이 풀릴 때까지 소통한 것은 잘했다고 생각한다. 그들을 위해서가 아니라 나를 위해서도 그러고 싶었다. 나쁜 소식은 누구나 마주할 수 있다. 나 또한 언제든 그 자리에 설 수 있다. 그러니 역지사지의 마음으로 진심을 다하고 싶었다.

나를 춤추게 하는 쪼임의 기술

○

사람에 맞게 잘 쪼는 것도 기술이다. 나의 경우 단점을 계속 지적당하고 칭찬받지 못하면 위축되는 스타일이다. 나는 늘 일을 찾아서 하는데 내가 한 일을 알아주지 않고 일 시킨 사람이 잊어버리거나 물에 물 탄 듯, 술에 술 탄 듯 넘어가면 힘들었다.

나 같은 사람에게는 계속 힘든 과제를 주고 적당한 주기로 체크하는 것이 효과적이다. 잘했을 때는 격려하고 못했을 때 솔직하게 피드백을 주면 먹힌다. 그리고 이 일을 할 사람은 당신밖에 없다며 믿고 맡기니 한번 멋지게 해내보라는 말과 함께 제법 큰 과제를 주고 위임하면 혼자 끙끙대면서 어떻게든 해낸다. 그러니 나 같은 사람을 부리려고 한다면 위임하고 칭찬과 격려를 아끼지 않으면 된다. 그러면 신나서 열심히 일한다. 나 같은 사람은 일을 많이 시키기 참 쉽다.

그렇지만 나를 다루듯 남도 다룰 수는 없다. 조직의 성격에 따라 사람을 움직이는 방식, 즉 쪼는 방법은 달라져야만 한다.

공정한 평가가 필요할 때

○

시스템이 제대로 돌아가고 있고, 인재 개발 프로그램이 풍성하면서, 평가 과정이 공개되어 있고, 주요 직무의 승계 계획과 인재 풀이 준비된 소위 부잣집이라 불리는 글로벌 회사에서는 공정하게 평가하는 것이 가장 잘 먹힌다.

매년 초에 측정 가능한 정량적 목표를 세우고, 하부 계획을 정교화하고, 평가자와 평가 대상자가 머리를 맞대고 평가 내용에 대해 합의한 후 6월쯤 되면 제대로 이행되고 있는지 중간 점검을 한다. 동시에 성장을 위한 개발 계획을 세워 부족한 영역은 어떻게 채울 것인지 향후 2~3년의 구체적 플랜을 짜도록 이끈다. 연말이 되면 360도 다면 피드백을 취합해 한 해 동안의 결과를 정량적으로 평가해야 한다.

이 과정은 말이 쉽지 실제로 실행하자면 결코 만만치 않다. 매우 투명하게 처리해야 하고 문서화하는 것은 필수다. 무엇보다 그 과정은 지난하기만 하다. 이것은 인사팀의 업무가 아니라 리더가 해야 하는 일이다. 결국 1년 내내 인사를 한다고 해도 과언이 아니게 된다. 하지만 안타깝게도 이렇게 공정한 평가를 하는 회사는 생각보다 많지 않다.

글로벌 회사는 이런 시스템이 기막히게 잘 되어 있다. 국내의 유명 대기업이라도 이만큼 하지 못하는 곳이 많다. 이런 회사에서는 평가 자체가 쪼는 방법이 되어 제대로 먹힌다. 직원들은 좋은 평가를 받기 위해 피드백에 민감해지고, 합의된 목표를 이루기 위해 노력하며, 객관적 근거에 의한 쪼임에 적응하며 스스로 노력한다. 공정한 평가에 대해 전반적 합의가 회사에 존재하므로 시스템만으로도 통제가 된다. 그래서 나의 메모와 관찰에 근거한 집요한 트래킹이 통할 수 있었다.

파격 인사로 충격을 주어야 할 때

O

평가 과정이 그다지 투명하지 않고, 직원들도 평가에 대해 민감하지 않은 회사에서는 달라야 한다. 이런 곳에서 평가를 근거로 쪼는 것은 '넌 떠들어라. 난 괘념치 않는다.' 하는 식의 딴 나라 이야기가 된다. 공정한 평가에 의한 보상이나 승진 기회가 충분치 않거나 사내 정치나 인맥 등 예상하기 힘든 로직으로 평가가 이루어지는 조직일수록 그렇다.

교육 프로그램이 약하고, 회사의 지원이랄 것이 딱히 없는 회사에서는 각 직원이 알아서 살길을 찾는다. 그렇다 보니 평가를 한다고 해도 행동과 결과가 크게 달라질 수 없다. 이런 회사에서는 메모와 관찰에 근거한 나의 트래킹은 무용지물이었다. 내가 뭐라고 하든 그때뿐이지 결과가 달라지지 않았다. 작은 규모의 회사나 당장 내일의 생존을 걱정해야 하는 스타트업 혹은 매출과 매각 이외에는 관심이 없는 투자자가 주인인 회사에서는 부잣집의 점잖은 방법이 먹히지 않았다.

이렇게 정글 같은 회사에서는 실전 위주로 쪼는 방법이 필요했다. 바로 깜짝 인사다. 다들 예상하는 시점이 오면 자연스레 이뤄지는 승진, 근속 기간이 긴 사람이 유리한 인사 제도, 오래 고여 있는 조직, 외부에서 들어온 이에게 텃세를 부리는 조직 문화, 학벌이 중요하게 작용하는 관행 등을 깨부수기 위함이다.

평가 시스템으로는 움직이지 않다가도 전통적, 관습적이지 않은 인사나 발탁 사례가 생기면 비로소 반응한다. 깜짝 인사 대상자에 대해 말들이 많아지고 자신이 기회를 잡지 못해 분노하다가 어쩌면 내가 발탁될 수 있다는 희망을 갖는다.

조직적 인프라가 약하고 동기 부여가 안 된 조직이나 적당히 묻어가려는 분위기의 조직에서는 눈을 부릅뜨고 내부의 숨겨진 인재를 찾으려 노력했다. 그렇게 빛을 보지 못했던 인재가 전격 발탁되는 사례를 만드는 것이 정글 같은 회사에서 내가 사용한 쪼는 방법이었다.

결국 '케바케'다

○

나이가 들면서 세월을 겪어내고 사회 전반이 급속도로 바뀌는 것을 보면서 쪼아서 되는 사람이 있고, 쪼아서는 안 되는 사람이 있음을 깨달았다.

쪼면 성과가 개선되고 과제 수행 능력이 향상되는 나 같은 사람이 있는 반면 내버려두고 맘대로 해보라 했을 때 최대치의 결과가 나오는 사람이 있다. 승진과 성공을 갈구하는 사람의 반대쪽에는 워라밸이 중요해 그 누구도 내 시간을 건드리지 않기를 바라는 사람이 존재한다. 회사 일을 최우선으로 하는 사람이 있는가 하면 자신만의 소박한 루틴 라이프를 소중히 여기는 사람도 있다.

점차 우리 사회에 다양성이 자리를 잡는 것 같아 좋다. 다름을 틀렸다고 하지 않는 사회가 되는 것 같아 다행이다 싶다. 그러나 아무리 세상이 변한다고 해도 자신을 소중히 여기는 만큼 남을 존중하고, 본인의 라이프를 우선하는 동시에 일에 매진할 줄 알고 사회에서 가치 있는 사람이 되고자 노력하는 사람이 아름답다. 그런 아름다운 사람들이 더 많아졌으면 좋겠다.

아수라장 같은
내면을 정돈하고
지키는 법

나의 아킬레스건

○

나는 일을 하면서 나의 아킬레스건을 점차 깨달았는데 사실 처음에는 잘 몰랐다. 예전에 호주의 이그제큐티브 코치는 내게 의사 결정이 너무 빠르다고 지적한 적이 있었다. 상대방의 이야기가 끝나기도 전에 내 머릿속은 남들보다 훨씬 앞서 진도를 빼고 이미 판단과 결정을 끝낸다는 것이다. 이러면 남들은 내가 왜 그런 결론을 냈는지 어리둥절해하고 내 생각의 속도를 따라오지 못할 수도 있다고 했다. 결국 문제 해결에만 집중한 나를 독단적이라고 생각할 수도 있다.

그 코치는 내 판단이 맞을 수도 있겠지만 만약 틀릴 경우 치러야 할 비용이 상당할 것이라고 경고했다. 남들과 진도를 맞춰 대화하고 끝까지 경청하는 훈련을 하라는 조언도 잊지 않았다. 맞는 말이다. 나는 남들이 이야기할 때 벌써 결론에 가 있는 경우가 많았다. 해결에 집중하느라 과정을 소홀히 했던, 검증된 나의 약점이다.

평판에 유독 열려 있는 귀

○

나의 찐 아킬레스건은 따로 있다. 워낙 행동파인 나는 무언가 결정된 후에는 "고!"를 외치며 곁눈질하지 않는다. 그리고 소통을 중요하게 생각해 반드시 조직 전체의 동의를 얻고자 했다. 해냈을 때의 성과와 남의 인정에 뿌듯함을 느끼는 사람들이 흔히 범하는 치명적 실수이자 약점이다.

언뜻 보면 추진력과 리더십이 있다는 장점으로 보이겠지만 그 속에는 문제가 내재되어 있다. 사심 없이 오직 회사를 위해 일한다는 자부심을 갖고 있었던 만큼 '이런 나를 감히 누가 비판해!'라는 심리를 갖고 있었다. 그래서 누군가 나에 대한 부정적인 이야기를 한다는 것을 알게 되면 크게 흔들렸다. 특히 내 역량에 대해 의심한다거나 회사의 방향성에 대한 회의감을 나타내는 의견에 취약했다.

머리로는 리더라면 냉철해야 하고 대를 위해 소를 희생하는 것에 담대해야 한다고 생각했다. 하지만 마음으로는 조직과 사람을 중요하게 여기고 의지했던 탓에 부정적 평가를 들으면 배신감과 부끄러움을 느꼈고 때로는 분노하기도 했다. 다른 사람들을 몰랐 겠지만 인정과 평판에 민감하다 보니 내면에서 반복해 벌어지는 이런 전쟁 같은 상황은 치명적이었다.

내 평판과 소문을 알려주는 사람이 더 위험하다

○

임원 초기에는 부정적 평가가 들리면 어찌해야 할지 몰랐다. 사실에 기반한 것이 아닐 수도 있고, 적대적인 의도 를 가진 사내 정치일 수도 있다는 생각은 하지 못한 채 "나는 그런 리더가 아니야!"라고 허공에 외치며 이를 무마하기 위해 불필요 하고 과장된 노력을 하고는 했다.

점차 리더로서 관록이 붙고 이런저런 정치와 영향력 게임을 겪 어내면서 회사 그리고 사회는 생각한 것보다 그리 정직하지 않다 는 것을 알게 됐다. 이런 깨달음을 얻게 되면서 경계하게 된 유형 의 사람이 있었다.

어떤 이는 내 사무실에 찾아와서는 특정 인물을 거론하며 그가 나에 대해 안 좋은 얘기를 하고 다닌다고 전해주었다. 아주 자연 스럽게, 구렁이 담 넘어가듯 은근슬쩍. 시간이 지나면서 점차 그 의 의도를 읽을 수 있었다. 그는 내가 평판에 지나치게 신경을 쓰 고 취약하다는 것을 파악하고 있던 것이다. 그런 나를 잘 이용해 자신의 목적을 달성하고 사심을 채우려 했다.

　모든 사람이 나를 좋아할 수 없다. 자기 객관화에 지나치리만큼 가혹한 나는 그 사실을 너무도 잘 안다. 마음을 지킬 수 있는 방법은 두 가지였다. 첫 번째는 평판에 대해 무심해지려 노력하는 것이다. 다른 하나는 나에 대해 뒤에서 이야기를 하는 사람이 아닌, 굳이 내게 그 사실을 전하는 사람을 조심하는 것이다.

　이후 몇 곳의 회사를 더 거치며 부화뇌동하지 않는 법을 익히면서 남들의 인정과 평판에 덜 민감해졌다. 무엇보다 부정적인 평가를 들어도 입을 닫고 굳이 대응하지 않으면서 평소처럼 일상을 살아갔다.

　내게 주변의 소문과 평판을 전한 사람은 그 얘기를 들은 내가 욱해서 어떤 행동을 취할 것이라고 예상했을 것이다. 하지만 내가 평화롭게 듣기만 하고 아무 반응도 보이지 않으니 점점 말을 전하지 않았다. 이제 와 솔직히 말하자면 당시에는 겉모습과 달리 마음속은 늘 전쟁터였지만 말이다.

안 되는 걸 어떻게 되게 하나

○

　또 다른 아킬레스건은 포기에 관한 것이다. 나는 포기를 잘 못한다. 그동안 들인 노력을 생각해서라도 어떻게든 끝까지 가보려 했다. 끈기는 장점 같지만 때로는 매우 큰 약점이기도 하다.

내가 모신 오너 중에는 말과 생각이 자꾸 바뀌는 분이 있었다. 이 사업을 해보자며 지시해 이리저리 시도하고 있었는데 아니다 싶었는지 말을 바꿔 다른 지시를 내렸다. 사람에 대한 평가도 수시로 바뀌었다. 이 사람이 내 사람이다 생각했는지 곁에 두었다가도 눈에 들어오는 다른 사람이 생기면 그에게 온 관심을 쏟고는 했다. 이쯤 되니 어딘가에서 오너의 덕목 중 하나는 '변심'이라는 말을 들었던 것이 생각났다.

그 오너는 자신의 장점으로 자존심이 없고 아닌 것은 빨리 포기한다고 말하고는 했다. 그때는 그게 무슨 자랑인가 싶었는데 지나고 보니 그만한 장점이 없구나 싶다. 많은 리더들은 자존심 때문에 포기하지 못한다. 나를 믿고 따르라고 선포하며 조직을 이끌고 있는데 중간에 다시 돌아가는 것은 체면상 허용할 수 없는 일이기 때문이다. 나 또한 포기하지 못했던 이유는 결국 내 자존심이었음을 나중에야 깨달았다.

유연한 사람일수록, 자존심에 얽매이지 않는 사람일수록 객관적인 시각을 갖고 객관적인 판단을 한다. 그러면 포기해야 할 때 더 이상 무의미하게 꼬라박지 않고 깔끔하게 포기할 수 있다.

육군 특전사의 부대 신조이자 구호인 "안 되면 되게 하라."는 일반인들도 많이들 사용하는 표현이다. 하지만 "안 되면 포기하라." 가 시대적 상황에는 더 맞는 말이다. 길은 여러 개다. 선택한 길이 아니라는 것을 알게 되었다면 과거에 얽매이지 말고 돌아서서 다음 기회를 도모하는 것이 현명하다.

자존심 때문에 포기하는 것이 힘들었던 나는 많은 대가를 치르고서야 배웠다. 아닌 건 단박에 포기하는 게 맞다. 다음 기회에 더 잘하면 된다.

오너 회사에서는
오너가
하라는 것을 한다

곳곳에 시누이가 있는 회사

○

20여 년을 글로벌 회사에서 프로페셔널 월급쟁이로 살다가 처음으로 한국 오너 기업에 합류했을 때 상당한 문화충격을 경험했다. 주주가 회사의 주인이 되어 실적과 주가로 평가가 내려지는 회사와 오너 회사, 특히 비상장 오너 회사의 메커니즘은 완전히 달랐다.

일단 오너 회사에는 오너가 회사 내에 상주할 수 있는 환경이 물리적으로 조성되어 있었다. '회장님' 또는 '이사회 의장님' 등의 타이틀을 가진 그들은 매일 출퇴근했고 보좌해주는 사람이 많았다. 오너는 자신의 일거수일투족을 주목하는 회사의 직원들에게 막강한 영향력을 행사했다. 처음에는 이런 분위기에 압도되면서 '대체 내가 여기서 무엇을 할 수 있을까? 직접 하면 될 텐데 굳이 왜 나를 뽑았을까?'라고 생각하며 심각하게 고민했다.

내가 경험한 첫 번째 오너 회사는 패밀리 비즈니스여서 사방팔방에 오너의 가족, 친척들이 포진해 있었다. 눈치를 봐야만 하는 '시누이'가 여러 명 있는 셈이니 주눅이 들었다. 긴 시간을 글로벌 기업에서 다양한 국적의 동료들과 열려 있고 수평적인 분위기 속에서 일했는데 너무도 달라진 분위기에 기가 눌렸다. 게다가 회사 상황이 좋지 않아 빠르게 판단하고 움직여야만 했는데 이런 문화에서는 어떻게 행동하는 것이 지혜로운 것일지 도통 감을 잡을 수 없었다

내 어젠다가 아니라 오너의 어젠다로

○

세 분의 오너와 10년 가까이 일하면서 체득한 생존 법칙이 있다. 내가 스스로 판단해 할 일을 정하지 않고 오너가 하라는 일을 먼저, 빠르게 하는 것이다. 부정적으로 들릴 수 있지만 전혀 그렇지 않다.

스스로 어젠다를 정하고 주도적으로 문제를 해결하는 데 익숙했던 나는 오너 기업에서도 처음에는 같은 방식으로 접근했다. 마구 회사를 휘저으며 주체적으로 할 일을 정했다. 늘 그랬듯 묻지도 따지지도 않고 일단 "고!"를 외치고 다녔다. 그렇지만 시행착오를 겪으면서야 깨달았다. 내 어젠다가 아니라 오랫동안 회사에 몸

담았고 누구보다 회사를 잘 아는 오너가 원하는 어젠다부터 해결하는 것이 올바른 순서라는 것을 말이다. 다시 말해 오너가 직접 할 수 없는 일, 누군가가 대신 해주었으면 하는 일 때문에 내가 대표로 고용되었다는 사실을 인정해야 했다.

고용된 대표였던 나에게 오너가 원했던 일은 크게 세 가지 유형이었다.

자신의 역할을 대신했으면

○

오랫동안 손을 대고 싶었지만 여러 이유로 그렇지 못한 채 내버려두다 곪을 대로 곪아버린 문제를 해결하는 것이다. 이런 경우 대개 사람과 관련된 경우가 많다.

이미 교체되었어야 할 저성과자가 오너와 오랜 세월을 같이 일하면서 인간적, 정서적으로 얽혀버린 경우가 있었다. 그가 문제라는 것은 회사 전체가 알고 있었지만 오너는 차마 내치지 못한 채 속앓이만 하고 있었다. 외부에서 들어온 내가 보기에도 문제라는 것이 분명하게 보였을 정도였다. 곧바로 조직을 재정비하고 싶었지만 알고 보니 '회장님의 사람'이기도 했고 오래 근속해 쉽지는 않겠다 생각했다. 실은 오너도 나와 같은 생각을 하고 있다는 것을 오래지 않아 알게 됐다. 그는 내 손을 빌려 문제를 해결하고 싶었던 것이다.

도저히 엄두를 내지 못할 때

○

      해결하자니 너무 골치가 아파 누군가 대신했으면 하는 일들이 있다. 이런 것들은 보통 문제의 뿌리까지 깊이 파고들어 진단하고 구조를 통째로 바꿔야 한다. 자금 흐름이 막혀 있다든지, 회사 이미지가 빠르게 나빠지고 있다든지, 신제품을 출시했지만 반응이 미약해 성장이 멈췄다든지, 매출은 늘었지만 영업이익률은 계속 마이너스를 찍고 있다든지 등. 그런 문제는 끝도 없다

  직접 손을 대자니 없던 두통도 생길 법한 일들이다. 한 회사의 오너라면 업계의 '구루'쯤 되는데 그런 사람이 몰라서 못하는 게 아니다. 디테일하게 파고들어야 하는 그 지난한 과정에 엄두를 내지 못할 뿐이다. 손을 대지 않고서는 턴어라운드가 불가능할 때 나 같은 '해결사'가 필요하다.

오너의 부족함을 채우기 위해

○

      업계의 구루 정도의 위치에 있는 오너이지만 모든 면에서 뛰어난 육각형 인재일 수는 없다. 그래서 자신의 부족함을 채워줄 믿을 만한 전문가에게 회사를 맡긴다. 특히 오너가 고령일 경우 최신 트렌드, 새로운 마케팅 기법, 고객 관리 도구, 해

외 시장 개척 방안, 지배 구조 및 주주 관리, 투자자 대상 IR 등 많은 것을 속속들이 파악하기는 힘들다. 전문 역량이 필요할 때 나 같은 사람이 들어가 그 빈틈을 메우게 된다.

월급 받는 대표라면 마땅히 할 일

○

오지랖 넓게 나대면서 내 판단으로 급하고 중요한 일을 마구 정해서 진도를 쭉쭉 빼는 일은 오너 기업에서 금물이다. 오너와 미리 얼라인을 맞추고 일을 시작하는 편이 훨씬 효율적이다. 내가 중요하다고 규정한 문제가 오너는 그렇지 않다고 생각할 수 있다.

나는 내 주장의 정당성을 피력하고 논쟁하여 결국 관철해내는 데 탁월한 사람이지만 오너 회사에서만큼은 성질 죽이고 오너가 원하는 일을 선 넘지 않고 했다. 덕분에 오너와 무리 없이 원만하게 일할 수 있었다. 한 오너 회사에서 퇴사할 때 인사 담당 임원은 내게 '밸런스를 가장 잘 지켰던 대표'였다고 평가해 감사했던 기억이 있다.

"영업 조직을 뿌리부터 탈바꿈하되 노조와 갈등 없이 원만하게 진행하라."

"20% 이상 매출을 끌어올리면서 5년 동안 마이너스였던 영업 이익률을 플러스로 전환하라."

"사고율의 주범인 20대 고객을 빠른 시일 내에 30대 이상으로 대체하라."

"멋지고 폼 나는 전시만 하지 말고 돈이 되는 전시를 하라."

오너 회사에서 내가 받았던 미션들이다. 하나같이 쉽지 않았고 내용적으로 모순되기도 했다. 하지만 사업 성공을 실현하기 위한 핵심 사항이었고 방향은 분명했다. 그래서 저 지시부터 해결하기 시작했다. 속으로는 '이렇게 어려운 걸 어떻게 그리 빨리 하냐고…' 하면서 엄청 구시렁대고 투덜거리면서도 했다.

맨몸으로
야생에서 살아남은
오너

오너는 퇴로가 없다

○

창업한 친구에게 회사 일이 힘들다며 징징거린 적이 있다. 친구는 가만히 나를 쳐다보더니 시니컬한 표정으로 말했다.

"너는 힘들면 사표 쓰고 나가면 그만이잖아. 다른 회사로 이직도 할 수 있고. 나는 도망갈 수도 없어. 내 돈이 다 들어갔고, 휴가는 꿈도 못 꾸고, 직원들 월급 줘야 하고, 24시간 이 생각뿐인데 네가 아무리 힘들어도 나만큼 하겠어?"

공감과 위로가 필요해 얘기했더니만 내 편을 들어주지는 않고 저런 반응을 보여 속으로 부아가 끓어올랐다. 하지만 100% 맞는 말이었다.

이 친구는 20여 명의 직원을 둔 오너 회사의 대표였다. 그는 늘 모두가 출근하기 전인 이른 새벽에 집에서 나와 회사에 출근해 오후 4시쯤 되면 사무실에서 나와 두 번의 저녁 약속을 뛰고 나서야 퇴근하는 루틴으로 오랫동안 살았다. 휴가는 잊고 산지 오래고 실적이 안 좋은 시기에는 늘 마음 졸이며 지냈다고 했다.

만약 창업 후 외부에서 투자라도 받게 되면 부담감은 백 배, 천 배로 커진다. 내 돈으로 실패하면 날렸다고 자책하면 되지만 내 이름과 회사를 믿은 투자자의 돈을 날릴 수는 없으니 말이다.

이것이 월급쟁이와 오너의 결정적 차이다. 월급쟁이는 회사가 잘되든 못되든 월급을 받지만 오너는 자신의 돈을 쏟아 부었기에 까딱 잘못하면 빚더미에 나앉는다. 뒤로 돌아갈 곳이 없다는 절박함. 이 지점에서 오너 특유의 야생성과 동물적 감각이 탄생한다.

번데기 앞에서 주름 잡지 마라
○

오너 회사에서 놀랐던 점은 오너들이 회사가 속한 업에 대해 모르는 것 없이 빠삭했다는 것이다. 그저 한 산업에 오래 있다 보니 자연스레 알게 되는 수준을 넘어 관련 산업까지 디테일을 꿰뚫는 내공은 도저히 따라갈 수 없었다. 이곳저곳에서 주워들은 지식을 오너 앞에서 늘어놓으며 아는 척하는 것은 바보 같은 짓이다. 번데기 앞에서 주름 잡는 것밖에 되지 않는다.

나름 제약 산업에서 8년 넘게 일해 모르는 것 빼고 다 안다고 자부했던 나였지만 오너 회장님 앞에서 제대로 꼬리를 내린 적이 있다.

수요 예측 미팅 자리에서 재고량과 도매상별 수금 상황을 논의하고 있었는데 미팅을 준비한 CFO와 나도 소규모 도매상 상황을 다 알지 못했다. 전국에는 수많은 도매상이 있는데 그걸 어떻게 다 기억할까. 그런데 회장님은 달랐다. 여차하면 각 도매상의 '숟가락 개수'를 읊을 기세로 모든 도매상을 꿰뚫고 있었다. 한마디로 게임이 안 됐다.

월급을 받은 만큼 일하는 나와 내 돈을 내고 내 사업을 하는 회장님의 오너십이 만들어낸 차이였다. 자신이 몸담은 분야에 대한 깊이에 있어서는 따라갈 수가 없었다.

검정 사인펜으로 그려낸 돈의 흐름

○

성공한 오너는 어디서 어떻게 돈을 벌 수 있는지에 대한 동물적 감각을 가지고 있다. 깊이 분석하는 것도 아니고, 심층 투자 리포트를 보고 판단하는 것도 아닌데 기가 막히게 돈냄새를 잘 맡았다.

한번은 회장님과 가볍게 회의를 하고 있었다. 갑자기 회장님이 이면지 한 장을 꺼내더니 검정 사인펜으로 자금의 흐름을 쓱쓱 쓰기 시작했다. 이 돈이 저기로 가고, 저기서 여기로 오고, 3개월 후

에 저기로 간 후 보유하고 있다가 6개월 뒤에 저쪽으로 옮기면 된
다는 식이었다. 처음부터 끝까지 암산으로 수많은 숫자를 계산하
며 자금 흐름을 그리는데 중간쯤부터는 그 기민한 속도를 도저히
따라갈 수 없었다. 회장님은 까만 숫자와 화살표로 가득한 종이
한 장을 남기고 쿨하게 나가버리셨다. 나는 그 암호 같은 종이를
들고 복기하며 한참을 끙끙댔다.

일 좀 한다고 자부했고, 특히 숫자는 한 번 들으면 잘 잊지 않는
나였는데 빠릿빠릿한 회장님의 두뇌 회전만큼은 그런 나조차 절
반도 따라가지 못했다.

월급쟁이가 계산기를 두드리며 리스크를 따질 때 오너는 본능
적으로 승부처를 알아본다. 그것은 학습된 지식이 아니라 내 돈을
걸고 시작한 전쟁터에서 살아남기 위해 체득한 생존 감각이다.

맨땅에 헤딩하며 길을 만든 사람들
○

엄밀히 말하자면 창업주 오너와 2세 오너는 다르
다. 일반적으로 2세 오너들은 시스템을 갖춰 회사를 번듯한 모습
으로 현대화하는 데 관심이 있다. 물려받은 회사를 구멍가게에서
그럴듯한 슈퍼마켓으로 만들고 싶어 한다. 대를 거치며 다음 세대
로 갈수록 이전 세대의 고생기과 땟국물이 빠지면서 나름 근사해
지기 마련이다. 하지만 다른 종류이 도전이 기다리고 있어 이것을

어떻게 넘어가느냐에 따라 승패가 많이 갈린다.

반면 맨땅에 헤딩하며 없는 길을 개척했던 창업자에게는 범접할 수 없는 개척자 정신이 있다. 큰 그림을 보는 시야를 갖추었고 웬만한 위기에는 눈 하나 꿈쩍하지 않는 대범함도 있다. 작은 규모에서 시작해 점점 키워갔기 때문에 회사를 집처럼, 직원을 가족처럼 여긴다.

새로 회사를 만들어 꾸려간다는 것은 아무것도 보이지 않는 안개 속에서 목적지를 찾아가는 것과 같다. 얼마나 많이 넘어지고 부딪혔겠는가. 투자금만 회수하는 데 성공하면 관두고 싶었던 순간이 수도 없이 많았을 것이다. 그럼에도 그들은 멈추지 않았고 결국 살아남아 회사를 키웠다. 안정적인 월급쟁이의 삶을 버리고 자신의 모든 것을 걸고 아무도 가지 않은 길을 나선 용기와 뚝심 덕분이었다. 그 과정에서 쌓인 내공은 그 누구도 흉내 낼 수 없는 그들만의 자산이다.

오너의 곁에서 대표로 일한다는 것은

○

어느 회사나 그렇듯 회사에 변화를 주고 싶을 때 가장 먼저 하는 것이 사람을 바꾸는 것이다. 특히 대표나 조직장 자리에 새로운 사람을 앉히는 것은 회사 입장에서는 가장 쉽고 흔히 할 수 있는 일이다. 특히 오너들은 쉽게, 자주 대표 교체를 시도

한다. 그렇기에 대표는 자리를 유지하기 위해 매출과 수익 목표를 달성해야 하는 것은 물론이고 끊임없이 상하좌우 모든 구성원에게 피드백을 구하면서 리더십을 단련하고 훈련해야 한다. 그렇지 않으면 어느 순간 내쳐질지 모른다.

반면 오너는 대체할 수 없는 존재다. 대표는 성과가 나오지 않으면 언제든 자리가 날아가는 파리 목숨이지만 오너는 그 자리를 지킨다. 그러니 더더욱 오너는 현명해야 한다. 대체할 수 없는 자리에 있는 사람이 회사의 운명을 결정한다. 그러니 그 사람이 훌륭해야 회사도 훌륭해진다. 이것이 오너가 리더십을 갖춰야 하는 분명한 이유다.

그래서 오너 기업에서 일하는 방식은 그전까지 경험했던 회사에서와 달라야 했다. 나는 내가 잘하는 것을 하고, 오너는 그가 잘하는 것을 하며 역할을 나눴다. 내게 업계의 깨알 같은 지식은 충분하지 않았지만 그간 글로벌 기업에서 배운 시스템과 조직 운영, 경영 기법이 있었다. 이것을 활용해 매출을 일으키고 튼튼한 수익 구조를 구축해 회사의 꼴을 더욱 단단히 만들었다.

오너는 업계에서 갈고 닦은 직관과 정보를 바탕으로 미래 먹거리를 탐색하고 지배 구조를 설계했다. 그리고 나와 같은 사람들에게 영감을 주었다. 이렇게 오너의 동물적 감각과 나의 시스템적 경영이 만났을 때 회사는 비로소 성장할 수 있었다.

그렇다면 생고생을 하면서 회사를 만드는 이유는 무엇일까? 확률은 낮지만 잘되면 돈을 대박 많이 벌 수 있다. 회사를 만들었다는 자부심, 사회적 존경, 물려줄 수 있는 유산. 이 모든 리워드는 월급쟁이와 비교할 수 없다. 그러나 표면적으로 보이는 것만으로 부러워하거나 폄하하지 말자. 좀더 안전한 길을 택한 사람들도 있다. 누구나 자신의 길이 있고 그 선택엔 이유가 있다.

나는 창업의 길을 끝까지 간 분들의 용기를, 모든 것을 쏟아부음을, 원대한 비전을, 어떻게든 되게 하려는 안간힘을, 포기하지 않고 끝까지 버틴 그 마음을 존경한다. 그렇기에 나는 성공했든 그렇지 못했든 창업한 모든 이들을 존경한다.

멋대로 생각해라,
난 내 길을
가련다

여자라는 핸디캡, 그리고 전략적 침묵

○

여자라는 사실이 사회생활에서 득은 아니다. 확실히 손해다. 여자로 조직에서 살아남는 것은 쉽지 않다. 남자들은 태어날 때부터 가진 이점을 잘 모를 것이다. 때로 남자들이 군 복무의 억울함을 토로하면 나는 속으로 '수많은 사회적 이득이 있었으니 그 정도 불이익 하나쯤은 있을 수 있지.'라고 농담처럼 생각하곤 했다.

나는 커리어 초반을 글로벌 회사에서 보냈던 행운아다. 1990년대만 해도 국내 대기업은 여자를 잘 뽑지 않았지만 글로벌 회사는 남녀 성비가 반반 정도 되었고 성별에 따른 선입견이 확실히 덜했다. 다행히 회사 내에서는 여자라는 이유로 시스템적인 불이익을 경험하지 않았지만 우리 사회에서는 아직 '마이너리티'였기에 보이지 않는 편견은 여전히 존재했다.

우리 사회는 유독 여자에게 결혼은 했는지, 아이는 몇 살인지, 남편의 직업이 무엇인지 궁금해한다. 반대로 남자에게는 그렇게까지 꼬치꼬치 묻지 않으면서 말이다. 그런 이유로 나는 오랜 시간 결혼 여부나 자녀와 관련한 것을 자발적으로 노출하지 않았다. 이런 정보를 포함해 사적이라고 생각하는 정보는 철저히 차단했다. 사적인 정보를 노출하면 나의 성과나 능력보다 그런 쪽에 관심을 두고 말들이 많아졌기 때문이다.

나는 사람들이 마음껏 상상의 나래를 펼치도록 그냥 두었다. '결혼을 안 했으니 아침저녁으로 저렇게 독하게 일하지.', '저런 성격의 여자가 결혼을 했겠어?', '좋은 시절을 몽땅 일에만 바쳤구먼.' 이런 비하 섞인 수근거림이 애 엄마라서 일에 집중하지 못한다는 편견보다 나았다. 그리고 '결혼도 못 한 싱글 쌈닭'을 덜 만만하게 봐서 차라리 일하는 데 도움이 됐다.

내가 여자라서 우습니?

○

결혼한 여자가 직장에서 아이와 가족 이야기를 하는 것은 이상한 일이 아님에도 이른바 '아줌마'로 보는 시선이 있다. 프로페셔널하게 보지 않는 것이다. 여자가 기혼이면 뭔가 순응적이고 덜 유능할 것이라는, 반대로 미혼이면 일밖에 모르니

야심만만할 것이라는 우습기만 한 전제를 경험했다. 남자들의 능력을 평가할 때는 아무런 작용도 하지 않는 결혼 여부가 여자에게는 꼬리표가 된다.

아이러니하게도 이혼에 대한 선입견도 있다. 이혼했다고 하면 보호막이 없는 상태로 여기는 것인지 이상하게도 만만하고 가볍게 보는 시각이 있다. 이런 것은 권력을 쥔 기득권 남자들 사고방식의 밑바닥에 은근히 깔려 있는 무시의 태도였다.

결혼을 했든 이혼을 했든 그게 업무 능력과 무슨 상관인가. 그래서 나는 입을 다물었다. 일과 결과로만 평가를 받고 싶었다. 결혼이나 가족 등 사적인 질문이 나오면 조용히 미소를 지으며 다른 주제로 넘겼다.

슈퍼 우먼 콤플렉스

사회적으로 제대로 된 평가를 받기 힘든 여자에게 사람들이 가지고 있는 이상한 기대가 하나 있었다. 바로 '멀티플레이'를 당연히 할 수 있을 거라는 기대다. 회사 일은 당연히 잘해내야 하고, 집안일과 육아는 물론이고 양가 부모님을 챙기는 일까지 퍼펙트하게 해내길 바란다.

예를 들어 아이가 아프면 남자들은 별 고민 없이 출근하지만 여자는 "더는 안 되겠다. 이젠 때려쳐야지." 하며 자책하고 죄책감을 느끼면서 출근한다. 그렇게 출근을 하면 독하다고 욕을 먹는다. 이런 압박과 이중잣대는 가족 안에서 더 심한 것 같다.

　나는 이런 사회적 인식이 부당하다고 생각하면서도 둘 다 잘하려고 애를 썼다. 일을 한다고 다른 것을 희생한다는 말을 듣지 않겠다는 강박 때문에 평일에는 야근과 회식에 조찬 모임까지 모두 빡빡하게 소화하고도 주말에는 밀린 청소와 빨래, 아이 숙제를 관리하는 것까지 챙기며 분초를 쪼개 살았다.

　회사에서는 손에 물 한 방울 안 묻힐 것만 같은 이미지로 지냈지만 주말에는 그야말로 '살림 홀릭'으로 살아내면서 허리가 휘었다. 거의 25년 가까운 시간 동안 나 자신을 위한 시간은 거의 없었다. 아주 가끔 산발이 된 머리를 정리하러 미용실을 가거나 더는 미룰 수 없어 병원을 찾는 것만이 유일하게 나를 위해 쓰는 시간이었다.

　돌아보면 왜 그렇게까지 했을까, 왜 목숨 걸고 다 잘하려 했나 싶다. 그때는 일하는 여자에 대한 편견에 맞서고 싶었고 아이에게 미안하지 않고 죄책감을 느끼지 않으려고 가랑이 찢어지도록 노력했던 것 같다. 하지만 이것은 여자에게만 지워진 너무나 무겁고 불공평한 짐이다. 요즘 세대가 결혼을 가급적 피하고 하더라도 출산을 기피하는 심정이 백번 천번 이해가 된다.

나는 그렇게 살아냈지만

○

여자라서 손해를 보는 게 어디 한두 개랴. 하지만 나는 이렇게 생각한다. 부당한 편견 하나하나에 열받고, 분노하고, 대립하고, 싸우다 좌절해 결국 포기하는 것보다는 그냥 묻어놓고 갈 길을 가는 편이 낫다고 말이다.

환경 탓을 하며 주저앉으면 인생은 바뀌지 않는다. 우리네 인생은 원래 불공평하다. 여자에게는 더욱 그렇다. 그렇다고 세상이 바뀌길 마냥 기다릴 수는 없지 않나.

그래서 나는 여자로서 겪는 불이익을 크게 의식하지 않고 꿀꺽 삼키면서 내 일에만 집중했다. 그렇지만 다시 기회가 주어진다면 사회적 기대에 맞추기 위해 나를 혹사시키면서 모든 역할을 완벽히 수행하려고 애쓰지 않을 것이다. 다 잘할 수 없는 실수 투성이인 나를 인정하고 스스로를 토닥이며 "배 째!" 하는 마음으로 살고 싶다.

여자라서
좋은 점도
있었다

속박으로부터의 해방

○

　　여자라서 손해인 점은 생각하지 않아도 술술 나오는데, 여자라서 좋은 점은? 음, 좀 생각을 해봐야 한다. 한참 동안 머리를 굴려도 생각이 날까 말까 한다.

　우선, 태생적으로 그 끈끈한 '형님 문화'에 속할 수 없어서 좋았다. 형이라서 모시고 아우라서 챙겨주는 남자들만의 세계에 여자가 들어갈 틈은 애초에 없다. 그런데 역설적으로 이 문화에 들어갈 수 없어서 숨통이 트였다.

　형님 문화가 익숙한 남자들은 여자에게 깍듯하게 예의를 갖췄다. 그리고 아우들에게 친근함의 표현이랍시고 하는 것처럼 그런 험한 표현도 절대 하지 않았다. '까라면 까' 식의 막말이나 강압적 지시를 여자 직원에게 했다가는 큰일이 날 테니 말이다. 그래서 남자들은 여자 직원이 맘에 들지 않아도 함부로 직언을 한다거나 구박도 못 하고 답답해하며 죽어갔다. 나는 그게 참 편했다.

물론 여자들은 형님 문화 바깥의 이방인이다 보니 그들 사이에서 공유하는 은밀한 정보, 형님이 아우 챙기듯 주는 솔직한 피드백과 지원은 받지 못한다. 가끔은 그 끈끈함이 부럽기도 하고 '인싸'가 되지 못하는 것 같다는 소외감도 들었다. 하지만 어쩌랴. 어차피 못 들어가는 것을. 오히려 위아래 확실한 위계질서, 친근함으로 포장된 무례함, 오라면 오고 가라면 가야 하는 속박에서 자유로워서 좋았다.

시대 변화 흐름의 수혜

○

시대 분위기로 인해 여자라서 혜택을 본 적도 있다. 소위 쿼터 채우기, 구색 맞추기의 덕을 본 것이다.

내가 한창 실무자로 일할 때만 해도 일터에 여자가 너무 없던 시절이었다. 이것을 개선하기 위한 정부의 규제 때문에 일정 비율을 여자로 채워야 할 시기가 있었다. 또 시대 변화에 발맞춘 괜찮은 회사라는 것을 대외적으로 보여주기 위해서 여자를 채용하기도 했다.

남자 입장에서는 역차별이라고 느낄 수 있었을 것이다. 특히 남성 중심의 영업 조직에서는 더더욱 그랬다. 그중에서도 제약 회사에서는 워낙 상대하기 어려운 고객이 많다 보니 맷집이 좋고 관계 맺기에 유능하다고 생각하는 남자를 선호했다.

내가 다녔던 다국적 제약 회사에서 신입 사원의 남녀 선발 비율을 5:5로 맞추기로 한 것은 당시로서 혁명적인 일이었다. 비슷한 스펙이면 남성을 뽑던 시대에 강제적으로 절반을 여성으로 채우기로 하면서 여자 영업 직원이 대거 채용됐다.

이 정책이 몇 년 시행되자 회사의 조직 문화가 바뀌었다. 이후 조금 더 시간이 지나자 여자 직원이 늘어나 70~80%까지 되기도 했다. 면접 능력이 뛰어나서, 성적이 좋아서, 여성 위주의 채용 정책이 회사에 대한 좋은 평판을 쌓아 많은 여성들이 지원했기 때문이었다.

과거 청산의 히든 카드

○

회사가 여자 임원이나 대표를 채용할 때는 특별한 이유가 있다. 내가 소비재 마케팅을 하다가 제약 회사 임원으로 가게 된 것은 단순히 경력 때문만은 아니었다. 제약 산업의 뿌리 깊은 관행, 즉 관계 영업과 리베이트 문화를 끊어내려는 회사와 대표의 강력한 의지 때문이었다.

기존 방법으로는 서로 상부상조하는 이 견고한 고리를 끊기 어렵다고 판단한 회사는 여자 영업 직원과 임원들을 의도적으로 영입했다. 당시 제약 산업에서는 어떤 회사의 사례도 찾을 수 없던 과감한 시도였다. 그 결과 네 명의 비즈니스 유닛 책임자 중 나를 포함한 두 명이 외부에서 영입된 30, 40대 여자였다. 관계에 의존하지 않고 제품에 집중한 영업, 투명하고 공식적인 채널과 행사를 통한 마케팅을 하는 데에는 외부 출신 여자 직원만큼 적합한 카드가 없었기 때문이다. 그 후 회사의 적극적인 정책 시행의 결과 많은 여자 리더가 팀장 자리에 앉게 됐다.

회사가 횡령, 배임, 성추행 등 도덕적 문제로 위기에 빠졌을 때도 여자가 구원 투수로 등판하곤 한다. 많은 여자 리더는 조직 장악력이나 네트워킹보다 독고다이로 자기만의 실력을 쌓아 올라왔기 때문에 이해관계에 얽매이지 않고 회사를 개혁할 수 있다. 접대비나 영업비만 봐도 남자에 비해 여자 리더가 훨씬 투명하게 쓰니 말이다.

약점이 강점이 되는 순간

O

내가 제약 산업 최초의 여자 임원이 되었다 보니 다수의 언론이 주목했고 인터뷰도 많이 했다. 요즘은 이런 일로 매스컴에 나지 않는다. 이미 제약 산업은 많이 바뀌어 여자 임원이나 대표가 많고, 나이도 30대 후반에서 40대 초반인 젊은 대표들도 많다. 나는 이런 사회적 분위기에 올라타 운 좋게 발탁되었다. 이런 선구안을 가진 회사와 대표님은 시대를 앞서갔던 것이 분명하다.

이렇게 가끔은 여자라서 좋았다. 여자라서 손해를 보긴 했지만 그것이 약점이라고만은 생각하지 않는다. 여자이기 때문에 쓸데없는 사내 정치에 휩쓸리지 않을 수 있었고, 줄타기도 못 했고, 할 일이 너무 많아 인맥 쌓기도 하지 못했다.

그런데 그 못했던 것들이 모여 나를 투명하고 독립적인 리더로 만들어주었고 사회가 투명성을 요구할 때 운 좋게도 선택을 받을 수 있었다. 그러니 셈을 해보면 꼭 손해만 본 장사는 아니었다.

거셌어야 했지만
센 여자가
되고 싶지는 않았다

비빌 언덕 없는 독고다이 생존법

○

여자가 일 좀 오래 했다 싶으면, 좀 높은 자리에까지 올라갔다 싶으면 '쌈닭'이라는 평가가 붙는다. 성공한 남자에게는 리더십이 있다고 평가하면서 왜 여자한테만 그럴까 싶지만 암튼 그런 선입견이 있었다.

여자가 사회생활을 할 때는 남자에 비해 좀 더 독고다이로, 좀 더 자력갱생해야 한다. 학연, 지연, 입사 동기 등 온갖 조건을 찾아내 서로 끈끈하게 끌어주고 밀어주는 남자들에 비해 여자는 그 덕을 보기 어렵다. 남자들은 아주 멀고 약한 끈도 인맥화해 서로의 비빌 언덕이 되어주지만 여자들에게는 그런 언덕이 적다. 게다가 공과 사를 비교적 엄격하게 구분하는 여자들의 특성상 공적인 관계가 사적 챙김으로 확대되는 경우도 많지 않다. 나조차도 도움이 필요할 때 생각나는 인맥은 늘 남자들이었고 높은 포지션에 올라간 소수의 여자 선배에게는 왠지 폐가 될까 봐 도움을 요청하지 못했다.

이런 척박한 환경에서 인맥 없는 비주류로 조직에서 살아남고 유리 천장을 뚫으려면 좀 '쎄야' 했다. 정확히 말하면 좀 '쎄 보여야' 했다. 흐물흐물 물렁하게 보이면 안 되고, 만만하게 보이면 안 되었기 때문에 더 강하게 행동했을지도 모른다. 성공한 여자 리더 중 씩씩하고 직설적이며 기탄없는 소통을 하는 분들이 많은 이유도 여기에 있다. 여자라는 선입견을 극복하고 성과를 내려면 이 편이 훨씬 유리하기 때문이다.

유리 천장은 존재하는가?

○

인터뷰를 하다 보면 유리천장이 있었느냐는 질문을 많이 받았다. 나는 있다고 생각한다. 임원까지는 잘 느끼지 못했지만 대표가 되는 것은 차원이 다른 문제였다. 사업을 성공시킨 검증된 숫자, 조직 관리 평판 등 갖춰야 할 조건이 많았다. 조건을 모두 충족했다 해도 가뜩이나 끌어주고 밀어주는 네트워크가 없는 상태에 여자라는 극복할 수 없는 불이익이 더해진 셈이었다.

특히 500대 상장사 대표이사를 확인해보면 여자를 찾기가 쉽지 않다. 해외에 본사를 두고 한국에서는 영업마케팅을 주로 하는 글로벌 회사는 그나마 낫다. 주주 관리, 주총, 투자, 회계 감사, 노조, 이사회, 영업, 투자, 유통 등을 대표가 모두 아울러야 하는 국내 상장 대기업에서는 여전히 여성을 선호하지 않는다.

이사회를 구성할 때 해외는 회사에 기여할 수 있는 외부 인사를 공식 채널로 영업하는 것에 비해 우리나라는 의사결정을 순조롭게 하기 위해 이사회 의장의 인맥으로 구성하는 경우가 많다. 그렇다 보니 이사회 멤버가 되는 것은 대표가 되기보다 더 어렵다. 이사회의 투명성과 다양성을 위해 이사회 멤버에 여자를 포함해야 한다는 법적 강제성이 생기기 전까지 이사회에서 여자는 찾아볼 수 없었다. 이런 현실 속에서 여자 리더는 자연스럽게 독고다이가 될 수밖에 없었다.

견고한 기존 문화에 균열을
○

나 또한 영업을 빡세게 할 때 공격적이라는 평가를 많이 들었다. 나중에 들으니 영업 조직에서는 "저 여자에게 찍히면 죽는다."라고 했다는 것을 나중에서야 들었다. 그런 평가를 받게 된 내 행동의 의도는 명확했다. 남자들 위주의 은근한 형님 문화와 폐쇄적 네트워크에 균열을 주고 싶었다.

남자들끼리의 은근한 인맥과 상하 네트워크를 깨고 적당히 일하고 스리슬쩍 넘어가는 사람들을 찾아내러 했다. 반대로 능력은 있는데 '아싸'가 되어 있는 소수의 여자 영업 직원을 발굴해 성과에 근거한 공정한 평가를 받도록 하고 싶었다. 그래서 상급자에게 잘 보여서 적당히 묻어가는 직원들을 매의 눈으로 주시하고 트래킹했다.

이 때문에 임원 초기부터 '독하고, 무섭고, 한번 찍히면 벗어날 수 없는 영업 헤드'라는 평판이 생겼다. 아마 여자여서 더 혹독하게 평가되지 않았을까.

그러나 나는 이 평가가 싫지 않았다. 물렁하고, 좋은 게 좋은 거고, 징징거리면 들어준다는 평가보다 백번 나았다. 물불 안 가리고 앞뒤 안 보고 성과만 보고 달린 시절이라 미숙한 점도 많았지만, 일하는 데는 만만한 것보다 센 것이 나았다.

강함보다 강한 유연함

○

사실 나는 인간 그 자체로는 센 여자, 즉 유연하지 않고 자기주장만 하며 불도저처럼 밀고 나가는 여자가 되고 싶지는 않았다.

닥치고 돌진했던 초기 임원 시절을 지나 더 어려운 회사에서 힘든 상황을 겪으면서 나는 점점 부드러워지고 유연해졌다. 노력해도 안 되는 일이 있고, 사람을 다루는 일에는 신중해야 하며, 나 혼자 열심히 한다고 다 되는 것도 아니라는 것을, 일단 접고 나중에

펼쳐봐도 되는 일도 있음을 깨달았다. 센 여자로 시작했지만, 센 것만이 능사가 아님을 배우고, 부드러움 속에 능력이 있다는 것을 나이가 들수록, 인생의 쓴맛을 볼수록 알게 됐다.

지금의 나를 보면 예전의 내 모습은 잘 보이지 않는다. 항상 돌진했고, 거침없었고, 싸우면 반드시 이겨야 했고, 그렇게 이겨내 다음 전투를 준비했던 나는 많이 달라졌다. 모든 일에는 나름의 사정이 있겠거니 하면서 이해하려 하고, 정당한 이유 없이 화내고 열 올리는 사람을 보며 같이 화내지 않는 내가 되었다. 그렇게 사람이 좀 나아졌다

6장

———————————— *

정상에서
내려올 때
비로소 보이는
것들

올라갈 때는 치열하게, 내려갈 때는 우아하게

정말 많이 생각하고 고민했던 주제다. 산에 오를 때는 가장 빠르고 치열하게 단숨에 정상에 오르고, 내려올 때는 바람도 느끼고 풍경도 보며 천천히 유람하듯 걸어 내려오고 싶었다. 더 빨리, 더 높이. 무릎이 깨지고 엎어져도 다시 일어서면서 발끝만 보고 앞을 향해 걸음을 옮겼다. 그러나 내려올 때만큼은 서두르고 싶지 않았다. 내려오는 것은 순리이니 천천히, 우아하게, 욕심내지 않고, 더 머물려 하지 않으며 쉬엄쉬엄 내려오고 싶었다.

젊은 날에는 정상을 향해 돌진했다. 위에 올라가면 어떤 풍경이 보일는지 궁금해 앞만 보고 달렸다. 길이 좀 험하고 경사가 가파르더라도 빠른 길을 선택했다. 그러다 꼬꾸라지고 엎어지고 무릎이 까지기도 많이 했다. 급하게 올라가느라 주변 경치를 볼 겨를은 없었다. 산 정상은 아직 멀었

315

고 나는 정상을 쳐다보지도 못한 채 매일매일 꾸역꾸역 발 끝만 쳐다보며 걸음을 옮겼다.

시절과 회사를 잘 만나 30대 중반에 임원이 됐고 40대 초 반에는 여성 임원으로서 유리 천장을 뚫고 대표가 되기 위 해 고군분투했다. 남들보다 젊은 나이였고 흔하지 않은 여 성 리더였기에 잘하고 싶었고 잘해야 했다.

임원을 다는 것도 어려웠는데 대표는 더 어려웠다. 일 잘 하는 것은 기본 중의 기본이고, 운이 따라야 하는 타이밍과 제반 여건, 회사의 상황과 문화가 다 받쳐줘도 될까 말까 했다. 더욱이 사회의 유리 천장도 경험했다. 몇 번의 미끄러 짐과 실패 끝에 완전히 다른 업계에서 첫 번째 대표를 하게 된 후 10년 동안 여러 회사의 대표를 지내면서 비로소 산 정상에 올라왔다고 말할 수 있게 됐다.

산행 사고는 하산 때 많이 발생한다. 막상 정상에 서보니 내려가는 것이 더 어렵다는 것을 깨달았다. 가장 흔한 오류 는 언젠가는 내려갈 것이라 생각을 못 하고 천년만년 그 자 리에 있을 줄 알고 착각하는 것이다. 죽도록 노력해 경쟁을 뚫고 올라왔으니 이 자리에 좀 머물며 누릴 수 있겠지 기대 한다.

이 자리는 누군가를 올리고 내릴 수 있는 권한을 가진 위 치이니 내 자리는 안전할 것이라고도 생각한다. 그러다 보면 자리에 집착하고 사람들 위에 군림하려 든다. 자신에 대한 도전에 분노하고 후계자를 키우지 않으며 큰 잘못만 안 하면 된다는 수동적인 자세가 된다.

반대로 이미 올라올 만큼 올라왔는데도 기를 쓰고 더 올라가려 하기도 한다. 이제는 아름답게 내려가야 하는데 '이만하면 됐다'는 자족 없이 불필요하게 리스크를 감수하고 기어이 역부족인 도전을 하고 만다.

또한 누군가 알아주기를 바라면서 성공과 멋진 평판에 목말라한다. 사회와 세대가 바뀌었고 이에 맞는 새로운 기술과 인재가 있음을 인정하고 다음 세대가 더 잘할 수 있게 물러나주는 것도 아름답게 내려오는 일인데 말이다. 그렇게 자리를 꿰차고서 버티고 있으면 기회를 기다리는 후배들은 어쩌란 말인가.

회사 생활이 인생의 전부는 아니다. 높은 자리까지 올라갔더라도 언젠가 내려가야 하는 것은 순리다. 구질구질하게 자리에 연연하면서 어떻게든 더 머무르려 하지 말고 이왕 내려올 때는 멋지고 폼 나게, 우아한 몸짓으로 쉬엄쉬엄 내려오고 싶었다. 그러려면 준비가 필요하다. 회사와 사회에서의 포지션과 타이틀이 나를 말하지 않는다. 그곳을 나오는 순간 사라지는 신기루 같은 것이다. 그러니 내려오면서 이후의 라이프, 내가 평생 할 수 있는 일을 치열하게 고민해야 한다.

사회에서 배우고 익힌 것 중 잘하고 사랑하는 일을 찾아 인생의 다음 장을 위한 직업으로 삼을 수 있다. 직장이 아닌 직업은 지난 경력 중 구석구석 어디선가에 숨겨져 있다. 그것을 찾으면서 내려와야 한다. 그러기 위해서는 여유가 있어야 한다. 내려올 때마저 자신을 다그치면서 급하게 발버둥 치고 동동거리지 말아야 한다. 해볼 것 다 해보고, 이루고 싶은 것 다 해보고, 우아하고 멋지게 아웃하는 것이 내겐 늘 아주 중요한 꿈이었다.

크게 맘먹고 한라산 백록담을 등반한 적이 있다. 성판악 코스로 9시간이 걸리는 대장정이었다. 올라갈 때는 나만의 페이스로 꾸준히 올라갔다. 중간에 홀로 멧돼지와 사슴을 만나 식겁했지만 꽤 괜찮게 정상까지 올라갔다. 해냈다는 성취감에, 기어코 정상에 올라선 내가 기특해서 내려올 때는 조심하지 않고 신나서 날다람쥐처럼 뛰듯이 내려왔다. 올라갈 때와 비교하면 하나도 힘들지 않았다.

뛰듯 내려오다 보니 숲이고 나무고 꽃이고 뭐 하나 제대로 못 봤다. 그렇게 쾌속 하산하다가 1km 정도 남았을 때였다. 갑자기 오른쪽 무릎이 접히지 않는 게 아닌가. 오른쪽 다리를 편 상태로 질질 끄는 것 말고는 방법이 없었다. 결국 마지막 15분은 동행에게 업혀서 내려와야 했다. 그때 나와 비슷한 상태의 남자분이 보였다. 그분은 혼자였다 보니 도움을 줄 사람이 없어 맘대로 움직이지 않는 다리를 이끌고 기듯 내려오고 있었다. 도와드리고 싶었지만 내 코가 석 자라 그럴 상황이 아니었다.

업힌 채 한라산 국립공원 정문을 통과했을 때의 그 안도감이란. 주차장까지 와서 완전한 평지에 도착하는 순간 거짓말처럼 무릎이 움직였다. 조금 전까지 질질 끄는 것밖에 안 되던 다리가 날 농락하듯 멀쩡해졌다.

내려오는 건 힘들다 그럴 때 도움을 청할 수 있는 동행이 있으면 훨씬 수월하게 내려올 수 있다. 그리고 그 과정에서 어떤 어려움이 있을지라도 다 내려와 평지에 도착하면 고통이 사라진다. 동지와 함께 내려오는, 결국 끝이 있는 여정은 생각만 해도 힘이 불끈 나지 않을까.

우리네 커리어도 그렇다. 올라갈 때는 혼자 치열하게 올랐더라도 내려올 때는 주변을 살피면서 누군가와 함께 그리고 천천히, 우아하게 내려오면 된다. 평지에 닿으면 그 모든 고통은 사라지고 새로운 길이 열릴 테니까.

나는
어떤
리더였을까

내가 보는 나, 남이 보는 나

○

　나는 어떤 리더였을까. 내가 어떤 리더인지는 나도 대충 안다. 그러나 나의 리더십을 스스로 정의하면 실제 모습과 되고 싶은 모습 그리고 교육된 이상적인 모습을 그럴듯하게 섞을 것 같아 고민이 되었다. 그래서 궁금해졌다. 남들이 보는 리더로서의 나는 어떨까? 그들이 보는, 미사여구를 뺀 날것의 나는 누구인지 궁금했다.

　용기를 내 지난 30여 년 동안 몸담았던 회사에서 각각 두세 명을 추려 서베이를 시작했다. 나는 그들에게 톡으로 물었다. "저는 어떤 리더였나요? 너무 고민하지 말고 생각나는 대로 가볍게, 그렇지만 솔직하게 답해주세요." 물어보면서도 어떤 답이 나올지 몰라 솔직히 꽤 많이 쫄렸다. 하지만 뭐 이미 조직을 떠난 터라 이해관계도 없고 퇴사 후 한 번도 못 만났거나 어쩌다 보는 사람들인데 결과가 어떻게 나오든 어쩌랴 싶었다. 그들도 나에게 잘 보일 필요 없고 나도 마찬가지다. 그들이 보는 나를 확인하는 것은 내 사회생활을 반추하는 데 아주 의미 있는 일이라 생각했다.

도착한 답변들, 즉 그들이 보는 리더로서의 나는 이랬다. 가급적 그들의 워딩을 그대로 옮겨본다.

성과를 내는 대찬 해결사

○

"실용적이고 대찬 강단 있는 리더이다. 직설적이고 합리적이며 군더더기 없고 핵심적인 것에 집중한다. 정치나 관계보다 현실을 냉정하게 보고 대차게 실행한다. 냉철하게 분석하고 빠르게 판단한다. 기준이 분명하고 명쾌하고 본인이 믿는 방향에 대해 흔들림 없이 밀고 나간다."

"디렉션이 명확한 리더. 프로젝트 진행 시 목적과 방향을 알아들을 수 있는 범위 안에서 명확히 설명하여 혼란이 없다. 명확한 방향성을 제시하고 효율적인 전략을 통해 성과를 이끌어낸다. 원하는 목표가 분명하여 팀에 정확한 방향성을 공유하여 팀 전체를 한 방향으로 이끌어주는 리더, 부드럽지만 명확하고 견고한 리더이다."

"어려운 문제에 대해 매우 합리적이고 잘 정리된 답을 낼 수 있는 리더, 어려운 상황에 팀을 턴어라운드하는 데도 탁월한 리더이다. 이슈를 정면으로 바라보고 명확하고 실용적인 해결책을 낸다. 뜬구름 잡는 얘기 안 하고 실제적인 지침을 준다."

"고객 영업을 같이 뛰어준 리더이고 뭐든 빨리 배워서 실전에 써먹는 리더이다. 내가 난관에 봉착했을 때 길을 뚫어주려고 노력해주었으며 직원의 발전과 커리어 무브를 위해서 힘써주었다. 아랫사람과 20년 우정을 나누는 인간미 있는 리더이다."

사람을 움직이는 친화력
○

"나 혼자 열심히 해서 성과를 내야 한다기보다 모두 함께 일하고 있다는 느낌이 들게 하고 커뮤니케이션도 많이 한다. 직원들과 편안하게 소통하며 다양한 의견을 열린 마음으로 듣고 조율한다. 권위적인 태도보다는 수평적인 자세로 대화를 이끌어간다. 갈등이 생기면 중재하고 문제가 발생했을 때는 신속하게 해결한다. 또한 직원들의 업무 내용을 세심하게 파악하고 조율하며 모두가 함께 일하기 좋은 분위기를 만들어준다."

"솔직하고 진정성 있게 큰 그림을 그리며 조직원과 많은 이야기를 나누며 회사 성장에 진심이다. 반짝반짝 눈을 빛내며 조직 구성원들과 같은 목표를 향해 치열하게 토론하고 이야기하며 문제를 해결하기 위해 노력한다. 전체 회의 때 직원들에게 어떤 메시지를 전해야 하는지에 대하여 고민하는 부분이 인상적이었다."

"놀라운 친화력으로 내편을 만드는 능력이 있다. 두루두루 다 친하게 지내며 옆 부서, 윗 부서, 고객 심지어 에이전시까지 엄청 좋아하고 인연을 오랫동안 이어간다. 한 번 안면 트면 거의 쭉 가는 듯하다. 어디를 가든 사람 사이이 여하 관계를 귀신같이 피악하고 문제를 짚어내 해결한다. 조직 문제의 거의 모든 것이 사람이고, 또 사람을 움직이는 것이 가장 힘든 일이기도 한데 그 부분이 제일 잘하는 영역이다. 결론적으로 사람을 움직이고 최적의 배치로 조직을 능동적으로 굴러가게 만드는 리더이다. 또 그 과정에서 적을 만들지 않는다. 움직여지는 대상자조차 좋아하게 만드는 엄청난 친화력이 있다. 조직에 어떤 점을 개선해야 하는지에 대해서 구체적으로 챌린지하고 변화를 주는 행동을 취한다."

분명한 일의 철학

○

"인간적으로 매력적인 사람이다. 화려한 경력에도 소탈함이 느껴지고 조직을 이끄는 데 있어서도 '정답'보다 '철학'이 있는 리더다. 사람 사이의 적당한 거리를 알고, 뒷담화 안 하고, 사람의 좋은 점을 객관적으로 잘 표현하고 인정해준다. 스마트하다. 인문학과 비즈니스를 다 아는 시크한 리더이다."

"권위적이지 않고, 새로운 것이나 모르는 것이 나오면 망설임 없이 늘 질문하고, 잘못된 부분도 직설적으로 질문하여 대책을 강구한다. 숨은 의도를 파악할 필요가 없어서 편했다."

"너무 명확해서 직원들에게 단점도 직설적으로 말한다. 객관화가 되긴 하지만 상처도 되었다. 조금 더 관대하게, 상황이 쪼들리는 젊은 직원들을 돌보아주셨으면 좋았으리라 생각한다."

반짝이는 눈빛을 기억해준 사람들

○

답변을 종합해보면 나는 이런 리더였다.

"디렉션이 분명하며 강단 있고 대차게 밀고 나간다. 권위의식 없이 편안하게 소통하고 대단한 친화력으로 내 편을 만들며 사람을 통해 조직을 움직인다. 소탈하고 인간미가 있으며 비즈니스를 할 때 철학적으로 사고를 한다. 하지만 워낙 명확하게 커뮤니케이션해서 상처를 받을 때도 있었고, 원칙보다는 관대함이 필요할 때도 있었다."

나는 큰 감동을 받았다. 오랜만에 연락했는데도, 다소 무거운 주제의 부탁이었음에도 모두 하루가 지나지 않았는데도 빠르게 답을 주었다. 그리고 내가 생각한 나와 그다지 거리가 있지 않아서 감사했다.

특히 한 사람이 했던 이 말이 마음을 울렸다. 현재 다니는 회사의 대표가 바뀌어 혼란스러운 와중이었는데 '이런 상황에 조 대표님이었다면 어떻게 했을까?'라고 생각했다는 것이다. 나와 함께 일했던 그때, 회사 성장에 진심이었던 내 눈빛은 반짝반짝 빛났다고 했다.

지금 생각하면 미숙하고 서툴렀고 열정과 사랑밖에 없었던 하찮은 대표였던 나를 이렇게 기억해주니 가슴이 벅찼다. 안 되는 것으로 가득했던 그 비즈니스를 어떻게든 되게 하려고 머리를 맞대고 토론하고 실패하고 다시 도전했던 그 기억이 지금 생각해도 귀하고 귀하다.

또한 "정답보다 철학이 있는 리더"라는 말도 과분한 칭찬이다. 나도 주니어일 때는 사람에게 상처받고 상처를 주고 부화뇌동하면서 부르르 떨기도 했던 덜 된 인간이었다. 나이를 먹고 관계의 부질없음을 알게 되면서 조금 더 철학적인 사람이 되었나 보다. 나쁜 말엔 입을 닫고 좋은 이야기는 맘껏 해야 한다는 것을 배워나간 덕분인 듯하다.

뒤늦게 전하는 마음

○

비즈니스를 할 때는 장점이라 여겼던 '솔직하고 직설적인 소통'이 누군가에게는 상처가 되었음을 확인했다. 내 딴에는 투명하고 솔직한 피드백이 성장에 도움이 될 것이라고 생각해서 일대일 미팅 때 허심탄회하게 이야기했지만 그것이 섭섭함과 쇼크였을 수 있다. 아마 이것 때문에 나를 잘라낸 사람들도 있으리라.

회사의 상황을 우선하고 원칙을 중시하느라 직원들의 개인적 사정을 고려하지 않았던 점도 고백한다. 이것도 경력의 말기에 가서야 조금 나아졌으니 그 전에 나와 일했던 직원들에게는 미안한 마음뿐이다.

나에 대한 의견 중 가장 재밌었던 표현이 있다.

"일 못하고 대표님 눈치를 보는 관료적인 리더라면 정말 안 맞을 수 있습니다."

나는 이 말에 격하게 동의했다. 입장을 바꿔보면 그들은 엄청 힘들었을 것이다. '대체 이 여자는 얼마나, 어디까지 팔로우 업을 하려는 걸까?'라고 생각하며 좌절하지 않았을까.

많은 분들이 '기회가 닿으면 다시 일하고 싶은 리더'라고 말해주었다. 이보다 더 큰 상이, 더 멋진 칭찬이 있을까. 물론 샘플링에 오류가 있다는 것을 인정한다. 지금도 연락할 만한 사람들, 나에 대해 좋은 감정이 남아 있는 사람들에게만 물은 결과이니 말이다.

나에게 악감정이 있는 사람들은 애초에 내 연락을 씹었거나 답을 안 했을 테니 표본에서부터 빠졌다.

그래도 믿고 싶다. 세월이 지나도 나를 기억해주고 오랜만에 했던 부탁도 흔쾌히 들어준 그들이 솔직하게 말해주었다고 믿고 싶다. 나는 인복이 참 좋은 사람이다. 이런 분들의 리더로 일할 수 있는 인복은 아무에게나 주어지는 것이 아니다. 기회가 닿으면 나도 그들과 다시 일하고 싶다.

회사 나가면
그냥
아저씨, 아줌마다

명함이 사라지면 나는 누구인가

○

회사를 다니면 바쁘다. 사무실에서 처리할 업무는 늘 쌓여 있고, 업무 미팅도 나가야 하고, 동료들과 커피챗도 하면서 교류하고, 가끔 회식에도 참석해야 한다. 짬이 안 난다. 말이 쉽지 두어 시간 일찍 일어나 영어 공부나 운동을 한다는 건 심지가 굳은 소수만 가능하다. 야간 대학원이나 주말 MBA도 보통 독한 사람이 아니고서는 해내기 어렵다.

그렇게 바쁘다는 핑계가 1년, 2년이 되다가 10년이 되고 어느덧 퇴직을 코앞에 두면 황망해진다. 뭐 하나 제대로 할 줄 아는 게 없어서다.

자고로 회사 일이란 거대한 조직 내에서 부품처럼 어느 한 부분을 담당하는 것이기에 회사를 딱 나가는 순간 실체가 없어진다.

특히 직급이 올라갈수록 실무보다는 사람을 통해 일하기 때문에 막상 계급장 떼고 나면 직접 할 수 있는 건 아무것도 없는 바보가 되기 십상이다. 뭘 하고 싶은지도 모르겠고 겁만 많아진다. 회사에서는 날아다니던 사람이라도 회사 밖에서는 무능력자가 될 확률이 높다. 그렇게 분초를 다투며 열심히 회사를 다녀 경력을 쌓아 우상향 그래프를 그려왔지만 바쁘다는 이유로 준비하지 않은 사람의 결과는 냉혹하다. 아무것도 남아 있지 않다.

중국집을 차리려면 배달부터 해야 한다
○

내가 알던 한 분은 사회에서 가장 잘나갈 때 회사를 그만두었다. 다음에 뭘 하고 싶은지, 어떤 준비를 해야 하는지 회사를 다니면서 알아보려고 생각했지만 도저히 시간을 낼 수 없어 1년을 그냥 보냈다. 그다음 1년을 더 다니다 도저히 안 되겠다 싶어서 과감하게 회사를 관두었다. 무엇보다 회사 일로 머릿속이 꽉 차서 도저히 생각을 비울 수가 없다고 하셨다.

그 후 완전히 새로운 분야를 공부하러 대학원에 진학해 박사 학위를 받고 1년에 10개월 일하고 2개월은 하고 싶은 일을 하며 사는 삶을 산다. 본인의 전문 분야를 가지고 1인 사업체를 만들어 일하면서 책도 여럿 낸 작가가 되었다.

물론 나 또한 예외가 아니었다. 누구보나 분주하게 살았던 나는 회사 일 외에도 육아와 가사로 항상 시간이 없었다. 주말에는 밀린 집안일을 하느라 뛰어다녔고 저녁 약속도 많아 자기 계발이나 노후 계획을 고민할 여유가 없었다. 그럼에도 이것만은 늘 인지하고 있었다. 회사 밖으로 나서는 순간 무능력자가 된다는 것과 직장이지 직업은 아니라는 것을 말이다.

현실적으로 따로 시간을 내기 어렵다면 내 일은 현재 하고 있는 곳에서 찾아야 한다. 내가 오래 해왔고, 누구보다 많이 알고 있고, 잘할 수 있는 일이 바로 내가 거쳐온 회사의 업무나 관계 속에 숨어 있다.

중국집을 차리려고 한다면 짜장면을 먹어보기만 한 사람이 잘할 수 있을까? 주방부터 홀 서빙, 배달까지 다 해본 사람이 가장 승산이 높다. 간혹 평생 해온 일과 전혀 상관없는 일을 한번 해보고 싶다는 이유만으로 뛰쳐나가는 사람들이 있다. 그러면 잘될 리가 있겠는가. 최고의 중국집을 내고 싶으면 먼저 중국집에 들어가 바닥부터 배워야 한다. 그런 면에서 회사는 월급을 주면서 그 일을 가르쳐주는 최고의 학교다.

회사 안에서 내 것을 챙기는 사람들
○

회사 일은 범위가 제한적이고 안전한 환경에서 이루어지기 때문에 특별한 목적의식 없이 다니면 그저 휩쓸려가기 마련이다. 그러니 내 업무 속에서 미래의 아이템을 찾는 노력을 끊임없이 해야 한다. 넋 놓고 있다가는 세월만 간다.

주말 이틀을 온전히 바쳐 포토샵을 배웠던 이커머스 MD가 있었다. 엄마이기에 절대적으로 시간이 부족함에도 그녀는 투자했다. 회사 업무와 연관되기도 했고 나중에 독립해 1인 기업을 차릴 수 있고 시장 수요도 많아 기술을 미리 익혀둔 것이다. 그녀는 언제든 회사를 관두게 되면 바로 이 일을 시작하면 된다.

평생 제약 영업만 하다가 퇴직 후 그동안 쌓은 관계를 바탕으로 지방 도매상을 차린 분이 있었다. 갤러리에서 세일즈 업무를 유능하게 해내다가 시장 분위기가 좋을 때 독립해 개인 딜러가 된 분도 있다. 작품을 운반하고 설치하던 작품 관리 실장님은 독립해 가장 잘나가는 미술품 설치 회사를 세우기도 했다. 이들은 모두 회사 안에서 자신의 미래를 준비한 사람들이다.

회사 생활의 내리막이 시작되었다고 느낄 즈음 나도 '마무리의 시작'을 고민했다. 그렇게 천천히 내려가면서 단타로 이어진 나의 30년 경력 중 나중에 할 일이 무엇인지 고민해보기로 했다.

일만 잘해왔던 터라 회사라는 울타리 없이 홀로 내 기술로, 몸을 움직여 할 수 있는 일이 많아 보이지 않았다. 또 아는 많은 것도 병이라 될 이유보다 안 되는 이유부터 생각났다.

마케팅 전문가라는 이미지가 있으니 마케팅 컨설팅을 해볼까 싶다가도 우리나라처럼 무형의 지식에 돈 쓰는 것을 아까워하는 곳에서 될까 싶었다. 마케팅은 아는 사람에게 공짜로 의견을 구하는 영역이지 그 경험과 지식을 돈으로 사는 것은 말이 안 된다고 생각하는 나라인데.

갤러리를 해볼까도 생각했지만, 작가를 관리하고 작품도 꾸준히 구매하면서 언제 어떻게 돈을 벌 수 있을지 알 수 없는 전시도 계속 기획하고 열어야 하는 폼생폼사인 산업인데 내게는 그만한 자본금이 없었다. 무엇보다 내가 좋아하는 작가와 작품에 돈이 개입되면 예술을 향한 순수성은 사라지고 돈을 우선할 것이 뻔했다.

많은 회사에서 비상근 사외이사를 했던 경험을 살려 이사회 멤버가 되어볼까 싶었지만 그건 사실 이사회 의장과 연결된 인맥의 싸움인데 난 그쪽으로는 제대로 된 줄이 없었다.

그렇다면 늘 자원과 인재가 부족한 스타트업에 30년 경력에서 나오는 경험과 관계로 자문을 할 수 있을까 싶었다. 하지만 내 경력은 이미 옛 것이라며 필요 없다 할 것만 같았다. 그렇게 온갖 고민만 하다가 뾰족한 결론 없이 자유의 몸이 되었다.

예상하지 못했지만 나를 살게 하는 일

○

그러던 중 안부 차 알고 지내던 작가들에게 연락을 드렸더니 도움이 필요한 분들이 많았다. 소속 갤러리가 없는 상황이거나, 소속되어 있어도 제대로 된 관리를 못 받고 있거나, 성장 중인 좋은 작가라 지원이 필요하거나, 칠십 평생 한 길만 걸었지만 작품 판매와는 거리가 먼 원로 작가 등 다양했다.

시간이 그렇게 지났는데도 그 작가들에게, 미술계에서 연이 된 지인들에게 나는 여전히 미술계 인사였다. 그들을 돕는 것은 돈이 드는 것도 아니고, 여전히 살아 있는 나의 네트워크를 활용하면 되는 일이었다. 제법 괜찮았던 내 평판이라면 여전히 먹히겠다 생각했다. 무엇보다 나는 이 작가들이 잘 되고 국제적 명성도 쌓는 데 도움을 주고 싶었다.

그렇게 얼떨결에 시작한 일이 작가 프로모션이다. 좋은 작가라고 생각하는 분은 주기적으로 스튜디오를 방문해 작품 이야기를 나눈다. 갤러리나 미술관, 비평가들에게는 작가를 소개하고, 전시도 중개하고, 가끔은 판매까지도 연결한다.

돈을 주는 고용주가 없으니 돈을 벌 수 있는 것은 아니다. 누가 물어보면 아르바이트라고 답한다. 생각하면 참 아이러니하다. 굴지의 국내 회사와 글로벌 회사를 30년 넘게 다녔는데도 그중 달랑 5년 반 몸담은 예술 경력이 아르바이트 감이 되다니.

이 일이 나의 완벽한 업인지는 아직 잘 모르겠다. 하지만 돈을 벌지 못해도 가슴을 뿌듯하게 하는 보람된 일임은 분명하다. 작가와 작품 이야기를 나누는 것, 좋은 작가의 좋은 전시를 엮어내는 일은 살아 있게 하고 신이 나게 한다. 언제가 될지 모르겠지만 돈을 벌 수 있는 구조를 만들어 작가를 알리는 일을 프로페셔널하게 해보고 싶다.

회사 일만 죽어라 하지 마라. 그 안에서 당신이 진짜 좋아하고 잘할 수 있는 무언가를 찾아내라. 그것이 아주 짧은 경력일지라도, 혹은 사소해 보이는 업무일지라도 새로운 직업이 될지도 모르는 일이다.

예술 산업에서
쌓은
미운 정, 고운 정

까탈스러웠던 그 동네, 뭐가 좋아서

○

　　가장 많이 받는 질문 중 하나는 '여러 산업 중에서 어디가 가장 좋았느냐'이다. 30년 동안 커리어가 이어질 수 있도록 해준, 마케팅 사관학교라 불리는 소비재 회사도 좋았다. '세계적으로 존경받는 회사'라는 세평처럼 많은 기회와 훈련을 제공해준 글로벌 제약 회사도 못지않다. 온라인과 오프라인을 넘나들며 시장과 사업을 개척한, 젊은 패기가 넘치는 테크 스타트업도 절대 빼놓을 수 없다. 모두 다 좋았지만 나는 결국 늘 아트라고 답한다.

　　이렇게 답하고서 가만히 곱씹어봤다. 왜 예술 산업을 선택했는지 생각해본다. 미술 전공자들이 텃세를 부리며 티 나게 무시했고 이전까지 쌓아온 비즈니스 경쟁력이 하나도 안 먹혔던 곳. 사소한 디테일에 목숨을 걸어 짜증나게 했고, 자존심 강한 아티스트들의 감정을 살피느라 살얼음판을 걸어야 했던 곳. 무엇보다 고상한 척 하지만 사실은 돈으로 지배되는 자본주의의 끝판왕인 그 동네를 내가 왜 가장 사랑한다고 했을까.

모르겠고, 네가 해야 해

○

6년 가까이 예술 산업에 몸담았다가 테크 스타트 업의 대표로 막 새로운 시작을 했을 때였다. 어느 날, 지금은 작고 하신 원로 작가님으로부터 전화가 왔다. 대가인 데다 모시기 어려 운 분이라 대표였던 내가 직접 담당했었다. 작가님은 불쑥 모 경 매 회사에 출품된 작품을 낙찰받아 오라고 지시를 했다. 편하게 생각해주시는 것은 감사하지만 나는 이직해 이제는 그 일을 하지 않는다고, 지금은 테크 스타트업의 대표라고 조곤조곤 설명했다. 하지만 작가님은 막무가내셨다.

"됐고, 난 그건 모르겠고. 네가 그 일을 해."

늘 그랬듯 결국 설득을 포기했다. 그날 저녁 퇴근 후 지인을 통 해 미리 방문을 약속해둔 경매 회사로 가서 프리뷰 중인 작품의 컨디션을 체크했다. 그 작가님이 응찰한다고 하면 가격이 올라갈 까 봐 눈에 띄지 않도록 조심 또 조심했다. 다행히 만족스러운 가 격에 낙찰을 받았고 배송까지 관리해드리고 나서야 일이 끝났다.

잘나가는 스타트업의 대표라는 타이틀은 작가님에게 아무런 의미가 없었다. 아마 다시 말씀드린다고 해도 모르실 것이다. 갤러리에 있을 때나 떠났을 때나 똑같이 나는 작가님의 담당이기에 작가님의 일을 처리해드리는 게 당연했다. 작가님에게 나는 어떤 직함이 아니라 그냥 나였다. 나는 예술 산업의 이런 면이 참 좋았다.

명함이 곧 내 전부인 세계

사람들은 나와 나의 포지션을 동일시한다. 그래서 내 포지션이 변하면 나를 대하는 태도도 변하고는 했다. 나는 현재의 포지션이 내가 아님을 잊지 않으려고 애썼다. 사회적 지위가 사라지면 인간관계도 정리되는 비정함을 너무나 잘 알기 때문이다. 그래서 내가 뭐라도 된 것처럼 착각하지 않으려 했고 사람들이 나를 대하는 태도가 내 위치에 따라 달라져도 실망하지 않으려고 했다.

그런데 예술 산업은 달랐다. 오랜만에 만난 지인들은 보통의 비즈니스 세계에서 그렇듯 내가 지금 어느 회사의 대표인지, 어떤 위치에 있는지 묻지 않았다. 세월의 공백을 단박에 뛰어넘어 어제 만난 것처럼 그냥 예술을 이야기했다. 현재의 포지션에 따라 효용가치가 매겨져 연락할 사람과 안 할 사람이 구분되지 않았다. 이곳은 나의 현재 지위에는 관심이 없었다. 그저 내가 작가를 이해하고, 작품을 사랑하고, 국내외 예술 산업 인사들과 좋은 네트워크를 유지하는, 신뢰할 수 있는 사람이라는 사실 하나면 충분했다. 명함이 없어도, 대표가 아니어도, 날 것 그대로의 내가 받아들여지는 느낌. 그 느낌이 참 좋았다.

내 마음이 먼저 움직이는 일

○

새로운 곳에서 정신없이 살다 보니 예술 산업과는 담을 쌓았다. 그럼에도 작가님들은 가끔 연락을 주셨고 예술 산업을 떠난 지 몇 년이 흘렀어도 미술계에서는 나를 여전히 갤러리 또는 경매사 대표로 불렀다.

작가님들은 누가 보든 말든, 전시가 있든 없든 평생을 작품 활동에 매진한다. 그렇기에 작가를 알릴 기회를 찾고 전시를 기획해 작품을 판매할 누군가의 도움이 필요하다. 좋은 갤러리에 소속된 작가들은 갤러리가 그 역할을 해주지만 소속이 없는 젊은 작가, 잊힌 작가, 작품성이 높지만 상업적이지는 않아 소외된 작가는 도움이 절실하다. 나는 그분들의 스튜디오를 방문해 작품 이야기를 나누고, 미술관이나 비평가들에게 소개하고, 전시를 중개하고, 가끔은 작품 판매까지 연결한다. 돈을 버는 일은 아니다. 누가 시킨 일도 아니다. 하지만 이 일은 내가 잘할 수 있는 일이고 무엇보다 기쁨과 보람을 주는 일이다.

그 오랜 세월 동안 목숨 걸고 달려온 수많은 회사에서는 시간이 지나면 결국 다 잊힐 것이고, 나는 한 줌의 먼지만큼도 아니게 될 텐데. 생각해보면 참 아이러니하다. 예술 산업 경력은 고작 6년 남 짓이고 떠난 지 10년이 넘었는데도 작가를 위한 일을 할 수 있는 기회가 열리다니.

다시
흙바닥을 뒹구는
레전드의 마음

야구장이라는 낭만의 공간

○

나는 야구를 좋아한다. 좋아하는 스포츠는 많지만 직접 경기장을 찾는 건 늘 야구뿐이다. 고교야구가 인기 최고였던 시절에는 봉황기 경기를 보러 다녔고, 출장을 가서도 짬을 내어 보스턴 레드 삭스, 뉴욕 양키스, 샌프란시스코 자이언츠, 시카고 화이트 삭스의 경기를 보러 갔다. 바쁘게 살 때도 야구장에는 곧잘 다녔다.

어느 한 팀을 꼭 집어 응원한다기보다 서울에 사니 잠실에 가서 LG 트윈스를 응원했고, 부산에 가게 되면 롯데 자이언츠를 응원했다. 몸을 격렬하게 부딪치는 것보다 두뇌를 써야 하고 전략과 기록과 데이터가 중요한 게임. 룰을 모르면 세상 지루하지만 알면 알수록 빠져드는 그 전략 싸움이 좋았다.

야구장에는 낭만이 있다. 탁 트인 시야, 시시각각 변하는 하늘, 그리고 사람들의 함성. 야박하게 생수 말고는 대부분의 음식과 음료 반입을 제한하는 미국과 달리 한국 야구장은 맛있는 음식을 가져가고 배달도 시켜 잔뜩 차려놓은 채 소리쳐 응원하며 동지애를 느낄 수 있는 축제의 장이다.

은퇴한 레전드는 왜 흙바닥을 구르나

○

나는 항상 운동이 공부보다 어렵다고 생각했다. 타고난 신체적 조건이 필요하고, 자신을 이겨내는 부단한 노력을 해야 하며, 좁디좁은 프로 입단의 문을 통과해야 한다. 프로가 된다 해도 2군부터 시작하기 마련이고, 1군이 되어도 언제든 2군으로 떨어질 수 있다는 공포와 부상의 위험을 늘 안고 산다. 그 과정에서 마주하는 숱한 실패를 삼키고 어제처럼 묵묵히 훈련을 소화하며 부단히 자신을 이겨내야 한다. 그래서 나는 모든 운동선수를 존경한다.

화려한 스포트라이트를 받는 1군 선수 뒤에는 그 자리까지 올라오지 못하고 사라진 수많은 선수들의 땀과 눈물이 있다. 그런 선수들이 그라운드에 서 있는 모습은 언제나 감동적이다.

우리네 인생도, 직장 생활도 이와 참 많이 닮았다. 죽어라 노력해도 안 되는 일이 있고 별로 노력한 것 같지 않은데 승승장구하는 사람도 있다. 부상처럼 예기치 못한 사고로 한순간에 커리어가 꺾이기도 한다.

그러던 중 몇 해 전, 〈불꽃야구〉라는 프로그램을 만났다. 은퇴한 야구 레전드 선수들과 코치, 감독이 팀을 꾸려 고교, 대학, 독립 구단과 경기를 하는 예능이다. 나는 이 프로그램이 그렇게 감동적일 수 없었다. 과거에는 그라운드를 호령했지만 이제는 배 나온 아저씨가 된 선수들은 체력도 안 되고, 잘 뛰지도 못하고, 구속도 예전 같지 않았다.

그런데 그들이 흙바닥을 구르며 헤드 퍼스트 슬라이딩을 한다. TV로 보는 내게는 예능이지만 그들에게는 다큐였다. 7할 승률을 유지해야 이듬해에도 팀이 유지되는 룰에 따라 그들은 야구를 계속하기 위해 진심으로 최선을 다하고 있었다.

그들도 현역 시절에는 훈련이 너무 고되고 힘들어서 야구를 그만두고 싶다는 생각을 했을 것이다. 하지만 은퇴하고 나니 알게 된 것이다. 자신이 야구를 얼마나 사랑했는지, 그리고 타석에 들어서서 투수와 수 싸움을 할 때의 그 긴장감이 자신을 얼마나 살아있게 했는지 말이다.

그들은 편안하게 뒷짐을 지고 가르치는 지도자가 되는 옵션을 선택할 수도 있었지만 다시 유니폼을 입고 욕을 먹어가며 뛰는 길을 택했다. 관중의 환호와 응원을 온몸으로 느끼고, 때로는 삼진을 당하거나 홈런을 얻어맞아 자책하며 괴로워해도 그 살아 있는 느낌은 선수일 때만 느낄 수 있다.

우리는 일할 때 즐겁다는 생각보다 괴롭다는 생각을 훨씬 많이 한다. '이놈의 회사, 때려치우고 싶다.' 하는 생각을 하루에 열두 번은 한다. 내 공을 가로채는 상사가 미워지고 결국 이 자리에서 더는 올라가지 못하겠다 싶으면 좌절감이 몰려든다. 그리고 투자를 받을 때는 몰랐지만 사사건건 간섭하고 잔소리하는 투자자가 원망스럽기만 하다. 경기는 침체되고, 실적은 안 나오고, 잘 되는 순간보다 힘든 시간이 몇 배는 더 많다.

다시 경기장에 돌아온 은퇴한 레전드 선수들을 보며 그 고통, 그 치열함, 그 스트레스가 바로 내가 현역이라는 증기였음을 깨닫는다. 실패투성이지만 다시 일어날 수 있다는 희망, 여전히 사회가 나를 필요로 한다는 감각은 오직 현역일 때만 만끽할 수 있다. 그 현역의 시간은 어느 순간이 되면 자연스럽게 끝난다.

그때가 행복했다

○

이제는 이해가 된다. 그렇게 싫어했고, 힘들었고, 일하느라 딴 건 아무것도 못 한다며 원망했던 지난날들이 사실은 내 인생에서 가장 뜨거운 시절이었다. 코치가 아닌 선수로 경기장에서 뛰고 싶어 하는 레전드 선수들의 심정도 알 것 같다. 안 뛰어지는 몸을 이끌고 죽을힘을 다해 1루로 뛰는 선수들을 보며 나는 생각했다. '선수였을 때가 행복했구나.'

시간은 늘 없었고, 바쁘게 종종거렸고, 의기충천했으나 깨진 적이 더 많았고, 뒤통수를 맞아 녹다운되기도 했고, 버티고 아프기도 했고, 사람 때문에 울고 웃었지만 그때 나는 살아 있었다. 당신이 어떠한 형태든 고단함을 느끼고 있다면 그것은 바로 현재 그라운드 위에 현역으로 서 있다는 증거다. 그 살아 있는 느낌을 진하게 느끼며 순간순간을 즐겼으면 한다.

일을 놓고 나서
누리게 된
좋은 것들

첫 번째 선물: 꿀잠

○

일을 놓고 첫날부터 잠을 아주 잘 잤다. 7시간 이상. 젊은 시절에도 누리지 못했던, 생각지도 못한 선물이었다. 한창 일을 할 때는 머릿속이 가득 차 잠에 들어도 중간에 깨면 맴맴 도는 회사 생각에 다시 잠들지 못하곤 했다. 꼬리에 꼬리를 무는 상념과 근심, 내일 해야 할 일들이 떠오르면 정신이 오히려 번쩍 들었다. 그럴 때 정한 나만의 기준은 오전 4시였다. 4시 이전에 깨면 다시 자려고 노력했지만 4시 이후에 깨면 아침이 온 것으로 치고 차라리 일어나 앉아 일을 했다.

늘 신경이 곤두서 있었고 마사지를 받으러 가면 등과 목이 돌처럼 뭉쳐 있어 무슨 일을 하냐는 질문을 꼭 받았다. 그렇게 나를 잠들지 못하게 했던 수많은 생각 중 중요한 것이 얼마나 되었을까?

지금 생각나는 것이 거의 없는 것을 보면 쓸데없는 생각이었나 보다. 대체 무슨 부귀영화를 누리겠다고 24시간 일에서 빠져나오지 못했을까.

일을 놓는 과정이 마냥 즐겁진 않았지만 종착점이 보이자 안도감이 찾아왔다. 오랫동안 머릿속을 차지하던 덩어리가 툭 떨어져 나간 듯, 그 빈자리를 통해 숨이 쉬어졌다. 허전했지만 동시에 가벼웠다. 덕분에 중간에 깨도 곧장 다시 잠들 수 있다.

두 번째 선물: 노트북 없는 여행 가방
○

여행 가방을 싸다가 문득 깨달았다. '아, 노트북을 안 챙겨도 되는구나!' 검색대를 지날 때마다 노트북을 꺼내며 허둥대지 않아도 된다는 생각에 너무 좋았다. 원래도 여행 가방을 '울트라 라이트'하게 싸는 편이지만 노트북이 빠지니 짐이 그렇게 홀가분해질 수 없었다. 짐뿐만 아니라 마음도 날아갈 듯이 가벼워졌다.

공항에 도착해서도, 기내에서도, 휴가지의 호텔에서도 매일 1시간 이상 이메일을 체크하고 전자 결재를 하던 삶에서 해방되었다. 분신처럼 들고 다니던 노트북이 집에 고정되어 가끔 쓱 쳐다만 보는 존재가 된 것. 이 작지만 매우 상징적인 변화가 내 삶의 방향이 바뀌었음을 실감하게 했다.

문득 글로벌 제약 회사 시절에 샤를 드골 공항에서 겪었던 사건이 떠올랐다. 사연은 이렇다.

추석 연휴에 앞뒤 하루 이틀을 붙이면 2주라는 황금 연휴가 만들어졌던 터라 어렵게 가족 여행을 떠날 수 있었다. 오래전부터 계획한 유럽 여행이 끝자락에 닿았을 때, 샤를 드골 공항에서 서울로 가는 비행기를 기다리는데 공항 전체에 내 이름이 울려 퍼졌다. 처음에는 잘못 들었나 했다. 나를 찾는 걸 보면 국가적 위기 상황은 아닐 테고, 그런데 공항에서 나를 대체 왜? 쿵쾅거리는 가슴을 부여잡고 오라는 곳으로 달려갔더니 회사로 빨리 연락하라는 메시지가 있었다.

당시에는 로밍도 없던 시절이라 공항 전화를 붙들고 회사에 연락을 했더니 내가 맡은 사업부의 주요 약이 임상에서 심각한 부작용이 발견되었고 결국 시장 철수가 결정됐다는 것이다. 회사 앞에는 기자들이 진을 치고 있어 공식적인 대응이 시급하니 한국에 들어오면 곧장 본사로 오라고 했다. 그러면서 그동안 교육했던 미디어 대응 내용을 상기시키며 메시지 가이드 라인을 제시했다.

놀랐던 점은 회사에 행선지를 알리기는 했지만 구체적인 일정은 공유하지 않았음에도 그 시간에 샤를 드골 공항에 있다는 것을 귀신같이 찾아낸 것이다. 불행 중 다행이라면 여행 중간에 불려 들어오지 않은 것이랄까. 공항에서 소환된 이후 2주 정도는 회사에서 먹고 자며 수습했던 기억만 남았다.

세 번째 선물: 나를 위해 흘리는 땀

○

　　일을 놓고 가장 먼저 시작한 것은 근력 운동이었다. 원래도 운동을 좋아했지만 항상 시간이 없어 퇴근 후 트레드밀 위에서 30분 뛰는 게 고작이었다. 이제는 등, 어깨, 하체 등 부위를 쪼개 거울을 보며 천천히 근육을 만든다.

　근력 운동은 나와의 싸움이다. 지루해 하기 싫은 운동이고, 혼자 하니 안 한다고 누가 뭐라 할 사람도 없지만 내 몸의 미세한 변화를 느끼며 스스로를 격려한다.

　여름에는 러닝을 한다. 집 현관을 나서면서 앱을 켜고 5km를 목표로 한강 둔치를 뛴다. 처음에는 45분쯤 걸렸지만 매일 뛰면서 호흡을 조절할 줄 알게 되면서 나에게 맞는 속도를 찾아갔다. 숨이 턱턱 차오르고 뛰지 말고 걸을까 하는 유혹이 스멀스멀 올라와도 결국 완주 후 땀범벅이 되어 돌아왔을 때의 그 희열이 좋다. 사무실에서만 일하면서 생전 땀 한 방울 안 흘리던 내가 땀으로 목욕을 할 때 느끼는 행복감은 회사에서 성과를 냈을 때와는 또 다른 종류의 성취감이었다.

　점점 시간이 단축되면서 5km를 30분 정도에 뛰게 되었다. 더 빨리 뛰려고 욕심내지 않고 딱 그만큼만 한다. 이것이 내가 찾은 나만의 속도이기 때문이다.

늘 그랬듯 오늘을 충실히 살다

○

치열하게 살았던 커리어의 끝에는 무엇이 있을까 궁금하기도 했지만 솔직히 두려웠다. 일을 안 하고 살 수 있을지, 아침에 눈을 떴는데 할 일이 하나도 없으면 어떤 느낌일지 상상하기 힘들었다. 누군가에게는 기대하고 선망하던 삶일 수 있지만 일 말고는 잘하는 게 없었기에 방패 같았던 타이틀 없이 보통 사람으로 살아야 하는 것이 두렵고 떨렸다. 하지만 막상 닥쳐보니 돈을 못 버는 것 빼고는 그러저럭 괜찮다.

가끔 '이 시간에 일을 했으면 일당이 얼마인데.' 하면서 쓸데없는 생각을 하지만 이내 고개를 젓는다. 모든 일에는 때가 있다. 찬란했던 커리어를 놓아야 할 때가 드디어 온 것뿐이다. 여전이 일을 하고 싶기는 하다. 만약 다시 하게 된다 해도 지금까지와는 아주 다른 형태가 되지 않을까 한다. 돈을 버는 것이 아닐 수도 있고, 어딘가에 소속되지 않을 수도 있다. 지금까지의 경력을 활용해 누군가에게 도움을 주거나 영감을 줄 수도 있겠다.

그러나 그런 일이 없다고 해도 어떠랴. 찬란했던 30년을 감사히 보내고, 그 시간이 지나갔음을 인정하고, 다음의 때를 설레며 기대하면 된다. 혹여 다음 기회가 없다 해도 괜찮다. 오늘을 살아내면 되니까. 잘 자고, 좋은 음식을 먹고, 좋아하는 운동을 하며 몸을 만들고, 삶을 가볍게 하며, 유랑하듯 여행을 다니면서.

놀지도 못했는데
인생이 끝나면
얼마나 아쉬울까

"바쁘시죠?"라는 인사가 당연한 세상

○

사람들이 자주 하는 인사말 중 "바쁘시죠?"라는 말에 도대체 무어라 답해야 할지 난감하기만 하다. 한국 사회에서 많이 쓰이는 이 표현은 질문이 아니라 확정형 인사말이다. 사실 안 바쁠 때가 거의 없었으나 알고 보면 쓸데없는 일에 바쁘거나, 마음에 여유가 없어서 도통 다른 생각을 못 하거나, 일어날지도 모르는 일에 대비하느라 분주한 경우가 더 많았다. 물리적으로 시간이 없는 것이 아니라 내가 스스로를 바쁘게 만든 것이다.

그런데 사실 바쁘지 않을 때도 "아니요, 요즘은 별로 안 바빠요."라는 대답이 잘 나오지 않았다. 어쩌면 인사한 상대방도 이런 답을 기대하지 않았을 것이다. 바쁘지 않고 한가하다는 답은 내가 별로 중요하지 않은 사람이 된 것 같은 느낌을 주기 때문이다. 심지어 일을 놓고 자유인이 된 후에도 사람들은 내게 같은 인사말을 건넸다. 이쯤 되면 우리 모두 그 인사말에 중독된 것이라고 해야 마땅할 것이다. 바쁘지 않으면 안 될 것 같은 강박. 온 사회가 바쁘다는 말을 입에 달고 산다.

화장실 가는 시간도 아까웠던 시절

○

성격상 해야 할 일을 다 끝내야 직성이 풀리는 나는 시간에 쫓겨 살 때 스스로를 두 배로 들들 볶아댔다. 하루 종일 회의가 이어져 이메일 확인을 못 하기라도 하면 반드시 모든 이메일을 확인하고 회신을 해야만 퇴근을 했다. 이 정도이니 단 며칠이라도 이메일을 확인할 수 없는 상황이 되면 커다란 돌덩이가 마음을 짓누르는 것 같았다.

해외 출장이라도 가면 비행기 탑승 1시간 전까지 게이트 앞에 앉아 노트북을 열고 일을 했다. 내가 일을 던져줘야 다음이 진행된다는 생각에, 내가 병목이 되면 안 된다는 생각 때문이었다. 심지어 미국에 가는 비행기에서 8시간 내내 일만 한 적도 있다. 세상에 이게 무슨 못할 짓인가. 숨 넘어가게 급한 일도 아니었는데 그걸 빨리 해치우겠다며 나 자신에게 쉴 틈을 주지 않았다.

프랑스 화장품 회사를 다닐 때는 32층에 위치한 내 사무실에서 반대편에 있는 화장실까지 늘 와다다다 뛰어다녔다. 결국 사장님께 불려 가 온 건물이 울리니 뛰지 말라는 말을 듣고 말았다. 화장실이 급하더라도 마지막까지 일을 어느 정도 끝내고 가려다 보니 뛰게 된 것이었지만 차마 그 말은 하지 못했다.

바쁘다는 것 자체는 나쁘다고 할 수 없다. 내가 할 일이 있다는 것은 사회가 나를 필요로 한다는 뜻이니 자부심을 가져도 좋을 테다. 그렇지만 우리 사회는 바쁜 것을 훈장처럼 말한다. 그래서인지 다들 바쁘지 않아도 바쁜 척, 별로 중요하지 않은 일도 중요한 척, 특별한 문제도 없는데 고민하는 척한다. 그래야 있어 보이니까. 그렇게 습관적으로 바쁜 것은 결국 내 영혼만 갉아먹는다.

나중에 놀겠다는 거짓말

○

많은 사람들은 젊을 때 몸 바쳐 일하고 빨리 돈 벌어 은퇴 후에 한꺼번에 즐기겠다고 한다. 하지만 30년에 벌 돈을 10년에 몰아서 버는 건 결코 쉽지 않고, 된다 해도 그렇게 일만 하다가는 결국 고갈된다. 10년 빡세게 일하고 한꺼번에 노는 것보다 틈틈이 노는 게 훨씬 재미있다. 몰래 놀아야 스릴 있고 시간 없을 때 쪼개 노는 게 임팩트도 크다. 길고 긴 인생, 쭉 놀기만 하는 것도 심심하지 않을까? 잘 놀아야 일도 잘 된다. 그렇게 살아야 오래도록 잘 일할 수 있다.

그래서 나는 하루 중 점심시간을 나만의 충전 시간으로 썼다.

대표가 된 이후 점심시간에는 절대 미팅을 잡지 않았다. 혼자 산책을 하거나, 운동을 하거나, 조용히 혼밥을 하며 머리를 비워냈다. 그렇게 점심시간에는 머릿속 CPU 전원을 끄고 다시 일할 기운을 채웠다.

지인 중에는 점심시간에 직원과 일대일 도시락 미팅을 한다는 분도 있었다. 효율적이고 허심탄회한 자리를 만들겠다는 의도였지만 나는 절대 하지 않았다. 점심시간은 나와 직원 모두에게 소중한 쉼의 시간이어야 한다고 생각했기 때문이다.

점심시간이 되면 김밥 한 줄을 사서 사무실 위치에 따라 시리풀 공원, 성수동 골목, 경복궁 비원 주변을 걸었다. 사무실에 오래 앉아 있으면 몸도 마음도 무거워져서 항상 사무실에 준비해둔 운동화로 갈아 신고 1시간 정도 걸으며 머리를 식혔다. 성수동이 막 뜨기 시작할 때는 골목을 탐방하며 구제 옷가게를 구경하고, 혼자서 일본 우동이나 돈가스를 맛있게 먹었다.

낯선 동네로 외부 미팅을 갈 때면 그 동네를 한 바퀴 휙 둘러봤다. 출장지에서도 틈틈이 시간을 내 여행을 했다. 학회 참석차 제주에 갔을 때는 아침 일찍 도착해 모든 정류장에 서는 느린 시외버스를 타고 학회장을 갔다. 런던 출장 중엔 저가 항공을 타고 주말에 바젤 아트 페어에 다녀오기도 했다. 그 경험으로 10년 뒤 예술 산업에 들어가게 되었으니 인생은 정말 모를 일이다.

때로는 일정이 끝날 즈음 주변 도시를 검색해 가볍게 배낭 하나 메고 1박 2일 여행을 떠나기도 했다. 8시간 동안 알프스산을 혼자

트레킹하기도, 떼제베를 타고 몽생미셸로 훌쩍 다녀오기도 했다. 동남아에서 자정에 출발하는 비행기를 타고 새벽에 도착해 곧장 출근했던 적도 있었지만 힘든 줄 몰랐고 너무 재미있었다.

놀아야 롱런도 할 수 있다

○

돌이켜보면 참 야무지게 놀았다. 빡빡한 일상에서 짬짬이, 출장 틈틈이 놀았기에 그 치열한 경쟁적 현실을 견딜 수 있었고 힘이 났다. 시간을 최대치로 효율적으로 쓰는 것에 목숨을 거느라 소소한 기쁨을 놓쳤고 몸과 마음이 쉬지 못했던 나였지만 그나마 이런 숨구멍들이 있었기에 30년을 버텼다.

이제는 내가 제일 못하는 것, 하루 종일 집에 있는 것과 혼자서 재미나게 노는 것을 잘하는 사람이 진짜 내공이 센 사람이라는 것을 안다. 자신을 소중히 여기고, 별로 중요하지 않은 일은 빨리 해치우려 애쓰지 말고, 가끔은 멍청하게 유유자적 세월아 네월아 하며 살고 싶다. 일할 땐 미친 듯이 몰입하되 그 사이사이 짬을 내어 나를 토닥이며 돌보는 것. 그것이 바쁜 세상에서 영혼을 잃지 않고 롱런하는 비결이다.

애쓰는 건
좋은데
너무 그러지 말자

진부하지만 여전히 유효한 말

○

"최선을 다하자."라는 말처럼 진부한 말이 또 있을까. 금메달리스트나 수석 합격자의 인터뷰에 반드시 등장하는 '최선을 다했을 뿐'이라는 멘트는 진심 여부와 상관없이 너무 상투적이라 귀에 들어오지 않는다. 게다가 죽어라 노력해도 취업도, 결혼도, 내 집 마련도 어려운 지금 세대에게는 "너희 때는 됐겠지만 우린 안 돼."라는 분노를 일으키는 꼰대어가 되기도 한다.

그럼에도 불구하고 나는 최선을 다하자는 말을 좋아한다. 시대 변화 탓에 빛이 바랬지만, 본질을 생각해보면 이만큼 정직한 말도 없다. 가진 것이 적어도 할 수 있고 별다른 요령 없이 몸으로 때우면 되는 유일한 방법이기 때문이다. 다만 요즘에서야 최선이라는 말 안에는 넓은 스펙트럼이 존재한다는 것을 알게 되었다.

한번 물면 놓지 않는 사냥개처럼

○

최선이라는 말의 스펙트럼의 한쪽 끝에는 이런 의미가 있다. 결국 되게 만들기 위해 할 수 있는 모든 것을 다 시도하고, 끈기 있게 매달리고, 자나 깨나 그 생각만 하며 마음을 졸이고, 될 때까지 절대 포기하지 않는 것.

다른 한쪽 끝에는 이런 것도 있다. 할 수 있는 것을 다 해보되 안 될 때는 아쉽지만 접고, 마음에 담아두지 않으며, 안 됨을 인정하고 스스로를 학대하지 않는 것.

이 둘 중 나는 늘 전자에 속하는 사람이었다. 한번 앙 물면 놓지 않는 사냥개처럼 목표가 생기면 되게 만들 방법을 모조리 찾아내 실행했다. 전부 다 시도해보기 전에는 절대 포기하지 않았고 끝까지 가서 벽에 부딪혀야 멈췄다. 머릿속 CPU는 24시간 돌아갔고, 늘 애간장이 녹았으며, 스스로를 다그쳤다. 그럼에도 결과가 좋지 않으면 이렇게까지 다 했으니 된 거라고 생각했다. 뭐 그렇게까지 하냐며 만류하는 사람들에게는 이렇게 했기 때문에 지금의 내가 있다고 반박했다. 그렇게 나를 불태우는 것이 능력이라고 믿었다.

내게는 늘 "하는 데까지만 해."라고 말하는 친구가 있었다. 한창 달릴 때의 내게 그 말은 최선으로 들리지 않았다. 뭔가 냉소적으로 느껴졌고 몰입 없이 대강 하라는 말 같아서 듣기 싫었다.

시간이 지나 일을 내려놓고 보통의 일상을 사는 지금도 여전히 모든 순간 극단적인 최선을 계속하는 나를 발견한다. 너무 애쓰면서 마음을 태우다 결국 고갈되어버린 마음의 끝에는 뻗어버린 몸이 있었다. 일이 되게 하겠다며 최선을 다했는데 정작 일이 될 만하니 몸이 아파 좋은 결과를 누릴 수 없게 되어버렸다. 이런 어리석은 결과를 마주하고서야 나는 멈췄다. 그러면서 비로소 최선의 의미가 무엇인지 다시 생각하게 됐다.

애쓰지 않는 최선

○

나는 여전히 인생을 바꾸고 싶고, 더 나은 삶을 살고 싶은 사람들에게 "최선을 다하자."라는 말은 옳은 선택이라고 생각한다. 아무것도 하지 않으면 어제와 똑같은 내일이 반복되니까. 우리가 오롯이 할 수 있는 건 결국 노력뿐이니까.

하지만 이제는 그 노력의 좌표를 조금 옮겨보려 한다. 결과를 위해 나를 희생하는 것이 아니라 최후의 결과를 받아들이기 위해 노력하는 것으로. 최선의 다한다는 것에서 어디에 있느냐는 중요하다. 절대 포기하지 않는 최선과 할 수 있는 것까지만 하는 최선 모두 최선을 다하는 것이다.

이제는 나에게 이렇게 말해주고 싶다.

"최선을 다하자. 그렇지만 너무 애쓰지는 말자."

버티는 것도,
지루함을 참는 것도
경쟁력인걸

버티는 힘이 필요한 순간

○

　　회사를 다니다 보면 수없이 위기에 봉착한다. 겉으로는 회사 상황이 문제인 것 같지만, 대부분 내 마음에서 시작된다. 너무 좋다고 느껴지는 순간은 거의 없고, 이제 그만해야 하나 싶은 생각은 끊임없이 떠오른다. 아무리 애써도 결과가 안 나올 때, 내가 주도한 일인데 제대로 인정받지 못한다고 느낄 때, 승진을 놓쳤을 때, 클라이언트에게 모욕당한 것 같을 때, 팀원이나 동료들과 비교해 나만 뒤처진 것 같을 때, 월급은 필요하지만 미래가 안 보일 때 등. 이유는 늘 넘쳐난다.

　나 역시 그랬다. 엉덩이는 가볍고, 호기심은 많고, 열심히만 하면 뭐든 될 것 같다는 근거 없는 자신감까지 있어서 회사를 바꾸는 것에 망설임이 없었다. 그런데 이상하게도 정말 나가야겠다고 마음을 먹는 순간에는 기회가 오지 않았다. 쫓으면 더 도망가는 돈처럼. 그때 필요한 건 능력이 아니라 버티는 힘이었다.

자존심 접고 버티니 열린 길
○

커리어 초반, 프랑스 화장품 회사에서 매스 브랜드의 마케팅 매니저로 정신없이 브랜드를 론칭하던 시절이 있었다. 어느 날, 본사에서 파견 오는 프랑스 디렉디가 내가 맡고 있는 자리를 원한다는 통보를 받았다.

당시 나는 입사 1년 남짓 되어 이제 막 내부 크레딧을 쌓아가던 중이었고, 그분은 파리에서 오래 근무한 본사의 신망이 두터운 사람이었다. 사장님은 내 능력과는 무관한 일이라며 럭셔리 부서로 자리를 옮기라고 했다.

억울했고 자존심이 상했다. 무엇보다 창피하다고 느꼈다. 그날부터 이직을 결심했고, 아는 헤드헌터와 지인들에게 모두 연락했다. 그렇지만 아무 곳에서도 자리가 나지 않았다. 결국 주저앉듯 럭셔리 부서로 갔다. 그런데 그곳에서 마케팅뿐 아니라 영업, 재무, 교육까지 경험했고 처음으로 영업의 길을 열게 됐다. 지금 돌아보면 그때 버티고 견딘 덕분에 다음 커리어가 열릴 수 있었다.

악수로 끝난 결정

○

반대로 버티지 못한 순간도 있었다. 다국적 제약 회사에서 7년을 일하며 본사 업무와 대관까지 경험했고, 성과도 좋았다. 마음 한켠에서는 사장 자리를 기대하고 있었다. 하지만 본사의 판단은 달랐다. 한국 시장의 중요성 때문에 지사장 경험이 없는 사람은 안 되고, 먼저 작은 나라에서 경험을 쌓아야 하지만 그 자리는 언제 날지 모른다고 했다.

나는 이미 충분히 준비됐다고 생각했고 같은 일을 더 해야만 한다는 사실에 지쳤다. 결국 조급해졌고 내 논리에 스스로를 가두었다. 그렇게 결국 회사를 떠났다. 내 조급함으로 내 커리어 인생 가장 찬란했던 회사를 떠나게 된 것이다.

지금 다시 생각해보면 그때 남아 있었다면 나중에 사장이 되었을까? 잘 모르겠다. 그래도 그 회사를 떠난 결정은 잘한 선택은 아니었다. 버티면서 더 배우고, 천천히 다음 기회를 도모하는 선택도 있었기 때문이다. 조급한 결정은 대체로 악수였다.

나는 위기가 아닐 때도 많이 떠났다. 호기심에 다른 동네를 기웃거리다 회사를 옮긴 적도 많았다. 그 결과 얻은 것도 있지만 잃은 것도 많다. 고생 끝에 드디어 결과가 나올 즈음 떠나 열매를 맛보지 못했고, 매번 새로운 환경에서 처음부터 나를 증명해야 했다. 겉으로 보기에는 화려하고 다양한 경력이지만, 그 안에는 계속 증명해야 했던 피로가 쌓여 있다.

화려한 변신보다 한 자리를 지키는 힘

○

제약 회사의 지방 사무소에서 영업 직원으로 시작해 30년 넘게 같은 일을 하며 지역 영업 지부장으로 일한 분을 안다. 요즘 기준으로 본다면 도태된 커리어처럼 생각할 수도 있다. 하지만 그는 일을 아주 잘했고, 매년 조금씩 발전하려 애썼고, 무엇보다 그 일을 사랑했다.

불나방처럼 화려함을 따라 옮겨 다니는 커리어만이 멋진 것은 아니다. 한 자리를 오래 지키며 그 안에서 새로움을 찾는 것도 분명한 경쟁력이다. 그런 분들이 나이가 무색하게 60이 넘어도 같은 일을 하시는 것을 보면 존경심이 절로 생긴다. 그 길의 끝에는 조용하지만 자랑스러운 은퇴가 있다. 나는 그렇게 살지는 못했지만, 그런 사람들을 마음 깊이 존경한다.

그리고 이제는 안다. 버티는 것도, 지루함을 참는 것도 큰 경쟁력이라는 것을.

나의 치열했던 시간이
도움이 될 수 있기를

만사 제쳐두고 응한 멘토링

○

하늘이 두 쪽 나도 내가 하는 일이 하나 있다. 누군가가 멘토링을 요청하면 상황이 어떻든 웬만하면 응한다. 아는 사람을 통한 소개도 있지만 가끔은 전혀 모르는 사람에게서 콜드콜처럼 연락이 오기도 한다. 잘 모르는 높은 사람에게 도움을 요청한다는 건 쉬운 일이 아니다. 대부분은 어떤 해답에 목말라 있거나 목적이 분명하거나 아니면 둘 다였다. 나는 그런 용기를 귀하게 봤다.

사실 요즘 세대에게 내 경험을 이야기한다는 것은 늘 조심스러웠다. 지금은 우리 세대와 너무 달라졌기 때문이다. 우리 세대는 어디에 가느냐가 문제였지 취직 자체는 가능했던 세대였다. 힘들어도 노력하면 어느 정도 길이 열렸고 "안 되면 되게 하라."는 말이 통하던 시절을 살았다.

지금은 다르다. 신입을 뽑는 회사는 드물고 첫 시도조차 쉽지 않다. 죽을 만큼 노력해도 안 되는 일이 많아서 일찍 포기하는 것이 오히려 현명하다는 판단이 자연스러운 세대다. 집 장만은 애초에 불가능하니 목표를 바꾸고, 긴 여행 대신 일상을 여가처럼 설계하며 산다.

그래서 나는 공개적인 자리는 늘 한 발 물러서 있었다. "당신 때랑은 다르잖아요."라는 말을 들을까 봐, 이미 어느 정도 자리에 오른 사람이 무슨 말을 못 하겠느냐는 냉소를 마주할까 봐, 내 이야기가 귀신 씨나락 까먹는 소리로 들릴까 봐 입을 닫고 있었다.

내가 도움을 줄 수만 있다면

○

냉소적이고 비판적인 시대를 사는 똑똑한 젊은이들이 가진 가장 큰 무기는 역설적으로 질문이라는 생각이 들었다. 멘토링은 멘티의 니즈가 있을 때만 성립된다. 다 안다고 생각하거나 멘토는 별것 없다고 넘겨버리면 생각은 그 지점에서 멈춘다. 사실 그저 한마디 물어보기만 하면 된다. 물어보면 대부분의 사람은 도와주고 싶어 한다. 질문 하나가 생각의 방향을 바꾸고 인생의 궤적을 아주 조금 틀어놓기도 한다.

그래서 나에게 묻는 사람은 무조건 도왔다. 내일 이사회가 있어

도 막간의 시간을 냈고, 주중이 안 되면 주말에 집 앞 카페에서라
도 만났다. 주로 실패의 역사와 여기까지 오게 된 경로, 내 커리어
를 지배했던 생각들을 솔직하게 이야기했다. 앞으로 뜰 것으로 예
상하는 산업이나 직종에 대한 내 사견도 숨기지 않고 덧붙였다.

　그 시간들이 회사 일을 할 때보다 더 보람찰 때가 많았다. 내가
좌충우돌하며 몸으로 겪어 얻은 지식을 이들은 훨씬 더 현명하게
쓸 것 같았기 때문이다. 특히 직업을 잃었거나, 무엇을 원하는지
몰라 헤매거나, 열심히 문을 두드리는데도 열리지 않는 사람들의
눈은 유난히 초롱초롱했다. 조금이라도 도움이 된다면 좋겠다는
마음으로 나는 그 어느 때보다 진지하게 멘토링을 했다.

선의는 돌고 돌 것을 믿는다
○

　잘 모르는 사람에게 하는 멘토링에는 힘이 있다.
아무 이해관계 없이 절실함과 선의가 만날 때 생각보다 큰 에너지
가 생긴다. 내가 준 도움은 반드시 나에게 돌아오지 않아도 괜찮
다. 그 사람을 거쳐 또 다른 누군가에게로 흘러가도 좋다. 진심을
다한 멘토링은 그렇게 돌고 돈다. 나 역시 많은 인생 선배들로부
터 그런 도움을 받으며 여기까지 왔다.

　아이를 키우며 문득 이런 생각이 들었다. 지금 내가 누군가를
도우면 언젠가 내 아이가 사회에 나가 도움이 필요할 때 이 선의

가 돌고 돌아 어딘가에서 건네받지 않을까. 이렇게 생각하고 나니 이 시간이 더 소중해졌다.

그래서 오늘도 시간을 낸다. 나와 상관없는 사람에게 하는 진심의 멘토링. 이 책의 마지막에 이 이야기를 남기는 이유도 거기에 있다. 선은 그렇게 조용히 돌고 돌아 우리가 모르는 곳에서 누군가의 다음 걸음을 밀어준다.

전략보다

'지금, 여기'였다

위기마다 소환돼 5개 기업을 책임진
프로 해결사의 턴어라운드 경영

전략보다 '지금, 여기'였다

초판 1쇄 발행 2026년 3월 3일

지은이 조정열
펴낸이 신현만
펴낸곳 (주)커리어케어 출판본부 SAYKOREA

출판본부장 박진희
책임편집 김선도
편집 손성원
마케팅 허성권
디자인 말리북

등록 2014년 1월 22일 (제2008-000060호)
주소 04779 서울시 성동구 성수일로 39-34 서울숲더스페이스 12F
전화 02-2286-3813
팩스 02-6008-3980
홈페이지 www.saykorea.co.kr
인스타그램 instagram.com/saykoreabooks
블로그 blog.naver.com/saykoreabooks

ⓒ (주)커리어케어 2026
ISBN 979-11-93239-47-6 03320

SAY KOREA는 (주)커리어케어의 출판브랜드입니다.